V&R

Karl König

Einführung in die stationäre Psychotherapie

Vandenhoeck & Ruprecht
Göttingen · Zürich

Die Deutsche Bibliothek – CIP-Einheitsaufnahme

König, Karl:
Einführung in die stationäre Psychotherapie / Karl König. –
Göttingen; Zürich : Vandenhoeck und Ruprecht, 1995
ISBN 3-525-45635-2

© 1995 Vandenhoeck & Ruprecht in Göttingen.
Alle Rechte vorbehalten. Das Werk einschließlich aller seiner Teile
ist urheberrechtlich geschützt. Jede Verwertung außerhalb der engen
Grenzen des Urheberrechtsgesetzes ist ohne Zustimmung des Verlages unzulässig und strafbar. Das gilt insbesondere für Vervielfältigungen, Übersetzungen, Mikroverfilmungen und die Einspeicherung und
Verarbeitung in elektronischen Systemen.
Druck und Bindung: Hubert & Co., Göttingen
Printed in Germany

Inhalt

Vorwort 9

Inhalte und Orte stationärer Psychotherapie 11
    Grundkonzepte stationärer Psychotherapie und ihre
    Entwicklung in Spezialkliniken 11
    Psychotherapie in der Psychiatrie 19
    Psychotherapeutische Stationen in einer
    psychiatrischen Klinik 22
    Stationäre Psychotherapie in der Inneren Medizin 24

Der Beginn einer stationären Psychotherapie 27
    Ein Patient in einer fremden Welt 27
    Das Lesen der Vorberichte 31
    Motivationsarbeit 33
    Die Hausordnung 36

Beziehungen in der Klinik – Übertragung, Gegenübertragung,
Abwehr und Widerstand 39
    Übertragung auf den Therapeuten – Übertragungen auf
    andere Objekte 39
    Männer und Frauen als Therapeuten in der Klinik 43
    Verschiebungen 48
    Ich und Es in der stationären Psychotherapie 50
    Das Über-Ich in der stationären Psychotherapie 52

Frühstörungen: Borderline-, schizoide, narzißtische und
depressive Struktur 57
Objektspaltung, Spaltung des Selbst und Spaltung
der Übertragung 64
Projektive Identifizierung 66
Die Klinik als Auslöser adoleszenter Über-
tragungen 72
Gegenübertragungsprobleme in der stationären
Psychotherapie 75
Interessenkonflikte 79

Therapeutisches Vorgehen in verschiedenen Settings 83

Funktionsverteilungen 83
Einzelgespräche 95
Kleingruppen und mittelgroße Gruppen 101
Feedback 114
Träume 120
Wilde Analysen 122
Die Klinik als Großgruppe 126
Fallsupervision und Teamsupervision 129
Psychotherapie und Psychopharmaka 138
Beschäftigungs- oder Gestaltungstherapie 145
Bewegungstherapie 148
Musiktherapie 152
Die zeitliche Limitierung 154
Die freie Zeit der Patienten 156

Krankheitsbilder und Indikationen 160

Entwicklungspathologie und Konfliktpathologie –
diagnostische Einordnungen und ihre Auswirkungen
auf die klinische Arbeit 160
Zur Depression 163
Psychosomatische Patienten 165
Alter 171
Der Umgang mit idealisierenden und mit enttäuschten
Patienten 173

Inhalt 7

Das Ende der stationären Therapie und der Übergang
nach draußen 175

　Behandlungsabbruch 175
　Suizid 179
　Das Vorbereiten der Entlassung 181
　Arztbriefe 187

Anhang 195
　Die Angehörigen verschiedener Berufsgruppen
　in der Klinik 195
　Ein neuer Chefarzt übernimmt eine Klinik 201

Literatur 206

Register 244

Vorwort

Diese »Einführung in die stationäre Psychotherapie« soll in Kliniken unterschiedlicher Ausrichtung Verwendung finden können und möchte unter anderem behilflich sein, implizite Konzepte zu erkennen, die in einer stationären Einrichtung praktiziert werden. Das kann dabei helfen, sie zu überprüfen und sie, wenn sich das als zweckmäßig herausstellen sollte, zu modifizieren.

Dieses Buch behandelt die psychoanalytisch orientierte stationäre Psychotherapie. Seine empirische Basis sind eine dreizehnjährige Tätigkeit am Krankenhaus für psychoneurotische und psychosomatische Krankheiten Tiefenbrunn und anschließend eine Zusammenarbeit mit diesem Krankenhaus als Leiter der Abteilung für klinische Gruppenpsychotherapie der Universität Göttingen, ferner als Vorsitzender des Göttinger Instituts für Psychoanalyse und Psychotherapie (seit 1994 Lou-Andreas-Salomé-Institut) und als Vorsitzender des Ausbildungszentrums für Psychotherapie und Psychoanalyse, eines Zusammenschlusses psychotherapeutischer Institutionen im Göttinger Raum beteiligt sind.

Das Buch basiert auch auf Supervisionen von Ärzten und Psychologen in einer Weiterbildung zum Gruppenpsychotherapeuten. Diese Supervisionstätigkeit verschaffte mir Einblicke in die Arbeitsweise und die institutionellen Rahmenbedingungen vieler großer und kleiner psychotherapeutischer stationärer Einrichtungen.

Dieses Buch stellt nicht stationäre Psychotherapie in nur einer Klinik dar oder, wie im Falle der Monographie von JANSSEN (1987), Erfahrungen in zwei ähnlich gearteten Kliniken. Aufgrund der Einblicke in viele verschiedene psychotherapeutische Krankenhäuser habe ich mich bemüht, das Grundsätzliche, das den stationären Einrichtungen mehr oder weniger Gemeinsame darzustellen. Ich gehe aber auch auf die Unterschiede ein, die sich aus den institutionellen Rahmenbedingungen ergeben. Weitere Informationen über diese Unterschiede finden sich bei SCHEPANK und TRESS (1988).

In diesem Buch wird auf Gegenübertragungsprobleme, aber auch auf reale Interessenkonflikte des therapeutischen Personals eingegangen, ebenso auf Probleme der Vorbildung und der Weiterbildung und auf Probleme der Kooperation zwischen den Angehörigen verschiedener Berufsgruppen in einer Klinik. Es geht aber auch um Probleme der Kommunikation mit den einweisenden Ärzten und mit anderen Institutionen und schließlich um den Einfluß der Berufsziele der einzelnen Mitglieder des therapeutischen Personals auf ihre Arbeit in einer psychotherapeutischen klinischen Einrichtung.

Allen Kollegen und Kolleginnen, mit denen ich in Göttingen in Krankenversorgung, Forschung und Lehre zusammengearbeitet habe und denen, die sich mir zur überregionalen Supervision anvertrauten, möchte ich für anregende Diskussionen herzlich danken, ebenso den Kolleginnen und Kollegen, die seit Anfang der 70er Jahre in der Göttinger Arbeitsgemeinschaft für die Anwendung der Psychoanalyse in Gruppen tätig sind; hier besonders den Initiatoren des Göttinger Modells ANNELISE HEIGL-EVERS und FRANZ HEIGL, dem jetzigen Leiter der Klinik Tiefenbrunn ULRICH STREECK, meinem Nachfolger in Tiefenbrunn MOHAMMAD EPHRAIM ARDJOMANDI, meinem früheren Oberarzt REINHARD KREISCHE und besonders meinem Freund und Weggenossen WULF-VOLKER LINDNER, der mit mir zusammen schon Ausbildungskandidat am Göttinger Institut war und dem ich seit jener Zeit kollegial und freundschaftlich verbunden bin.

Einen besonderen Anteil an der Klärung therapeutischer Konzepte haben derzeitige und frühere Mitarbeiter und Mitarbeiterinnen an der Abteilung für klinische Gruppenpsychotherapie der Göttinger Universität: JOACHIM BISKUP, GERLINDE HERDIECKERHOFF-SANDERS, FALK LEICHSENRING, HERMANN STAATS und REGINE TISCHTAU-SCHRÖTER. HERMANN STAATS hat das ganze Manuskript gelesen und wichtige Änderungsvorschläge gemacht.

Den größten Teil des Manuskripts hat ELISABETH WILDHAGEN geschrieben, einen kleineren ERIKA DZIMALLE. Die Zusammenarbeit war wieder erfreulich. SUSAN LATHE, JUDITH HAGEN und ULRICH SEIDLER danke ich für das Suchen und Finden von Literatur und das Erstellen der Literaturverzeichnisse. Meiner Frau GISELA und meinem Sohn PETER danke ich wieder für Anregungen und Geduld.

Inhalte und Orte
stationärer Psychotherapie

Grundkonzepte stationärer Psychotherapie und ihre Entwicklung in Spezialkliniken

In Deutschland gibt es mehr psychotherapeutische Betten als in irgendeinem anderen Land. Die meisten von ihnen befinden sich in sogenannten Kurkliniken (BERNHARD 1988, KÖNIG und NEUN 1983, SCHEPANK 1990, MENTZEL 1981). Die Kurkliniken bieten eine Kombination von Behandlungsmaßnahmen, die auf den Körper ausgerichtet sind, und psychotherapeutischer Beeinflussung, die von Beratungsgesprächen und der Anwendung des autogenen Trainings bis hin zu differenzierten und zeitintensiven psychotherapeutischen Angeboten reicht. Die körperlichen Behandlungsmaßnahmen stehen vielerorts zeitlich im Vordergrund, werden vom Klinikpersonal aber als sekundär betrachtet.

In psychotherapeutischen Kurkliniken werden viele Patienten eingewiesen, die zunächst nicht vorhatten, Psychotherapie zu machen. Auch ihre Ärzte, die eine Kur beantragen, hatten nicht immer eine *psychotherapeutische* Kur im Auge. Die Wahl der Kurklinik obliegt den Prüfärzten der Rentenversicherungen, die eine Psychotherapie in einer Kurklinik vorschlagen, wenn sie diese für indiziert halten. Oft entnimmt der Patient seiner Einbestellung zur Kur gar nicht, daß es sich um eine psychotherapeutische Einrichtung handelt. So kommt es heute immer noch vor, daß Patienten zur Kur anreisen, deren Erwartungen sich mit dem, was sie dort vorfinden, kaum decken. Einzelne Patienten reisen wieder ab, die anderen bleiben und lassen sich oft für eine Psychotherapie gewinnen.

Im ganzen kann man sagen, daß auf diese Weise viele Leute, die sonst nicht für eine Psychotherapie motiviert worden wären und ihre

Krankenkarriere ohne spezifische Behandlung fortgesetzt hätten, zu einer Psychotherapie gelangen.

Die Motivation zur Psychotherapie läßt sich in einer Kurklinik leichter erarbeiten als ambulant, weil die Patienten, die schon länger da sind, dem psychotherapeutischen Personal hier dabei helfen (KÖNIG 1975). Das im Vergleich zum Alltag unterschiedliche Normenangebot und das Beispiel von Patienten, die aus der Psychotherapie Nutzen gewonnen haben, wirkten motivierend. Darauf gehe ich unter »Motivationsarbeit« in diesem Buch noch ausführlicher ein.

Durch die Versicherungsanstalten wird eine Qualitätskontrolle der Kurkliniken durchgeführt. Sie wirkt sich im ganzen positiv aus, obwohl auch berichtet wird, daß Rationalisierungsmaßnahmen das für Psychotherapie Spezifische zu wenig berücksichtigen, zum Beispiel den für die Motivation der Patienten notwendigen initialen Zeitaufwand.

An den Universitäten, später auch an großen Stadtkrankenhäusern, haben sich die psychotherapeutischen stationären Einrichtungen oft nach dem Modell einer psychiatrischen Klinik entwickelt. Vielerorts befinden sich die Psychotherapiestationen, heutzutage meist selbständige Abteilungen, in den Räumen einer psychiatrischen Klinik.

In einem Kurheim oder Kurhotel war das alltägliche Zusammenleben der Patienten von Regeln und Vereinbarungen geprägt, wie sie in Kurheimen oder Kurhotels auch sonst üblich sind. Das »Alltagsleben« der Patienten auf einer Station hatte in der Psychotherapie ähnliche Funktionen wie das Alltagsleben der Patienten zu Hause. In ihren Psychotherapien sprachen die Patienten darüber. Sie wandten in der Psychotherapie gemachte Erfahrungen dort wieder an. Das Pflegepersonal in einem solchen »Kurheim« achtete darauf, daß gewisse Regeln des Zusammenlebens eingehalten wurden, die einerseits toleranter waren als sonst im Alltagsleben, andererseits aber auch restriktiver – zum Beispiel bezüglich der angeordneten Mittagsruhe oder der zeitlichen Beschränkung des Ausgangs.

Weil die psychotherapeutischen Maßnahmen und die eventuell zur Anwendung kommenden balneologischen Maßnahmen zusammen nicht tagesfüllend waren, hatten die Patienten früher viel Zeit, miteinander zu sprechen. Es wurde aber nicht gern gesehen, wenn die Patienten miteinander über ihre Krankheiten sprachen und sich über das austauschten, was in ihren Therapien besprochen wurde. Man fürchtete, daß die Patienten untereinander »Nebenanalysen« machen und dadurch die Effektivität der psychotherapeutischen Maßnahmen behindern könnten.

Die Psychotherapie hatte noch viele Merkmale der ambulanten Therapie. Die stationäre Psychotherapie bot lediglich einen Schutzraum, bei vielen Patienten aus Gegenden mit psychotherapeutischer Unterversorgung bot sie überhaupt erst einmal eine Möglichkeit zur Psychotherapie, weil ambulante Angebote nicht existierten; gelegentlich ist das auch heute noch ein Motiv zur Einweisung in eine psychotherapeutische stationäre Einrichtung.

Die psychotherapeutischen Angebote selbst unterschieden sich anfangs wenig von denen, die man ambulanten Patienten machte. Noch 1968 wurden im Krankenhaus Tiefenbrunn bei Göttingen, einem großen staatlichen psychotherapeutischen Krankenhaus, das aber auch Kurpatienten aufnahm, einzelne Patienten auf der Couch behandelt, vor allem solche, die bei Klinikassistenten und Oberärzten in ambulanter Einzelbehandlung gewesen waren und während einer Krise ihre Therapie in der Klinik nun in gleicher Form fortsetzten. Die Funktion der Klinik war bei solchen Patienten im wesentlichen auf die Funktion eines Schutzraumes reduziert.

Erst als die *Gruppenpsychotherapie* aufkam und sich verbreitete, begann man eine Klinik mit ihren Krankenstationen als einen Raum aufzufassen, in dem sich auch außerhalb der therapeutischen Sitzungen Therapie vollzog, nämlich durch die Interaktionen der Patienten. Man hatte in den Gruppen erfahren, daß die Patienten dort nicht nur vom Therapeuten »behandelt« wurden, sondern sich gegenseitig nützliches Feedback gaben und die Beziehungen, die sich zwischen ihnen entwickelten, reflektierten nicht nur die Beziehungen zum Therapeuten. Die Patienten machten nun auch außerhalb der Sitzungen miteinander Therapie. Das Personal, mit dem sie außerhalb der therapeutischen Sitzungen Kontakt hatten, beschränkte sich darauf, einerseits toleranter zu sein, was Verhaltensweisen von Patienten anging, die im normalen Alltagsleben nicht toleriert worden wären, andererseits aber auch Grenzen zu setzen, die das Zusammenleben strukturierten. In Auseinandersetzungen um diese Grenzziehungen vertrat das therapeutische Personal die *Realität*, ähnlich wie das sonst in einem Kurheim oder Kurhotel oder auf einer Krankenstation der Fall gewesen wäre. ENKE (1988), ZAUNER (1969, 1972), HEIGL und NERENZ (1975), auch KÖNIG und NEUN (1983) betrachteten die Bereiche außerhalb der therapeutischen Sitzungen als *»Realraum«* im Unterschied zum *»Therapieraum«*. Der Realraum lieferte, ähnlich wie außerhalb einer stationären Einrichtung, Material für die Therapie und sollte für das Durcharbeiten genutzt werden. Übertragungen, die im Realraum auftraten, wurden in der Therapie besprochen, ähnlich wie das in einer ambulanten Therapie der Fall ist.

In den meisten psychotherapeutischen Einrichtungen wird heute noch in diesem Sinne verfahren. Zwar werden die Grenzen zwischen dem Therapieraum und dem Realraum durchlässiger, was seinen Grund auch darin hat, daß das Pflegepersonal oft schon über Kenntnisse der Psychodynamik neurotischer und psychosomatischer Erkrankungen verfügt, weil es sich darin fortgebildet hat. Mancherorts (z.b. HELLWIG et al. 1993) gibt es Weiterbildungsgänge für psychotherapeutisches Pflegepersonal.

Den Patienten werden auch psychotherapeutische Angebote gemacht, die an der Grenze zwischen dem Alltagsüblichen und den zeitlich klar begrenzten psychotherapeutischen Angeboten der ambulanten Therapie liegen. Dazu gehören Visitengespräche, die sich oft mit dem Alltäglichen befassen und wegen der Gegenwart von Schwestern oder Pflegern in den Realraum hineingreifen. An vielen Kliniken, so zum Beispiel in Tiefenbrunn, werden Sprechstunden angeboten, für die ein Patient sich eintragen kann, ohne daß von vornherein ein fester Zeitraum vereinbart wird. Der Kontakt zwischen Patient und Stationsarzt richtet sich dann nach dem, was der Patient besprechen möchte, und nach der insgesamt für die Sprechstunde zur Verfügung stehenden Zeit, wie das auch bei Sprechstunden des Hausarztes der Fall ist.

An manchen psychotherapeutischen Universitätskliniken (z.B. ARFSTEIN und HOFFMANN 1987; JANSSEN 1979, 1987, 1993) ist man noch weiter gegangen. Das Pflegepersonal wird in Supervisionssitzungen beauftragt, deutende Interventionen vorzunehmen; deutende Interventionen, die das Pflegepersonal vorgenommen hatte, werden dann in Supervisionssitzungen besprochen.

Nun unterscheidet JANSSEN (1987) in seinem Buch über stationäre Psychotherapie *integrative Konzepte* von den sogenannten *bipolaren Konzepten* einer stationären Psychotherapie. Ein bipolares Konzept unterscheidet zwischen Therapieraum und Realraum. In einem integrativen Konzept werden Therapieraum und Realraum zusammengefaßt. Alle Bereiche einer Klinik gehören dann zum Therapieraum, in dem Therapie gemacht *und* Realität berücksichtigt wird. Voraussetzung dafür ist eine dichte Supervision auch des Pflegepersonals.

Das bipolare Modell stationärer Psychotherapie und das integrative Modell stellen Pole eines Kontinuums dar. Zwischen diesen Polen sind alle heute gebräuchlichen Konzepte stationärer Psychotherapie anzusiedeln.

Bei der Wahl eines Konzepts ist zu beachten, daß es den Erfordernissen der Patienten angepaßt sein muß. In einer Kurklinik, wo viele Patienten sich zunächst nicht als Patienten, sondern eher als Erholungssuchende betrachten, wäre die Anwendung eines integrativen Konzepts verfehlt. Die Patienten würden wahrscheinlich den Eindruck bekommen, daß man sie mit Psychotherapie »verfolgt« und sie nirgends einen Raum haben, wo das, was sie tun, nicht beobachtet und gedeutet wird. Die Motivation, sich auf eine Psychotherapie einzulassen, würde das eher verringern (v. RAD 1993).

Andererseits werden heute mehr und mehr Patienten in psychotherapeutische stationäre Einrichtungen an Universitäten, an Landeskrankenhäusern und an Stadtkrankenhäusern aufgenommen, die zunächst gar nicht in der Lage sind, einen »normalen« Alltag in einem Realraum zu bewältigen, der auf die Lebensverhältnisse weniger kranker Menschen zugeschnitten wäre. Mit diesem Problem kann man so umgehen, daß der pflegerische Aspekt in der Arbeit des Pflegepersonals betont wird und die Handlungsspielräume des Patienten stärker eingeschränkt werden, damit er sich und anderen nicht schaden kann. Hier handelt es sich dann oft um einen im traditionellen Sinne psychiatrischen Umgang mit dem Patienten. Eine andere Möglichkeit ist aber, eine *Haltefunktion* über ein Verstehen des Patienten anzubieten. Natürlich müssen auch dann noch Grenzen gesetzt werden. In den Dingen, die ein Patient infolge einer Einschränkung seiner Ich-Funktionen nicht bewältigen kann, braucht er auch direkte Unterstützung. Davon ist meist aber weniger notwendig, wenn der Patient den Eindruck hat, in seinen Verkennungen zunächst akzeptiert und in seinen Konflikten ein Stück weit verstanden zu werden. Wie ich früher (KÖNIG 1993a) schon dargelegt habe, ist auch jene Haltefunktion auf Verstehen gegründet, die eine Mutter dem Kind anbietet. Nur wenn die Mutter die Bedürfnisse des Kindes erkennt, kann sie darauf adäquat eingehen. Versteht sie die Bedürfnisse des Kindes nicht, kommt es zu traumatischen Interaktionen. Diese Auffassung wird durch die neueren Ergebnisse der Baby-Watcher-Forschung gestützt (z.B. DORNES 1993a, 1993b).

Frühgestörte Patienten, und da besonders die Patienten mit einer Borderline-Struktur, brauchen ein solches Verstehen besonders dringend. Das Pflegepersonal kann mit solchen Patienten auch viel leichter umgehen, wenn es sie versteht. Mit projektiven Identifizierungen frühgestörter Patienten (KÖNIG 1993b, vgl. auch den Abschnitt über projektive Identifizierung in diesem Buch) ist sogar nur auf dem Wege über das psychodynamische Verstehen ein erträglicher Umgang möglich, wenn man sich von den Patienten nicht innerlich abschotten will.

Im Umgang mit solchen Patienten wird man wohl am besten ein therapeutisches Modell wählen, das näher dem integrativen Pol des Kontinuums liegt. Entsprechendes gilt natürlich auch für halbstationäre Einrichtungen, wie etwa eine *Tagesklinik* (z.B. HEIGL-EVERS et al. 1986). Übertragungen finden bei den frühgestörten Patienten ja besonders häufig und intensiv in Form von projektiven Identifizierungen vom Übertragungstyp statt. Auch projektive Identifizierungen vom Entlastungstyp und vom kommunikativen Typ spielen eine große Rolle.

Zum *Halten durch Verstehen* kommen natürlich Funktionen des Pflegepersonals, aber auch Funktionen der Ärzte auf somatischem Gebiet, die JANSSEN (1987) auch zur Haltefunktion des therapeutischen Teams rechnet: körperliche Untersuchungen und Behandlungen und die pflegerische Versorgung durch das Pflegepersonal, wo sie angezeigt ist.

Wie JANSSEN mit Recht hervorhebt, sind die therapeutischen Angebote, bei denen das Symbolisieren gefördert wird, wie Mal- und Musiktherapie, bei frühgestörten Patienten wichtig; auch weil eine Förderung der Symbolbildung die zwischenmenschlichen Interaktionen auf der Station entlasten kann.

Die Anwendung eines mehr integrativen Konzepts gestattet insgesamt, die durch projektive Identifizierung bedingten Inszenierungen im Interaktionsfeld zwischen den Patienten und dem therapeutischen Personal, aber auch zwischen den Patienten, erträglicher zu machen, indem sie im Hier und Jetzt von den Interaktionspartnern verstanden werden: durch das therapeutische Personal und, was die Patienten angeht, mit Hilfe des therapeutischen Personals. Gleichzeitig werden die Inszenierungen therapeutisch besser genutzt, als wenn sie nur in den therapeutischen Settings im engeren Sinne verstanden und besprochen würden.

In der in Frankreich gebräuchlichen Form des Psychodramas (z.B. SCHUTZENBERGER 1970) arbeitet jeweils ein Team von Psychodrama-Therapeuten mit einem Patienten. Im klassischen Psychodrama nach MORENO (moderne Darstellungen hat LEUTZ 1974, 1985 gegeben), wird das Psychodrama in der Zusammenarbeit eines Psychodrama-Therapeuten mit einer Gruppe von Patienten angewandt. Der Psychodrama-Therapeut dirigiert das Spiel des Protagonisten und der übrigen Patienten und verhält sich dabei ähnlich wie ein Regisseur bei den Theaterproben. Er gibt Regieanweisungen, spielt aber auch vor. Zum Beispiel sagt er beim sogenannten Doppeln, was sich seiner Ansicht nach im Kopf eines Mitspielers, in Reaktion auf einen anderen Spieler, »abspielen« könnte. Er tritt dazu hinter den Spieler und spricht »als dieser«. Im Laufe der Zusammenarbeit erfahren die Patienten nicht nur etwas über sich selbst und über die anderen. Sie lernen auch »Psychodrama machen«.

Ähnlich ist es auch mit den Patienten auf einer psychotherapeutischen Station. In einer Klinik stellen sich Angehörige des Pflegepersonals einem jeden Patienten als »Mitspieler« zur Verfügung, in etwa wie die Psychodrama-Therapeuten im französischen Psychodrama. Die anderen Patienten spielen aber auch mit.

Bei dem integrierten Modell, das von JANSSEN (1987) referiert wird, hat der psychoanalytische Berater, bei dem alle Interaktionen gleichsam zusammenlaufen und der versucht, sie zu integrieren (vgl. auch STREECK 1991) in der Regel keinen direkten Kontakt mit dem Patienten. Er macht Vorschläge, wie sich das Team verhalten soll.

Natürlich muß die Art des Umgangs mit den Verkennungen und projektiven Identifizierungen dem Tätigkeitsfeld und den Kompetenzen eines jeden Teammitglieds angepaßt sein. Ein Stationsarzt oder ein Sozialarbeiter wird sich anders verhalten als ein Beschäftigungstherapeut oder ein Musiktherapeut, ein Bewegungstherapeut wieder anders. Entsprechend müssen Schwestern und Pfleger ihren eigenen Umgangsstil mit den Übertragungen und projektiven Identifizierungen der Patienten entwickeln. Dabei können sie, ebenso wie die Ärzte zu Beginn ihrer Weiterbildung in Psychotherapie, nur begrenzt auf das zurückgreifen, was sie in ihrer Grundausbildung gelernt haben, während die Beschäftigungstherapeuten, Musiktherapeuten und Bewegungstherapeuten ja in der Regel über eine psychotherapeutische Vorbildung verfügen. Das gilt auch für viele Sozialarbeiter. Hier ist das Problem dann mehr die Adaptation des therapeutischen Verhaltens an das Konzept der Klinik.

Bezüglich des Umgangs von *Schwestern und Pflegern* mit den Patienten ist noch viel an Konzeptualisierungsarbeit zu leisten. Die Entwicklung entsprechender Konzepte würde gefördert, wenn Schwestern und Pfleger über mehr Erfahrungen im Umgang mit theoretischen Konzepten verfügen könnten. Im Rahmen einer zunehmenden Professionalisierung des Schwestern- und Pfleger-Berufes wird das wohl immer mehr der Fall sein. Den Therapeuten fehlt, wenn sie nicht vorher selbst Schwestern oder Pfleger waren und dann Medizin oder Psychologie studiert haben, die Erfahrung des Umgangs mit Patienten *in der Rolle* einer Schwester oder eines Pflegers. Diese Erfahrung kann durch

Gespräche teilweise ersetzt werden, wobei die Schwester oder der Pfleger in ihrem Bereich als Experten gesehen werden müssen. Der psychoanalytische Therapeut darf sich nicht *nur* als Inhaber und Vermittler seiner psychoanalytischen Konzepte sehen, die dann von den Schwestern und Pflegern umgesetzt werden sollen.

In Diskussionen mit den *Sozialarbeitern* ist zu beachten, daß ihre psychotherapeutische Vorbildung in Ausmaß und Inhalt stark variiert, weshalb oft ein Umlernprozeß nötig ist, wie ihn auch Ärzte bewältigen müssen, die von einer Kurklinik in eine Universitätsabteilung kommen oder umgekehrt.

Viele psychoanalytische Therapeuten haben den Eindruck, daß der Sozialarbeiter sich mit Dingen befaßt, die zwar wichtig, aber für eine psychoanalytische Betrachtung wenig ergiebig sind. Das bringt Nachteile in der Kooperation mit sich und nimmt den Psychotherapeuten die Chance, mehr über die Realität ihrer Patienten zu erfahren und den Umgang mit ihr besser zu lernen. In diesem Zusammenhang möchte ich darauf hinweisen, daß zum Beispiel die dynamische Psychotherapie nach DÜHRSSEN (1972, 1988) auf vieles Bezug nimmt, was an Kliniken an die Sozialarbeiter delegiert und ihnen zur Bearbeitung überlassen wird. Andere Sozialarbeiter sehen sich ganz als Psychotherapeuten und vernachlässigen ihren spezifischen Aufgabenbereich, sie geraten in Konkurrenz mit den Mitgliedern des therapeutischen Teams, die Psychotherapie als ihre Aufgabe betrachten.

Aus offenen Gesprächen mit den Sozialarbeitern ergibt sich, ähnlich wie aus offenen Gesprächen mit Schwestern und Pflegern, nicht selten mehr Arbeit. Therapeuten, die sich gleichzeitig in einer aufwendigen therapeutischen Weiterbildung befinden, scheuen diese Mehrarbeit oft. Meines Erachtens ist es vor allem Aufgabe der Leiter stationärer psychotherapeutischer Einrichtungen, dafür Sorge zu tragen, daß die Arbeit aller Berufsgruppen bei der Entwicklung und Weiterentwicklung eines Klinikkonzepts berücksichtigt wird.

Je mehr man sich mit der Rolle von *Schwestern und Pflegern* in psychotherapeutischen Kliniken beschäftigt, desto deutlicher wird, wie schwierig ihre Arbeit ist und daß die Schwierigkeiten ihrer Arbeit von den Psychotherapeuten oft nur zum Teil gesehen und verstanden werden. AUPKE (1986), eine psychotherapeutische Krankenschwester in einer Tagesklinik, nennt einen Teil ihrer Tätigkeit pädagogisch. Sie erklärt dem Patienten den Sinn bestimmter Therapieangebote, erläutert, warum man sich ganztags in der Tagesklinik aufhalten soll, obwohl es viele Stunden gibt, in denen keine strukturierten Therapieangebote gemacht werden, und vermittelt so das Klinikkonzept. Damit übernimmt sie eine wichtige Funktion beim Implementieren dieses Konzepts. Wichtig ist auch, sich klarzumachen, wie sehr sich die Kontaktzeiten mit den Patienten der Therapeuten und der Schwestern und Pfleger unterscheiden. AUPKE hält es für wichtig, einfach als Mutterfigur da zu sein, und bezieht sich in der theoretischen Begründung auf WINNICOTT (1974). Gleichzeitig empfindet sie ihre Dauerpräsenz als sehr fordernd. Wer eine Krankenschwester als Mutterfigur sieht, sollte sich klarmachen, daß Mütter meist viel weniger Kinder haben als eine Krankenschwester Patienten, daß sie sich aber auf jeden Patienten, mit dem sie spricht, einstellen und beziehen muß.

Nun sind Patienten ja keine Kinder. Sie haben den Status von Erwachsenen, auch wenn sie in mancher Hinsicht in einem früheren Entwicklungsstadium stehengeblieben sind. Mit den Entwicklungshemmungen gehen sie aber nicht wie Kinder um, für die der entsprechende Entwicklungsstand normal ist, sondern wie Erwachsene, die es kränkt, bestimmte Dinge noch nicht zu können oder wieder »verlernt« zu haben, seit die Krankheit ausgebrochen ist.

Die Entwicklung der Konzepte stationärer Psychotherapie war nicht immer nur von sachlichen Gesichtspunkten bestimmt. Ideologische Gesichtspunkte spielten eine Rolle. MÜNCH (1991) hat aufgrund umfassender Literaturstudien die Entwicklung unter dem Gesichtspunkt des Legitimationsproblems nachgezeichnet: Psychoanalytiker fühlten sich unter einem Legitimationszwang, weil sie in der Klinik nicht wie in der klassischen Psychoanalyse eine »soziale Nullsituation« herstellen konnten. Heute kann man den Legitimationsstreit wohl als beendet ansehen. Die stationäre Psychotherapie ist als therapeutisches Verfahren sui generis anerkannt. Gleichzeitig ist man im Laufe der vergangenen zwanzig Jahre immer mehr davon abgerückt, die Situation des klassisch analytischen Settings als »soziale Nullsituation« zu betrachten. Man sieht sie heute immer mehr im Zusammenhang mit ihrem Umfeld.

Psychotherapie in der Psychiatrie

Die psychotherapeutische Behandlung von Neurosekranken in psychiatrischen Kliniken ohne Psychotherapiestationen stößt auf erhebliche Hindernisse. Will man ein sogenanntes bipolares Konzept anwenden, das Therapieraum und Realitätsraum trennt, besteht eine Schwierigkeit darin, daß der Realitätsraum dem Alltagsleben des neurotischen Patienten unähnlich ist. Auf einer gemischten Station, auf die Neurosekranke, Borderline-Kranke und Psychosekranke aufgenommen werden, entsteht eine Repräsentanz realen Lebens, die mit dem Alltagsleben des neurotischen Patienten zwar Berührungspunkte hat und sich damit überschneidet, aber auch Elemente enthält, mit denen er sonst nichts zu tun bekommt. Es gehört ja nicht unbedingt zum Alltagsleben des Durchschnittsmenschen, daß er mit Psychosekranken, Alkoholkranken und Menschen, die an organischer Hirnleistungsschwäche leiden, intensiven Umgang hat. Selbstverständlich kann alles drei im Umgang eines Menschen vorkommen, aber wohl selten in Kombination. Die Adaptationsleistungen, die ein Patient auf einer solchen Station erbringen muß, sind einerseits groß, andererseits bereiten sie ihn aber nur begrenzt auf das Leben außerhalb der Klinik vor. Das gruppentherapeutische Modell von POHLEN (1972a, 1976), in dem Psychosekranke und Neurosekranke in ein und derselben Gruppe behandelt werden, hat sich in dieser Form nicht durchgesetzt. Wenn Patienten mit verschiedenen Krankheitsbildern auf unterschiedlichem strukturellen Niveau in derselben Gruppe behandelt werden, wird das aus den Notwendigkeiten der Situation gerechtfertigt. Man folgt nicht dem POHLENschen Modell, das in einer solchen Kombination von Patienten Vorteile sieht.

Für die Neurosekranken wäre es wünschenswert, daß sie auf eine Station kommen, die ihre primäre Aufgabe in Psychotherapie sieht und nicht in Pharmakotherapie, die bei der Behandlung von Psychosen in der Regel Priorität haben muß, was heute auch Psychiater vertreten, die Psychosekranke psychoanalytisch behandeln (CHRISTIAN MÜLLER 1993; BENEDETTI 1978, 1991; MATUSSEK 1990). Solche Stationen existieren aber in vielen psychiatrischen Kliniken nicht.

Hat man an einer psychiatrischen Klinik keine psychotherapeutische Station zur Verfügung, läßt sich das *integrierte Modell* stationärer Psychotherapie für Neurosekranke und Patienten mit Borderline-Störungen schon deshalb schwer anwenden, weil Inszenierungen des Patienten von einem Verhalten gegenüber Psychosekranken schwer abzugrenzen sind und oft durch Ängste und Gefühle der Befremdung verdeckt oder zurückgedrängt werden. Auch das *bipolare Konzept* kann aus den oben genannten Gründen nur eingeschränkt Anwendung finden.

Das »Hotelkonzept« bleibt übrig, aber wir haben es mit einem unangenehmen Hotel zu tun, aus dem der neurotische und wohl auch der

Borderline-Patient wahrscheinlich wünschen würde auszuziehen, wenn er in einem Urlaub hineingeriete. Ärzte und Psychologen sollten in Rechnung stellen, daß auch sie eine gewisse Zeit gebraucht haben, bis sie im Umgang mit Psychosekranken, Alkoholkranken und Patienten mit Hirnleistungsstörungen unbefangener wurden, und daß ihnen dieser Adaptationsprozeß durch die geschützte Stellung des therapeutisch Tätigen erleichtert wurde.

Dennoch schaffen engagierte Psychiater in gemischt belegten Kliniken psychotherapeutische Möglichkeiten. Das verdient Bewunderung und Anerkennung, kann aber nicht davon ablenken, daß die psychotherapeutischen Möglichkeiten in einem auf Psychotherapie mit Neurosekranken und Borderline-Patienten spezialisierten Krankenhaus besser wären.

Meines Erachtens sollte der Aufenthalt in einer psychiatrischen Klinik ohne Psychotherapiestation für Neurosekranke dann in Frage kommen, wenn Suizidgefahr besteht oder der Patient sonst gefährdet ist. Wenn die Gefährdung nicht mehr besteht, sollte eine baldige Verlegung in eine psychotherapeutische Spezialklinik angestrebt werden. Das gilt vor allem für neurotische Patienten. Bei Borderline-Patienten liegt die Situation etwas anders. Es gibt noch wenige Spezialabteilungen, die sich mit der Behandlung von Borderline-Patienten befassen. Borderline-Patienten befinden sich, wie schon der Name »Borderline« ausdrückt, im Grenzland zwischen Neurose und Psychose, auch wenn sie selten auf Dauer psychotisch werden. Manche Borderline-Patienten fühlen sich im Umgang mit Psychosekranken wohler als im Umgang mit Neurosekranken, die sich oft eher von ihnen zurückziehen. Von daher ist die Behandlung von Borderline-Patienten in psychiatrischen Kliniken zu rechtfertigen. Manche psychiatrische Kliniken richten Tageskliniken ein, in denen Borderline-Patienten behandelt werden. Dann handelt es sich wieder um Spezialstationen. Werden aber Borderline- und Psychosekranke in der gleichen Tagesklinik und auf der gleichen Station behandelt, hat man ähnliche Probleme wie bei einer ganzstationären Behandlung.

Bei Psychosekranken zeigt eine die *Psychopharmakotherapie* begleitende Psychotherapie bessere Ergebnisse als Pharmakotherapie allein, auch als Psychotherapie allein (z.B. MENTZOS 1995). Es gilt, psychotherapeutische Verfahren zu entwickeln, die sich für Psychosekranke eignen. Meines Erachtens hat die Psychotherapie bei Psychosekranken vor allem die Aufgabe, dem behandelnden Arzt zu ermöglichen, daß er die Psychosekranken besser verstehen, sich in sie besser einfühlen und so zum Psychosekranken einen zwischenmenschlichen Kontakt aufrechterhalten kann. Dieser zwischenmenschliche Kontakt hat mehrere Funktionen. Einmal wirkt der Therapeut einer Isolierung des Psychosekranken entgegen, ohne ihm aber zu nahe zu kommen. Davor schützten die therapeutische Rolle und das vom Arzt oder Psychologen gewonnene Verständnis seines Patienten. Zum anderen erleichtert eine zwischenmenschliche Beziehung, die sich auf Verständnis des Patienten gründet, die Durchführung medizinischer Maßnahmen, wie zum Beispiel einer Pharmakotherapie.

Bei meiner Supervision von Ärzten und Psychologen, die an psychiatrischen Kliniken mit psychotischen Patienten umgehen, war ich auch immer wieder davon beeindruckt, wie sehr ein an sich für den Umgang mit neurotisch Kranken erlerntes und dafür gedachtes *psychodynamisches Verständnis* auch den Umgang mit Psychosekranken erleichtert. Freilich müssen dazu die Arten des Umgangs dem Psychosekranken angepaßt werden, eine Aufgabe, der begabte Ärzte oft gewachsen sind. Ich würde mir aber wünschen, daß ein psychodynamisch orientiertes Verständnis im Umgang mit Psychosekranken lehrbarer gemacht wird. Die Hypothesen von MENTZOS (1992a, 1992b, 1994), die das Verständnis psychotischer Symptome erleichtern sollen, können dabei helfen.

Psychotherapeutische Stationen in einer psychiatrischen Klinik

Eine psychotherapeutische Station in einer psychiatrischen Klinik kann nach *ähnlichen* Prinzipien arbeiten wie Psychotherapiestationen sonst auch. Freilich macht es sehr wohl einen *Unterschied*, ob es sich um eine psychotherapeutische Station in einem Allgemeinkrankenhaus oder in einem somatisch orientierten Klinikum handelt oder um eine Psychotherapiestation in einer psychiatrischen Klinik. Besonders die Einschätzung der Patienten durch die Menschen im örtlichen Umfeld wird beeinflußt und dadurch wieder die Selbstselektion von Patienten und die Überweisungen durch Ärzte. Man möchte einen Patienten nicht »in die Psychiatrie schicken«, wenn er doch keine Psychose hat.

Mit dem neugeschaffenen *Facharzt für Psychiatrie und Psychotherapie* ist aber die Notwendigkeit entstanden, Psychotherapie auch an psychiatrischen Kliniken zu lehren, die bisher keine psychotherapeutische Station haben. Eine psychotherapeutische Station wird man meist einrichten können.

Daß Psychotherapie an einer psychiatrischen Klinik zum Behandlungsangebot gehört, wirkt sich auf den Umgang der Psychiater mit Patienten aus; das betrifft auch Patienten, bei denen man vorher nicht an eine Psychotherapie im engeren Sinne gedacht hätte. Zwar gibt es Hinweise darauf, daß Psychotherapie die Behandlungsergebnisse bei solchen Krankheitsbildern verbessert, die immer auch mit Medikamenten behandelt werden; unter Psychotherapie verstehen Psychiater aber Unterschiedliches. Manche meinen, Psychotherapie hätten sie schon immer gemacht; es handele sich bei Psychotherapie doch um nichts anderes als um ärztliche Gespräche mit dem Patienten, und man habe mit den Patienten schon immer gesprochen. Andere wieder sind der Meinung, daß Psychotherapie bei den Krankheitsbildern mit sogenannten »organischen Ursachen« nichts nütze. Die Möglichkeit einer multifaktoriellen Genese von Krankheitsbildern wie der Schizophrenie oder der sogenannten endogenen Depression gestehen sie zwar theoretisch zu, die Notwendigkeit, sich in Psychotherapie zu schulen, um mit solchen Patienten optimal umgehen zu können, erkennen sie aber oft nicht an. Psychotherapie im Umgang mit psychiatrisch Kranken im engeren Sinne erfordert eine Modifikation der Behandlungsverfahren, die für die Therapie neurotisch Kranker und psychosomatisch Kranker entwickelt worden sind. Die Psychotherapie von Psychosekranken ist auch etwas anderes als die Psychotherapie von Borderline-Störungen, bei denen sich innere Konflikte ja sehr deutlich, manchmal überdeutlich in interpersonellen Konflikten ausdrücken (vgl. das Kapitel über die projektive Identifizierung).

Dagegen wirken viele Psychosekranke im sozialen Umgang eher unauffällig; manche verbergen ihre Psychose jahrelang. Menschen, die mit ihnen umgehen, sind dann überrascht, wenn sich die Psychose schließlich herausstellt. Das gilt besonders für schizophrene Psychosen; Depressionen und Manien sind generell auffälliger. Die Psychosentherapie darzustellen ist nicht Aufgabe dieses Buches. Eine Psychosentherapie, bei der die Psychotherapie als hauptsächliches therapeutisches Agens Verwendung findet, wird zur Zeit nur in wenigen Kliniken angewandt, meist in Universitätskliniken. Ich möchte aber betonen, daß ein psychodynamisches Verständnis Psychosekranker, wie es eben von MENTZOS (1992a, 1992b, 1995) in seinen Büchern dargelegt wird, den Umgang mit Psychosekranken auch dann erleichtert, wenn man nur eine begleitende Psychotherapie machen will oder wenn, zum Beispiel bei einer bipolaren Störung, sich die Therapie im symptomfreien Intervall auf die Grundpersönlichkeit und auf die neurotischen Konflikte konzentriert; während akuter Phasen ist Psychotherapie ja bei Depressionen und Manien schwierig.

Stationäre Psychotherapie in der Inneren Medizin

In Deutschland gibt es eine Reihe von stationären psychotherapeutischen Abteilungen, die dem Fach Innere Medizin zugeordnet sind und meist auch einen psychosomatischen Schwerpunkt haben (z.B. STUDT 1988), ähnlich einer Abteilung für Kardiologie oder Gastroenterologie in einem Zentrum für innere Medizin. Eine Kooperation mit den anderen Abteilungen wird erwartet, die Psychotherapie hat aber eine eigene Basis. Eine solche Abteilung kann Patienten innerhalb der Abteilung psychotherapeutisch behandeln und ist dabei nicht auf psychosomatische Störungen beschränkt. Sie kann Mitarbeiter innerhalb der Abteilung, oft in Zusammenarbeit mit einem Ausbildungsinstitut, in Psychotherapie weiterbilden und im Liaisondienst mit den somatischen Abteilungen des gesamten Klinikums einsetzen. Gleichzeitig wird sie mit psychiatrischen stationären Einrichtungen im gleichen Klinikum kooperieren, zum Beispiel in der Behandlung suizidgefährdeter Patienten. Konsiliarärzte der organischen Fächer werden dann zur Kooperation gebeten, wenn Patienten der psychotherapeutischen Abteilung an somatischen oder psychosomatischen Krankheiten leiden.

Problematischer erscheint mir das Konzept von gemischten somatisch-psychosomatischen Stationen im Rahmen einer Klinik für Innere Medizin (z.B. UEXKÜLL 1992). Eine solche Konstruktion fordert von den Mitarbeitern, daß sie sowohl die innere Medizin beherrschen lernen – wohl das somatische Fach, das man heute am schwersten ganz überblicken kann und zu dessen Erlernen im allgemeinen eine Rotation auf mehrere somatisch-internistische Stationen nötig ist – als auch die Kompetenz erwerben, Psychotherapie zu betreiben, wozu mehrere Jahre notwendig sind. Der Facharzt für psychotherapeutische Medizin wird den Erwerb von mehr Kompetenzen verlangen als auf einer solchen gemischten somatisch-psychosomatischen Station erworben werden kann, die scheinbar eine Ganzheitsmedizin vertritt, in Wahrheit aber eine spezialisierte Form von Psychotherapie mit der inneren Medizin kombiniert. Andererseits erscheint es mir zweckmäßig, daß die internistische Zeit der Fachärzte für psychotherapeutische Medizin auf solchen gemischten Stationen abgeleistet wird, und es erscheint mir denkbar, daß solche Stationen in Kooperation mit bestehenden psychosomatischen Abteilungen errichtet werden. Eine auf etwa ein Jahr begrenzte Tätigkeit auf einer solchen Station kann sicher auch die Fachkompetenz interessierter Internisten abrunden.

Schon in früheren Veröffentlichungen (z.B. KÖNIG 1975) habe ich darauf hingewiesen, daß die Behandlung psychosomatisch Kranker wesentlich erleichtert wird, wenn sie zusammen mit der Behandlung von Psychoneurosekranken stattfindet, wobei im Umgang auf den Stationen Neurosekranke und psychosomatisch Kranke einander ergänzen und voneinander lernen können. Die psychosomatisch Kranken partizipieren an der mit Emotionen verbundenen Phantasietätigkeit der Neurosekranken, und die Neurosekranken können sich an dem oft soliden, wenn auch in der sozialen Breite eingeschränkten Realitätskontakt der psychosomatisch Kranken in mancher Hinsicht ein Beispiel nehmen. Auf Krankenstationen, die gemischt belegt werden, ist es auch viel leichter, psychosomatisch Kranke für eine Psychotherapie zu motivieren. In psychotherapeutischen Großkrankenhäusern werden hier und da psychosomatische Abteilungen eingerichtet, aber selten nur mit psychosomatisch Kranken belegt. Selbst wenn das gemacht wird, haben die psychosomatisch Kranken in der Großklinik auch Kontakt mit Patienten von anderen Stationen und können zum Beispiel gemeinsam mit ihnen an psychotherapeutischen Gruppen teilnehmen.

Internisten haben bei der Errichtung psychotherapeutischer Lehrstühle in medizinischen Fakultäten eine wesentliche Rolle gespielt, worauf zum Beispiel ENKE (1988) hinweist. Zwar haben sich die initialen Erwartungen an die therapeutischen Möglichkeiten der psychosomatischen Medizin als überzogen herausgestellt. Man nimmt heute nicht mehr an, daß psychosomatische Krankheitserscheinungen *allein* auf unbewußte Konflikte rückführbar sind. Das Konversionsmodell reicht zur Erklärung vieler somatischer Krankheitserscheinungen nicht aus. Man nimmt heute allgemein an, wie in Ansätzen auch schon ALEXANDER (1977), daß somatische Ursachen fast immer in mehr oder weniger starkem Ausmaß beteiligt sind, im Sinne eines multifaktoriellen Geschehens. Andererseits gibt es aber Krankheiten, die ohne psychische Faktoren nicht zum Ausbruch gekommen wären; das Somatische hätte nicht ausgereicht, um die Krankheit entstehen zu lassen. Von daher ist psychosomatische Medizin sinnvoll, und zwar nicht nur bei den bisher schon als psychosomatisch aufgefaßten Krankheiten, sondern wahrscheinlich bei allen Krankheiten, an denen eine Hemmung des Immunsystems durch innere Streßfaktoren beteiligt sein kann.

So erscheint es auch sinnvoll, Internisten und andere somatische Spezialisten in psychotherapeutischer Diagnostik und den Grundzügen von Psychotherapie weiterzubilden. Diese Weiterbildung sollte, meine ich, *vor allem im Bereich der Diagnostik* über das wenige für die psychosomatische Grundversorgung Geforderte hinausgehen. Daneben wird man Spezialisten brauchen, die in Psychotherapie ausgebildet sind. Diese wiederum sollten sich in der Kooperation mit Somatikern und während einer eigenen Tätigkeit in einem somatischen Fach im Rahmen ihrer Weiterbildung somatische Grundkenntnisse aneignen und somatisches Denken trainieren. Daß es nicht immer leicht ist, zwischen somatischen und psychotherapeutischen Denkweisen umzuschalten, habe ich an anderer Stelle (KÖNIG 1984) dargelegt.

Sicher wird es Krankheiten geben, bei denen eine nur auf die somatischen Faktoren ausgerichtete Therapie ausreicht und leicht und billig durchgeführt werden kann, so daß man schon aus Kostengründen auf Psychotherapie verzichten muß. Beim Ulcus duodeni und Ulcus ventriculi scheint sich eine solche Entwicklung anzubahnen. Man hört heute viel seltener als vor fünfzehn oder zwanzig Jahren, daß ein Patient mit einer Ulcus-Krankheit psychotherapeutisch behandelt wird. Dagegen werden psychotherapeutische Behandlungen bei Asthma, Colitis und Neurodermitis durchgeführt, wobei es wohl vor allem auf die Beeinflussung von Konflikten ankommt, die als schub- oder anfallsauslösend zu betrachten sind. Insgesamt ist die Einrichtung eines Facharztes für psychotherapeutische Medizin auch deshalb zu begrüßen, weil die Notwendigkeiten der Weiterbildung die Einrichtung und den Ausbau psychotherapeutischer Fachabteilungen an solchen Kliniken befördern dürfte, wo es sie noch nicht gibt oder wo sie personell und materiell noch ungenügend ausgestattet sind.

Der Beginn einer stationären Psychotherapie

Ein Patient in einer fremden Welt

Wenn ein Patient eine psychotherapeutische Klinik betritt, kommt er mit Erwartungen. Diese Erwartungen sind zum Teil durch das Umfeld der Klinik bestimmt. In der *psychotherapeutischen Abteilung eines Allgemeinkrankenhauses* wird der Patient sich vielleicht als Kranken betrachten, dessen Seele »repariert« werden muß. Liegt die psychotherapeutische Abteilung in einer *psychiatrischen Klinik,* werden seine Erwartungen vom Ruf dieser Klinik abhängen. Der Ruf der Klinik wird durch die Abteilungen bestimmt sein, die mehr Betten haben, also durch die psychiatrischen Abteilungen (Akutpsychiatrie, Alterspsychiatrie, sogenannte chronische Abteilung). In einer *Kurklinik* kommen viele Patienten mit der Erwartung, sie würden Gelegenheit haben, sich zu erholen. Liegt die Kurklinik in einem Kurort, erwarten sie vielleicht, den größten Teil ihrer Zeit bei Spaziergängen, im Kaffeehaus oder beim Kurkonzert zu verbringen.

Die Klientel verschiedener Institutionen unterscheidet sich stark. In psychotherapeutische Abteilungen in einer psychiatrischen Klinik kommen meist schwerer gestörte Patienten. Patienten, denen es noch relativ gut geht, überwinden oft die Hemmschwelle nicht, die eine psychiatrische Klinik für sie darstellt; auch der Hausarzt will ihnen eine psychiatrische Klinik nicht zumuten. Nicht selten werden Kliniken gewählt, die in einer gewissen Entfernung vom Heimatort liegen. Der Patient möchte nicht als Patient auftreten, wenn er etwa einkaufen geht, wenn er Bekannte trifft und diese ihn fragen, was er gerade macht.

Psychotherapeutische Abteilungen in einem Großklinikum oder in einem Allgemeinkrankenhaus beziehen ihre Patienten zu einem großen Teil aus dem Konsiliardienst. Solche Patienten sind oft von vornherein wenig zur Psychotherapie motiviert. Sie waren in das Krankenhaus gekommen, um sich körperlich untersuchen zu lassen und sind meist enttäuscht, wenn körperlich nichts gefunden wird.

Für solche Patienten ist eine psychische Erkrankung besonders häufig mit der Vorstellung »eingebildet« verknüpft. Wenn man sie in die psychotherapeutische Abteilung verlegt oder sie entläßt und später dorthin einbestellt, haben sie den Eindruck, man wolle sie in die Rolle des eingebildeten Kranken zwängen; eine Befürchtung, an die seitens der Ärzte nicht häufig genug gedacht und der nicht intensiv genug entgegengearbeitet wird, wozu im Rahmen des Konsiliardienstes freilich oft auch wenig Zeit bleibt.

Aus der Rolle des Erholungssuchenden oder des ursprünglich »nur« somatisch Kranken, muß der Patient nun in die Rolle des Psychotherapiepatienten überwechseln.

Das ist nicht immer leicht für ihn und wird ihm auch nicht immer leicht gemacht. In psychotherapeutischen Einrichtungen herrschen andere Normen als im Alltagsleben. Diese Normen sollen Psychotherapie erleichtern, der Patient muß sich aber erst mit ihnen vertraut machen und von ihnen überzeugt werden. Dabei werden viele Patienten zunächst einmal überfordert. Wie groß die Aufgabe für sie ist, läßt sich andeutungsweise zeigen, wenn man einige der Normen mit Normen aus dem Alltagsleben konfrontiert. In der psychotherapeutischen Klinik gilt: Wer eine psychische Krankheit hat, gehört dazu. Wer über die Hintergründe der Krankheit sprechen will, findet Gesprächspartner. Wer nur klagen will, indem er seine Symptome beschreibt, verhält sich lästig. Wer meint, nur somatisch krank zu sein, und davon nicht abgeht, erhält einige Zeit, sich umzustellen. Erreicht er die Umstellung nicht, gehört er nicht mehr dazu.

In der Theorie muß der Patient etwas leisten und sich gleichzeitig von inneren Leistungsanforderungen freimachen, soweit sie für seine Symptome mit verantwortlich sind oder allgemein seine Lebensqualität beeinträchtigen. In der Psychotherapie soll der Patient mit dem Kopf arbeiten, auch wenn er das nicht gewohnt ist. Er soll denken, aber auch fühlen und sprechen.

Im Alltagsleben gelten andere Normen, je nach Sozialschicht verschiedene. Im Alltagsleben gehören Menschen mit psychischen Problemen eher nicht dazu. Man erträgt es schwer, wenn sie klagen. Man geht davon aus, daß ihre Symptome körperlich bedingt sind und repariert werden können. Können sie nicht repariert werden, erwartet man, daß der Betreffende mit Klagen über etwas, was doch nicht zu ändern sei, anderen nicht auf die Nerven fällt, sondern durch gute Laune trotz Beschwerden und Einschränkungen ein Beispiel dafür gibt, daß die Härten des Schicksals nicht so schlimm sind, wie sie zunächst aussehen.

In den meisten Berufen soll der Patient etwas tun. Wenn er nur dasitzt und denkt, erweckt er vielleicht den Eindruck, faul zu sein. Gedachtes und Diskutiertes soll ohne Verzug in produktives Handeln umgesetzt werden. Über ein Handeln nachzudenken, das nicht anliegt, wird als Zeitverschwendung betrachtet. So gilt es zum Beispiel als Zeitverschwendung, darüber zu philosophieren, wie eine Partnerschaft aussehen könnte, wenn keine in Sicht ist. Man gesteht so etwas in der Regel nur Pubertierenden zu. Tut das ein Erwachsener, sagt man von ihm vielleicht, er sei in der Pubertät steckengeblieben.

Im Alltagsleben erwartet man, daß jemand seine Stärken zeigt, aber nicht von ihnen spricht, und seine Schwächen einräumt, wenn sie offensichtlich werden, sie sonst aber verbirgt.

Der Patient soll diese Normen nicht einfach gegen die Normen der Klinik austauschen. Irgendwann einmal wird er wieder entlassen werden, in vier oder sechs oder acht Wochen oder spätestens in einigen Monaten, und dann muß er mit den Normen des Alltagslebens zurechtkommen. Entgegen diesen Normen wird er sich nur ein Stück weit verhalten können.

Das Klinikpersonal ist mit den Normen der Klinik im Laufe der Zeit vertraut geworden. Ursprünglich wurden sie durch das therapeutische Team eingeführt, oft schon bei der Gründung einer Klinik. Mittlerweile gelten sie als selbstverständlich.

Soweit dem Personal die Normen selbstverständlich geworden sind, neigt es dazu, die Schwierigkeiten zu unterschätzen, sich darauf umzustellen. Oft werden auch die eigenen erinnerten Schwierigkeiten als Maßstab genommen, die man hatte, als man die Normen übernahm. Dabei wird dann nicht beachtet, daß es leichter sein kann, Normen aus einer professionellen Position heraus zu übernehmen und im Beruf anzuwenden, als sie auf sich selbst zu beziehen, wie das von den Patienten erwartet wird.

Die Normen der psychoanalytischen Therapie sind in vielem den Normen der oberen Mittelschicht ähnlicher als denen der Unterschicht und der unteren Mittelschicht, aus der in vielen Kliniken ein Großteil der Patienten kommt. Das erklärt einen Teil der Schwierigkeiten beim Implantieren psychotherapeutischer Normen. Das Pflegepersonal stammt ja selten aus der oberen Mittelschicht und wenn doch, sieht es sich als Absteiger. Die meisten kommen aus der unteren Mittelschicht oder sind Aufsteiger aus der Unterschicht. Wenn sie Normen der Therapeuten übernehmen, die nicht zu ihrer ursprünglichen Schichtzugehörigkeit passen, bringt sie das in Konflikt mit den Normen des Elternhauses und damit auch mit den Eltern, soweit die noch leben, sonst mit deren inneren Imagines; oft auch mit den Geschwistern, die nicht aufgestiegen sind. Es besteht dann die Gefahr, daß das Pflegepersonal den familiären Normenkampf per Verschiebung mit den Patienten austrägt. Die Normen der Psychotherapie werden nicht nur vertreten, weil sie für die Therapie zweckmäßig sind, sondern auch, weil es sich letztlich um Normen der angesehenen oberen Mittelschicht handelt. Die Normen der Patienten werden nicht abgelehnt oder bekämpft, weil sie ein Hindernis in der Psychotherapie darstellen, sondern auch deshalb, weil sie die Normen des eigenen Elternhauses repräsentieren.

Kämpfen ist aber etwas anderes als Überzeugen. In einem Kampf versucht man, den eigenen Standpunkt mit Machtmitteln durchzusetzen, beim Überzeugen erstrebt man einen Wandel auf dem Wege einer Kooperation. Letztes ist natürlich im Umgang mit Patienten zweckmäßiger.

Beim Umgang mit Normen ist auch zu beachten, daß sie, wie alles, zum Zwecke des Widerstandes eingesetzt werden können. So kann ein Patient sich auf seine Schichtzugehörigkeit berufen, um zu erklären, daß er sich in der Schicht, in die ihn seine berufliche Entwicklung hineingebracht hat, nicht akzeptiert fühlt; in Wirklichkeit handelt es sich aber um ein ödipales Problem. Die Angehörigen der neuen Schicht, die sozial ursprünglich über ihm standen, erlebt der Patient wie seine Eltern. Er überträgt ödipale Probleme auf Arbeitskollegen und auf Vorgesetzte.

Ähnlich kann ein Patient in einer psychotherapeutischen Klinik den Eindruck haben, man akzeptiere ihn wegen seiner Schichtzugehörigkeit nicht, während das, was man an ihm auszusetzen hat, nur bestimmte Normen dieser Schicht betrifft und man ihn nicht zurückstoßen möchte, sondern im Gegenteil anstrebt, ihn von der Richtigkeit eigener Standpunkte zu überzeugen und ihn damit einem selbst näherzubringen.

Das Lesen der Vorberichte

Berichte über vorangegangene Untersuchungen, die an die Klinik geschickt werden, ehe der Patient kommt, und Berichte über ambulante Behandlungen und Krankenhausaufenthalte können wichtiges Material enthalten, das die Diagnostik vervollständigt, die man selber macht, und gelegentlich auch eine Diagnose in Frage stellt, zu der man gelangt ist. Schriftliche oder telefonisch übermittelte Berichte können auch für die Wahl des Behandlungsverfahrens und für die Beurteilung der Prognose wichtig sein.

Viele Therapeuten möchten sich erst ein eigenes Bild vom neu aufgenommenen Patienten machen, das durch Vorinformationen nicht beeinflußt ist. Irgendwann sollten die Berichte aber gelesen und fehlende Informationen eingeholt werden. Im Kapitel über Arztbriefe erwähne ich, daß manche Therapeuten mit einer *narzißtischen* Struktur Arztbriefe deshalb für unwichtig halten, weil sie insgeheim meinen, die Nachbehandler würden doch nur Schrott machen. Entsprechend denken sie, auch alles Vorangegangene sei von schlechter Qualität und nicht zu beachten. Eine solche Einstellung findet man vor allem bei jüngeren narzißtischen Therapeuten, denen die Berufserfahrung noch nicht gezeigt hat, wie wichtig die Berichte anderer Behandler sein können. Die meisten Patienten vergessen irgendetwas mitzuteilen, von dem sie meinen, daß es nicht so wichtig sei. Das Auslassen kann auch eine Fehlleistung sein. Die Patienten »vergessen« gerade das, was sie für wichtig, aber unangenehm halten.

Manches wird auch bewußt verschwiegen, zum Beispiel frühere Behandlungen wegen einer Alkoholkrankheit. Man ist es ja gewohnt, daß sogenannte trockene Alkoholiker sich als Alkoholiker bezeichnen. Sie sind oft sogar stolz, Alkoholiker, aber eben trocken zu sein. Andererseits gibt es Patienten mit einer Alkoholanamnese, die fürchten, man würde sie für unbehandelbar halten, wenn sie die Alkoholkrankheit zugeben. Tatsächlich muß man bei solchen Patienten ja mit einer Mobilisierung neurotischer Konflikte vorsichtig sein, wenn die Struktur der Klinik nicht den festen Rahmen bildet, den eine Spezialklinik für Alkoholkranke in der Regel zur Verfügung stellt. Der Patient kann mit seiner Befürchtung also recht behalten. Entsprechendes gilt natürlich für Patienten mit anderen Formen des Substanzabusus in der Anamnese.

Das Lesen von Vorberichten ist wichtig, es kostet aber auch Zeit; das ist einer der Gründe, warum gerne darauf verzichtet wird. Therapeuten, die ungern Berichte und Akten lesen, blättern die schriftlichen Unterlagen oft unlustig durch und übersehen etwas Wichtiges. Andere wieder lesen die schriftlichen Unterlagen vollständig, um ja nichts zu übersehen. Beide Vorgehensweisen sind unzweckmäßig. Man kann viel Zeit sparen und dennoch nichts übersehen, wenn man sich Gedanken darüber macht, welche Art von Informationen für die beabsichtigte Diagnostik und Behandlung wichtig sind und welche man überspringen kann. Ist zum Beispiel ein Patient in einer verläßlichen Klinik oder von einem als kompetent und gründlich bekannten Arzt gründlich körperlich untersucht worden und wurde insgesamt kein wesentlicher pathologischer Befund festgestellt, braucht man nicht alle Laborberichte zu lesen. Pathologische Befunde werden in der Regel bei den Zusammenfassungen und den Empfehlungen für die weitere Diagnostik und Behandlung erwähnt oder als kontrollbedürftig bezeichnet, wenn keine weitere Diagnostik angeschlossen wurde. Natürlich ist es denkbar, daß der Leser einen übersehenen pathologischen Befund entdeckt, der sich dann nicht als Schreibfehler, sondern als Hinweis auf eine tatsächlich vorhandene Erkrankung herausstellt. Deshalb kann es in Ausnahmefällen sinnvoll sein, wenn man auch die früher erhobenen Laborwerte genau liest, aber wohl nur bei einem unklaren Krankheitsbild. Sonst ist die Zeit für das Lesen der Laborberichte anders besser angewandt. Entsprechendes gilt für die bisher erfolgten therapeutischen Maßnahmen. Relevante Angaben über sogenannte weiche Daten, wozu vieles aus der Anamnese eines Patienten gehört, kann der Erfahrene meist sehr schnell herausfinden, der Unerfahrene braucht mehr Zeit dazu. Für das Lesen der schriftlichen Berichte kann man weniger als fünf Minuten oder mehr als eine halbe Stunde brauchen. Ich empfehle, das Lesen von Berichten mit der Absicht zu trainieren, ein schnelles und doch genaues Erfassen des Wesentlichen zu lernen. Wie weit man da kommt, hängt natürlich auch davon ab, ob die entsprechenden Intelligenzfunktionen zur Verfügung stehen. Da sie aber zu einem großen Teil mit denen übereinstimmen, die man auch in einer Therapie braucht, in der es darum geht, eine Fülle von Material aufzunehmen und bei relevantem Material aufmerksam zu werden, sind die meisten Psychotherapiebegabten in der Lage, diese Art des Lesens zu lernen. Die Fähigkeit, Wesentliches zu erkennen und Unwesentliches beiseite zu lassen, kann natürlich bei *Zwangsstrukturen* aus charakterlichen Gründen eingeschränkt sein. Auch kann ein Mensch mit einer *hysterischen* Struktur mehr Gefahr laufen als andere, etwas Wichtiges zu übersehen. Der Umgang mit den Vorberichten hat eine gewisse Ähnlichkeit mit dem

Erfragen und Anhören von Informationen von anderen Therapeuten, die mit einem Patienten in anderen Settings arbeiten.

Therapeuten, denen Personen wichtig sind, die sie persönlich kennen, und Personen nicht wichtig sind, mit denen sie persönlich noch nichts zu tun gehabt haben, machen zwischen den Vorbehandlern und den parallel Behandelnden einen großen Unterschied. Für die Diagnostik, die Behandlung und die Prognose eines Patienten können Vorberichte aber ebenso wichtig sein wie die Berichte von Mitbehandelnden.

Ein Maximum an Informationen stellt nicht gleichzeitig das Optimum dar. Es ist ein wesentliches Merkmal des Optimums, daß es auch überschritten werden kann. Ein Optimum gibt es für jeden einzelnen Vorgang für sich allein betrachtet, aber auch für das Gesamt der Vorgänge. Es muß auch auf die zur Verfügung stehende Zeit bezogen sein. Man stelle sich vor, daß in der ambulanten Praxis jemand zehn Anamnesestunden macht, obwohl er schon nach dreien oder vieren ein Bild vom Patienten hat, das es ihm ermöglicht, eine vorläufige Diagnose, vor allem aber eine ausreichend sichere Indikation zu stellen, wozu gehört, daß er auch die Prognose einschätzen kann. Der Patient würde vielleicht ungeduldig werden und fragen, wann es nun endlich mit der Therapie losgeht. Die Arbeitsbeziehung würde vielleicht leiden und der Patient würde beginnen zu fürchten, daß es sich hier um einen übergenauen und umständlichen Therapeuten handelt.

Motivationsarbeit

Wieviel Zeit ein Untersucher braucht, um sich ein Bild vom Patienten zu verschaffen, hängt unter anderem von der Motivationslage des Patienten ab. Ein Patient, der aus eigenem Antrieb einen Psychotherapeuten aufsucht, ist meist motiviert, sich dem Therapeuten gegenüber auszusprechen; es sei denn, er werde durch eine rasche negative Übertragungsentwicklung daran gehindert. Ein Patient, den ein frei praktizierender Somatiker an einen Psychotherapeuten überweist, wird vielleicht weniger motiviert dazu sein, dem Psychotherapeuten Informationen zu geben, die ihm eine Diagnose ermöglichen. Der Überweisende hat meist nicht die Zeit und oft auch nicht die Fachkompetenz, die notwendig sind, um den Patienten von der Notwendigkeit einer Untersuchung durch den Psychotherapeuten zu überzeugen. Patienten, die in eine psychotherapeutische Fachabteilung eines Klinikums eingewiesen werden, haben meist vorher mit einem Psychotherapeuten gesprochen, der sie von der Notwendigkeit einer stationären Behandlung überzeugt hat. In der Regel befinden sie sich auch unter hohem Symptomleidensdruck.

Etwas anderes ist es, wenn ein Patient zur Erhaltung oder Wiederherstellung seiner Arbeitsfähigkeit auf Antrag eines Arztes von einer Versicherungsgesellschaft zu einer Rehabilitationskur eingewiesen wird. Mit solchen Patienten hat oft niemand über das Warum und das Wie einer Psychotherapie gesprochen. Der Arzt, auf dessen Veranlassung die Kur eingeleitet wurde, hat ja oft auch andere Vorstellungen bezüglich dessen, was nötig sei. Viele Indikationen zur Einweisung in eine psychotherapeutische Rehabilitationsklinik werden von den Prüfärzten der Versicherungsanstalten gestellt. So eingewiesene Patienten verhalten sich in den ersten Gesprächen mit einem Psychotherapeuten oft sehr bedeckt. In einer ungewohnten, für manche auch unerwarteten Situation kontrollieren sie auch ihr nonverbales Verhalten mehr als sonst, was die szenischen diagnostischen Möglichkeiten einschränkt.

Hier bewährt es sich oft, zunächst nur körperliche Maßnahmen zu verordnen. Oft genügen schon einige Tage des Kontakts mit den anderen Patienten, die schon länger in der Klinik sind, um den neu aufgenommenen Patienten erkennen zu lassen, daß Menschen mit ähnlichen Beschwerden behandelt werden und einen Erfolg erwarten; auch, worauf es den Untersuchern bei der Diagnostik ankommt. Die fachlichen Ressourcen der Klinik werden dann eingesetzt, wenn die Voraussetzungen günstiger geworden sind.

Dem stehen aber zeitliche Begrenzungen entgegen. Wenn eine Psychotherapie innerhalb von sechs, höchstens acht Wochen stattfinden soll, wie das in vielen Kurkliniken der Fall ist, wird oft versucht, die Motivationsentwicklung des Patienten durch verstärkten Einsatz der Therapeuten zu beschleunigen. Oft hat das aber nur ein Anwachsen der Widerstände zur Folge. Patienten werden in therapeutische Gruppen aufgenommen, ehe sie überhaupt dazu motiviert sind, Psychotherapie zu machen. Wird selbst unter diesen ungünstigen Umständen eine Motivation bewirkt, ist die Zeit, während der Psychotherapie in der Klinik stattfinden kann, dann oft nur noch kurz. Dennoch hat die Klinik, wenn eine Motivierung gelungen ist, einen wichtigen Beitrag geleistet: Der Patient ist eher bereit, sich einen ambulanten Behandlungsplatz zu suchen. Hat das forcierte Angehen der Widerstände aber die Widerstände intensiviert und verläßt der Patient die Klinik ohne Motivation für eine

Psychotherapie, kommt eine Psychotherapie vielleicht nie mehr zustande. »Selbst die Klinik hat ihn ja nicht motivieren können«.

Normen bezüglich der Offenheit, mit der man sich einem anderen zeigen muß, um Hilfe zu erhalten, werden in einer Klinik nicht nur durch das Klinikpersonal, sondern auch durch Patienten vermittelt, die sich diese Normen zu eigen gemacht haben. Lehnt ein Großteil der in der Klinik anwesenden Patienten aber diese Normen ab, kann es sein, daß die Gespräche mit Patienten eher dazu beitragen, die initiale Ablehnung therapiefreundlicher Normen zu verstärken. In der Klinik kommt es dann zu Gruppenbildungen: Patienten, die gerne Psychotherapie machen, finden sich zusammen, aber auch Patienten, die Psychotherapie ablehnen, schließen sich den Gleichgesinnten an.

Oft ist es nicht leicht zu entscheiden, ob man die Widerstände eines Patienten aktiv angehen oder ob man dem Patienten Zeit lassen sollte. GREENSON (1967) hat in seinem Technikbuch geschrieben, daß stärkere Widerstände *bearbeitet* werden müssen, während es genügen kann, leichte Widerstände in einem Willensakt des Patienten im Bündnis mit dem Psychotherapeuten zu *überwinden*. Ein Arbeitsbündnis muß dazu aber vorhanden sein.

Aus den Widerständen schlecht vorbereiteter Patienten ergeben sich Probleme für die Gegenübertragung der Therapeuten. Man bietet den Patienten etwas an, was diese nicht wollen. Gerade Patienten, die ahnen, daß Psychotherapie für sie günstig wäre, entwerten oft das Angebot der Therapeuten, um sich vor einer Labilisierung ihrer Abwehr zu schützen.

Patienten mit somatischen Beschwerden, an deren Entstehung psychische Faktoren beteiligt sind und die Konflikte körperlich ausdrücken, bringen oft auch die skeptische Einstellung somatisch orientierter Ärzte gegenüber der Psychotherapie in die Klinik mit. Zum Hausarzt besteht meist eine langjährige, vertrauensvolle Beziehung. Der Patient denkt, daß dieser Arzt ihn doch am besten kenne. Vielleicht gilt er auch am Ort als besonders tüchtig. Es ist für die Patienten dann schwer zu verstehen, wie ein Arzt sie über Jahre rein körperlich behandelt haben kann, obwohl psychische Faktoren beteiligt seien. Akzeptieren sie, daß psychische Faktoren eine Rolle spielen, labilisiert das ihr Bild vom Hausarzt und ihre Beziehung zu ihm.

Daß die Beziehung zu den Therapeuten in der Klinik zeitlich eng begrenzt sein wird, kann sich behindernd, aber auch förderlich auswirken. *Depressiv* strukturierte Patienten lassen sich ungern auf Beziehungen ein, die absehbar begrenzt sind. *Schizoid* strukturierten Patienten fällt es im Gegenteil leichter, sich jemandem anzuvertrauen, mit dem sie voraussichtlich nur eine begrenzte Zeit Kontakt haben werden. Es kommt dann zu etwas Ähnlichem wie bei einer Urlaubsbekanntschaft: Gerade die Tatsache, daß der, dem man sich anvertraut, fremd ist und man mit ihm privat nichts mehr zu tun haben wird, erleichtert das Sich-Anvertrauen. Die Gefahr, sich auf eine unübersehbare, abhängig machende Beziehung einzulassen, erscheint geringer.

Die Hausordnung

In psychotherapeutischen Kliniken ist die Hausordnung einem jeden Mitglied des therapeutischen Teams bekannt, und sie wird jedem Patienten ausgehändigt oder findet sich gut sichtbar auf der Station angeschlagen.

Daß die Hausordnung in psychotherapeutischen Kliniken eine größere Rolle spielt als im durchschnittlichen, somatisch orientierten Krankenhaus, hat natürlich auch etwas mit der größeren Bewegungsfreiheit der Patienten zu tun. Die meisten Patienten in stationären psychotherapeutischen Einrichtungen sind ja nicht bettlägerig.

In der Einrichtung der somatischen Rehabilitation werden Patienten aufgenommen, deren Arbeitsfähigkeit gefährdet ist oder wiederhergestellt werden soll; die also noch arbeiten oder bei denen man eine Chance sieht, daß sie wieder arbeiten werden. Durch ihre Krankheit werden sie in der Regel nicht daran gehindert, auszugehen, und weil sie sich nicht krank fühlen, fällt es ihnen auch schwerer als den schwerkranken Patienten, zu einem bestimmten Zeitpunkt im Bett zu sein. Schwestern und Pfleger aus somatisch orientierten Kliniken, die an eine psychotherapeutische Klinik kommen, sind nicht nur durch Unterschiede in der berufsspezifischen Arbeit mit den Patienten belastet, auf die sie sich erst einstellen müssen, sondern auch dadurch, daß sie, wie auch der Stationsarzt, viel mehr als in somatisch orientierten Krankenhäusern eine Art Sheriff-Funktion übernehmen müssen, mit der sie vorher vielleicht nicht gerechnet haben (vgl. SACHSSE 1989). Sie brauchen eine bestimmte Zeit dazu, sich darauf einzustellen, daß der Umgang mit den Regeln des Zusammenlebens, wie sie zum Teil in der Hausordnung kodifiziert vorliegen, einen wesentlichen Bereich psychotherapeutischer Arbeit darstellt.

Es kommt nicht nur darauf an, daß die Hausordnung eingehalten wird, sondern es wird auch mehr als in anderen Krankenhäusern überlegt und geklärt, warum sie im konkreten Einzelfall übertreten wurde. Ein Patient, der sich in allem immer an die Hausordnung hält, macht in seiner Therapie vielleicht gerade keine Fortschritte. Triebwünsche, die in der Therapie durch das Bearbeiten der Widerstände frei werden, sind noch unsozialisiert. Die Sozialisierung braucht Zeit. Im Grunde geschieht hier etwas, das bei anderen Menschen, deren Triebe nicht blockiert waren, schon in der Kindheit stattgefunden hat. Ein Erwachsener, der vorher blockierte Triebwünsche erlebt, befindet sich ein Stück weit in der Situation eines Kindes. Natürlich eben nur ein Stück weit: Er ist den Triebimpulsen nicht in gleicher Weise ausgeliefert wie ein Kind, meist hat er mehr als ein Kind gelernt, zu erleben, ohne das Erlebte unmittelbar in Handlungen umzusetzen. Handelt er aber in einer nicht sozialadäquaten Weise, wird ihm das auch übel genommen als einem Kind.

Es ist eine oft schwierige Aufgabe für das therapeutische Personal, den Patienten nicht wie ein Kind, sondern wie einen Erwachsenen zu sehen und zu behandeln, gleichzeitig aber tolerant gegenüber den »infantilen« Impulsen zu sein, das heißt gegenüber den nichtsozialisierten Triebimpulsen, die während der Therapie und als ein Ergebnis der Therapie auftreten, eigentlich also erwünscht sind. Dazu ist es wichtig, klar und deutlich zu machen, daß es sich hier um ein Verhalten handelt, das auf Wünschen beruht, die den betreffenden Menschen bisher nicht zugänglich waren, weil sie durch die Abwehr nicht ins Bewußtsein zugelassen wurden. Den infantilen Triebwünschen eines Patienten gegenüber tolerant zu sein und dabei doch auf die Festigkeit des Rahmens einer Stunde zu achten, ist ja im übrigen eine wesentliche Aufgabe des ambulant tätigen Psychotherapeuten in einer therapeutischen Sitzung.

Andererseits ist Psychotherapie auch in zeitvariablen Patientenkontakten möglich, zum Beispiel während einer Visite. Ich halte es im übrigen für wichtig, daß ein jeder Patient auch an einer Therapieform teilnimmt, die einen zeitlich festen Rahmen hat. Beim Einhalten dieses Rahmens zeigen sich oft wesentliche Einstellungen und Verhaltenstendenzen eines Patienten; übrigens auch des Therapeuten, den seine Gegenübertragung dazu veranlassen kann, ein Setting zu locker zu handhaben oder starr einhalten zu wollen. Für den Umgang mit der Hausordnung gilt Entsprechendes.

Das Vertreten der Hausordnung fordert Schwestern und Pfleger viel mehr als den Stationsarzt, der bei Schwierigkeiten mit der Hausordnung meist erst als zweite Instanz angesprochen wird. Es ist auch an somatisch orientierten Kliniken üblich, daß die Schwestern über die Ordnung auf der Station wachen. Zum Beispiel sorgen sie dafür, daß die Patienten rechtzeitig zu den Untersuchungen oder Eingriffen gehen oder gebracht werden. In psychotherapeutischen stationären Einrichtungen ist diese Funktion aber besonders wichtig, weil viele Patienten die Zeiten nicht einhalten, wenn man nicht dafür sorgt. Das hängt einmal mit den neurotischen, Borderline- oder präpsychotischen Persönlichkeitsstrukturen zusammen, zum anderen aber auch mit einer Regression in die Verhaltensweisen aus der Adoleszenz, wie sie durch Internats- oder Schulaspekte einer Klinik hervorgerufen wird. Man kann sagen, daß die Patienten durch die Regression »zu Adoleszenten« werden, wenn man sich ihnen gegenüber so verhält, wie das in der Schule oder einem Internat oder in einer Jugendherberge üblich ist und dadurch Übertragungsauslöser für Übertragungen aus der Adoleszenz bietet. Fixierungen in der Adoleszenz (KÖNIG 1994c), die zur Regression in die Adoleszenz disponieren, werden heute noch zu wenig beachtet.

Schwestern und Pfleger sollen dem Patienten dabei helfen, bisher blockierte Wünsche und Impulse in ein Verhalten umzusetzen, das den Erwartungen an das Verhalten Erwachsener in unserer Gesellschaft entspricht. Durch die Art, wie sie auftreten müssen, rufen sie aber oft eine Regression in die Adoleszenz hervor. Sie bringen die Patienten in ein Entwicklungsstadium, das die Aufgabe stellt, auf das Erwachsensein vorzubereiten und ein Erwachsenenverhalten zu lernen. Reflektiert man diesen *positiven* Aspekt, erleichtert das den Therapeuten, aber eben auch den Schwestern und Pflegern, mit den Patienten so umzugehen, wie es dem therapeutischen Auftrag entspricht. Man behandelt sie nicht mehr so sehr wie »erwachsene Kinder«. Der Umgang mit dem Adoleszentenverhalten wird dadurch erleichtert, daß man sich klar macht, wie weit man es selbst hervorruft, indem man den Patienten in einer »pädagogischen« Rolle entgegentritt. Natürlich spielt die Regression auf noch frühere Entwicklungsstadien ebenfalls eine große Rolle, und man hat es ja oft auch mit Patienten zu tun, die in früheren Entwicklungsstadien stehengeblieben sind. Hier handelt es sich um die Entwicklungshemmungen und Regressionen, die dem Psychoanalytiker aus den ambulanten Therapien Erwachsener sehr vertraut sind.

Beziehungen in der Klinik
– Übertragung, Gegenübertragung, Abwehr und Widerstand

Übertragung auf den Therapeuten
– Übertragungen auf andere Objekte

In der Psychoanalyse wird seit vielen Jahren diskutiert, ob es zweckmäßiger ist, die Übertragung nur in der Beziehung zum Therapeuten zu bearbeiten oder auch in den Beziehungen zu sogenannten Außenobjekten, und ob und wann es zweckmäßig sein könnte, sich auf die Arbeit an den Beziehungen zu Außenobjekten zu konzentrieren.

Eine Zusammenfassung der Diskussion aus amerikanischer, vorwiegend ich-psychologisch orientierter Sicht gibt BLUM (1983). GILL (1979, 1982) plädiert dafür, daß die Übertragung auf den Therapeuten auch dann angesprochen werden soll, wenn sie nicht manifest ist. Zu bearbeiten sei dann der Widerstand gegen das Manifestwerden. Kritiker dieser Auffassung (z.B. RANGELL 1989) haben darauf hingewiesen, daß GILL hier ein technisches Vorgehen befürwortet, ohne zu belegen, daß es effektiver sei als die bisherige Technik – als die Technik der meisten anderen Psychoanalytiker, aber auch als die praktizierte (nicht die gelehrte) Technik von FREUD selbst.

Ich persönlich bin der Meinung, daß es einen Widerstand gegen das Manifestwerden der Übertragung gibt und daß man ihn schließlich ansprechen sollte. Andererseits halte ich es durchaus für zweckmäßig, auf Außenobjekte verschobene Übertragungen zunächst einmal in der Beziehung zum Außenobjekt zu bearbeiten. Das kann schonender sein, weniger Widerstand hervorrufen und hat den Vorteil, daß die Person, auf die übertragen wird, und die Person, die das deutet, nicht zusammenfallen. Um die Schwierigkeit zu erkennen, die für den Patienten darin liegen kann, eine Deutung von der Person zu akzeptieren, auf die übertragen wird, sollte man sich ansehen, was passiert, wenn in privaten Beziehungen, ohne therapeutischen Kontrakt, gedeutet wird. Solche Deutungen weist derjenige, dessen Verhalten man so zu erklären sucht, oft entrüstet zurück. Er hat den Eindruck, daß man ihm sagen will: »Sie verhalten sich mir gegenüber ja nur so, weil ...«. Besteht aber ein therapeutischer Kontrakt, sieht der Patient es meist (nicht immer) als einen Bestandteil dieses Kontraktes an, daß der Therapeut Deutungen zum besten des Patienten einsetzt und nicht, um ihm gegenüber in eine überlegene Position zu gelangen. Damit behält er in der Regel recht, obwohl es natürlich vorkommt, daß ein vom Patienten angegriffener Therapeut dem Angriff durch eine Deutung zu begegnen versucht. In einer Satire hat HALEY (1963) das Deutungsverhalten des Analytikers unter dem Machtaspekt dargestellt. Trotz aller Übertreibung erfaßt HALEY doch etwas Wichtiges: den Machtaspekt einer asymmetrischen therapeutischen Beziehung, der allerdings nicht nur in der Psychoanalyse eine Rolle spielt.

Das Mittel der Deutung kann vom Therapeuten mißbraucht werden. Der Therapeut fällt dann aber aus seiner therapeutischen Rolle. Ein Mißbrauch von Deutungen entspricht nicht dem, was die therapeutische Rolle von ihm fordert, und die meisten Patienten geben sich nicht damit zufrieden, wenn sie es erkennen. In der Erwartung, daß der Therapeut sich professionell verhält, gehen die Patienten eine Arbeitsbeziehung ein, und nicht eine Beziehung, die sich auf magische Heilserwartungen gründet.

Wird die Übertragung aber sehr intensiv, kann die Arbeitsbeziehung durch die Übertragung gleichsam überwuchert werden. Es ist dem Therapeuten dann unter Umständen nicht mehr möglich, Übertragung wirksam zu deuten und die Arbeitsbeziehung wieder freizulegen. Dazu bräuchte er einen gleichsam exzentrischen Standpunkt außerhalb der Beziehung. Solche Situationen kommen im Umgang mit frühgestörten Patienten, die oft zu sehr intensiven, die Realität weitgehend verkennenden Übertragungsbeziehungen neigen, nicht selten vor. Solche Patienten neigen auch weniger zu Verschiebungen als neurotische Patienten. Übertragung entsteht bei ihnen sehr rasch und wird meist durch einen bestimmten Verhaltensaspekt der Person ausgelöst, auf die sich die Übertragung dann richtet. Besteht die Übertragung erst einmal, kann sie durch ein gegensätzliches Verhalten oft nicht mehr beeinflußt werden. Hier liegt sicher auch eine Grenze der psychoanalytisch-interaktionellen Therapie (HEIGL-EVERS und HEIGL 1973; HEIGL-EVERS et al. 1993; HEIGL-EVERS und OTT 1994) in ihrer Anwendung bei Patienten mit Borderline-Störungen.

Glücklicherweise kann eine heftige Übertragung auch von selbst wieder abklingen, so daß der Patient dann den Informationen zugänglicher wird, die der Therapeut über sich selbst geben möchte.

Es gibt therapeutische Verfahren, die Übertragung konsequent nur dann deuten, wenn sie zu einem Widerstand geworden ist, der sich anders nicht angehen läßt. Damit folgen sie einer der frühen technischen Empfehlungen von FREUD (1913). Zum Beispiel gilt das für die dynamische Psychotherapie nach DÜHRSSEN (1972, 1988), in gewissem Grade auch für die »Psychoanalyse mit einer Wochenstunde«, wie HOFFMANN (1983, 1991) sie empfiehlt. DÜHRSSEN arbeitet fast nur an den Übertragungen auf Außenobjekte. Sie fördert etwas, das man als milde, unanstößige positive Übertragung auf den Therapeuten (FREUD 1914) bezeichnen könnte. Ihre klinischen Beispiele machen allerdings gelegentlich den Eindruck, daß es sich hier schon um eine kräftige Idealisierung handelt (vgl. dazu auch KÖNIG 1993a).

In einer Klinik sind nun die Kontakte zwischen Patienten und Personen, die eine Deutungskompetenz haben, weniger formalisiert, zum Beispiel zeitlich weniger festgelegt und weniger klar begrenzt als bei einer ambulanten Psychotherapie. Die Visite findet nicht jeweils genau zur gleichen Zeit statt. Wann ein Patient zu einem Therapeuten in einer Sprechstunde kommt, ist zeitlich nicht genau festgelegt: Er kommt früher oder später dran, wie in der Sprechstunde eines freipraktizierenden Arztes.

Manche Konzepte (z.B. JANSSEN 1987) delegieren eine deutende Funktion auch an das Pflegepersonal und stellen dann die Krankenschwester oder den Krankenpfleger vor die Notwendigkeit von Einstellungsveränderungen. Die Schwester oder der Pfleger müssen nämlich die Einstellung sich selbst gegenüber verändern und eine neue Identität finden, die Identität der psychotherapeutischen Krankenschwester oder des psychotherapeutischen Pflegers. Die Patienten müssen sich darauf einstellen, daß eine Schwester sie einerseits pflegt, wenn sie interkurrent erkranken, andererseits aber auch therapeutische Funktionen ausübt, die Patienten sonst vom Arzt oder Psychologen erwarten. Diese Umstellungsprobleme erschweren es den Patienten, auf einen therapeutischen Kontrakt mit den Schwestern und Pflegern einzugehen. Schwestern und Pfleger tun sich oft schwer, mit den verschiedenen Rollen umzugehen: mit der im engeren Sinne pflegenden Rolle, die manchmal beansprucht wird, und einer therapeutischen.

Die Umstellungsschwierigkeiten der Patienten sind mit ein Grund, warum Deutungen von Schwestern und Pflegern oft weniger akzeptiert werden als die von den Therapeuten, auch wenn die Schwester oder der Pfleger sie zum richtigen Zeitpunkt und in der richtigen Dosierung gibt. Deutungen durch das Pflegepersonal werden ebenfalls eher akzeptiert, wenn sie sich auf Außenobjekte beziehen. Das kann Chefs, Oberärzte und Supervisoren veranlassen, den Angehörigen des Pflegepersonals zu empfehlen, sich bei Deutungen auf die Beziehung des Patienten zu anderen Personen als ihnen selbst zu konzentrieren. Bei Konflikten zwischen der Schwester und dem Pfleger und einem Patienten halte ich es für günstiger, wenn die Schwester oder der Pfleger nicht deutet, sondern ihren Standpunkt klar darlegt und den Patienten auffordert, über das Problem mit dem Stationsarzt, dem Einzeltherapeuten oder in einer Gruppe zu sprechen, um mehr Klarheit zu gewinnen.

Beschwerden von Patienten

Vom Konzept einer Klinik hängt es ab, wie mit Beschwerden von Patienten umgegangen wird. Es ist ein Recht des Patienten, sich über Angestellte eines Krankenhauses auf einer höheren hierarchischen Ebene des Krankenhauses selbst oder beim Träger des Krankenhauses oder beim Kostenträger der Behandlung zu beschweren. Man kann einen solchen Beschwerdevorgang nun dem »Realraum« zuordnen und auf ihn ausschließlich auf einer Realebene eingehen – so wie auf Beschwerden in unserer Gesellschaft im allgemeinen eingegangen wird. Man kann die Beschwerde aber auch zum Anlaß nehmen, mit dem Patienten ein Stück Psychotherapie zu betreiben, indem man zum Beispiel klärt, weshalb der Patient auf ein bestimmtes Verhalten einer Schwester oder eines Pflegers gekränkt reagiert hat oder weshalb er eine bestimmte Entscheidung, die in der Hausordnung begründet ist, als willkürlich ansieht. Zum Beispiel kann herauskommen, daß der Patient der Meinung ist, er sähe die Dinge richtig, und jeder, der die Dinge anders sieht und einen anderen Standpunkt vertritt, verhalte sich willkürlich. Ist die Arbeitsbeziehung zum Therapeuten oder zum Oberarzt gut oder hat der Patient jedenfalls die Erwartung, daß der Therapeut oder Oberarzt es gut mit ihm meint, kann so ein wesentliches Stück Arbeit an einer Charakterpathologie geleistet werden.

Je höher hinauf sich der Patient mit seiner Beschwerde begibt, desto weniger sind die Voraussetzungen gegeben, auf die Beschwerde auch psychotherapeutisch einzugehen. Zwar kann die Versuchung groß sein, die Autorität des Chefs zu nutzen, um dem Patienten eine Deutung zu vermitteln, mit der er sich gar nicht beschäftigen würde, wenn sie von einem anderen käme. Andererseits kann der Patient eine solche Deutung aber auch als Zeichen von Machtmißbrauch erleben. Im allgemeinen ist es wohl am sichersten und in der Mehrzahl der Fälle auch am wirksamsten, wenn der Chef, bei dem ein Patient sich beschwert, sich auf Klären, Konfrontieren und dann wieder Klären begrenzt; wenn er also das Instrument der Deutung ausspart. Der Chef ist ja berechtigt, sich über den Vorgang Klarheit zu verschaffen, um den es geht. Während er sich im Gespräch mit dem Patienten Klarheit verschafft, wird vielleicht auch dem Patienten etwas klar.

Meist ist es unklug, anzunehmen, daß damit alles erledigt sei. Der Patient wird sich mit dem Geklärten wahrscheinlich unbefangener auseinandersetzen können und darin auch erfolgreicher sein, wenn er erfährt, daß seiner Beschwerde auf der Realitätsebene nachgegangen wird; es sei denn, der Patient verzichtet spontan darauf. Aber auch das sollte manchmal hinterfragt werden. Es kann ja sein, daß es sich um einen Patienten handelt, der immer das tut, was die gerade anwesende Person von ihm erwartet. Er wird dann vielleicht, nachdem er das Zimmer des Klinikleiters verlassen hat, zu dem Schluß gelangen, er habe seine Interessen nicht nachdrücklich genug vertreten und schließlich aufgegeben. Das kann dann zum Anlaß einer weitergehenden Beschwerde werden, zum Beispiel beim Krankenhausträger oder beim Kostenträger für die Behandlung. Das im Gespräch mit dem Klinikleiter Erarbeitete geht dann meist verloren, weil der Patient sich darauf konzentriert, recht zu behalten.

Männer und Frauen als Therapeuten in der Klinik

Ein großer Teil des zwischenmenschlichen Verhaltens ist sowohl von Übertragung als auch vom Charakter bestimmt. Objektbeziehungstheoretiker neigen mehr als ich-psychologisch orientierte Psychoanalytiker dazu, von Übertragung zu sprechen. Die Stereotypien des Charakters erklären sie dadurch, daß immer wieder bestimmte Objekte übertragen werden. Die Fluktuationen im Beziehungsverhalten erklären sie dadurch, daß verschiedene Aspekte einzelner Objekte übertragen werden; insbesondere Aspekte aus verschiedenen Regressionsstadien.

Von einem Kind können in der Beziehung zu Vater und Mutter verschiedene Abwehrmechanismen eingesetzt werden: in der Beziehung zur Mutter vielleicht Introjektion, in der Beziehung zum Vater Projektion. Zum Beispiel kann ein Kind Projektion in der Beziehung zum Vater anwenden, weil es mit dem Vater wenig Kontakt hat. Die Mutter ist dann eine Person, die von dem kleinen Kind als lebenswichtiger erlebt wird, und das Kind wird sie introjizieren, um sie in sich zu behalten, wenn es zeitweise von ihr getrennt ist.

Es kann aber auch sein, daß jemand bei einer Übertragung nicht die ursprünglich angewandten Abwehrmechanismen einsetzt, sondern seine jetzt habituellen Abwehrmechanismen, zu deren stereotypem Einsatz es im Laufe der Charakterentwicklung gekommen ist.

Viele Autoren, darunter THOMÄ und KÄCHELE (1986) und ich selbst (KÖNIG 1991, 1993a, 1993b) haben in letzter Zeit betont, daß das Verhalten des Therapeuten, aber auch seine physischen Eigenschaften, die Entwicklung der Übertragung wesentlich beeinflussen.

Eine der wesentlichen Eigenschaften des Therapeuten ist sein Geschlecht. Ödipale Übertragungsliebe muß, darüber ist man sich heute weitgehend einig, mit dem Geschlecht des Therapeuten übereinstimmen, wenn auch bestimmte Aspekte der ödipalen Beziehungen geschlechtsunabhängig übertragen werden können (vgl. z.B. JUDITH CHERTOFF 1989). Schon in einer Interviewsituation hängt es vom Geschlecht des Untersuchers ab, was der Patient sagt und wie er es sagt. Das gilt übrigens auch für projektive Tests, zum Beispiel den Rorschach- oder den Holtzmann-Inkblot-Test: Ist die Untersucherin eine junge Frau, verschweigen Männer sexuelle Einfälle, oder sie kommen gar nicht darauf. Entsprechendes gilt für die Übertragungsentwicklung. Erotische Liebesübertragungen von männlichen Patienten auf Therapeutinnen kommen seltener vor als erotische Liebesübertragungen von Patientinnen auf männliche Therapeuten.

Arbeiten Männer und Frauen auf einer Station zusammen, werden die präödipalen Übertragungen oft auf die weiblichen Therapeutinnen gerichtet und die ödipalen Übertragungen auf die männlichen. Das gilt für männliche wie für weibliche Patienten. Die Gegenübertragungsprobleme sind, wie ich schon an anderer Stelle (KÖNIG 1993b) dargelegt habe, ebenfalls verschieden. Durch ödipale Liebesübertragungen können männliche Therapeuten narzißtische Zufuhr erhalten, worauf schon FREUD (1915) hingewiesen hat; um so mehr, je selektiver eine Frau in der Wahl ihrer Partner erscheint. Männer können aber auch eine Liebesübertragung als bedrängend empfinden und es schwierig finden, Wünschen einer Patientin nicht entsprechen zu können, weil ihre Rolle das verbietet, und das auch dann, wenn sie »vom Verstand her« wissen, daß nicht eigentlich sie, sondern ein anderes Objekt gemeint ist, das die Patientin auf den Therapeuten überträgt. »Ein bißchen« fühlt sich der Therapeut dann doch gemeint.

Therapeutinnen können sich, wenn die Patienten und Patientinnen präödipale Beziehungswünsche an sie richten, in ihrer Mütterlichkeit angesprochen fühlen. Die Gegenübertragungsreaktionen hängen dann davon ab, wie sie zu ihrer Mütterlichkeit stehen, ob sie etwa fürchten, als betreuende Personen ausgenutzt zu werden. Es kann Frauen auch kränken, wenn sie als Partnerinnen im erotischen Sinne anscheinend nicht in Betracht kommen. Anderenorts (KÖNIG 1993b) habe ich dargestellt, daß eine Therapeutin sich dann ähnlich fühlen kann wie eine Ehefrau, von der ihr Partner nur versorgt werden will, die er aber nicht im erotischen Sinne liebt. Andererseits können Frauen, die Angst vor erotisch-sexuellen Wünschen von Männern haben, eine Liebesübertragung ausblenden, wenn sie doch vorkommt, oder sie nur als Verkleidung präödipaler Wünsche sehen. Auch in ambulanten Therapien kommt es dann häufig zu Verschiebungen ödipaler Übertragungen auf Personen außerhalb der analytischen Dyade oder, in Gruppen, auf andere Gruppenmitglieder. Der Therapeut hat dann die Wahl, ob er die Verschiebung ansprechen oder die Beziehungswünsche, die sich auf Außenobjekte richten, einfach so, wie sie sind, bearbeiten und dabei eventuell schon auf die Genese zurückführen soll.

In einer Klinik mit den multiplen Übertragungsauslösern, die durch das therapeutische Personal geboten werden (siehe auch ARFSTEN u. HOFFMANN 1978), kommt es viel leichter zu einer breiten Verteilung von Übertragungen. Das kann man positiv sehen, ähnlich wie in einer Gruppentherapie. Man kann es aber auch als unzuträgliche Verschiebung auffassen. In einer Klinik, in der die Schwestern weniger als »Hilfstherapeutinnen« auftreten und mehr im Sinne der traditionellen Versorgung, wird ein Patient vielleicht weniger das Gefühl haben, er verliebe sich »hinauf«, als wenn er sich in eine im engeren Sinne therapeutisch tätige Krankenschwester verliebt. An sich ist die ödipale Liebe ja in jedem Falle eine Liebe »hinauf«, einem sich Verlieben des Erwachsenen in eine weibliche Autoritätsperson steht aber entgegen, daß erwachsene Männer sich in Frauen, die auf einer Erwachsenenebene sozial über ihnen stehen, seltener verlieben als in Frauen, die ihnen gleich- oder untergeordnet sind (JUNKER-TRESS, persönliche Mitteilung 1993).

Je mehr eine Krankenschwester als direkte Arbeitskollegin des Arztes oder Psychologen in Erscheinung tritt, desto eher wird sie seinem sozialen Status zugeordnet; dies ist auch auch im Alltagsleben bezüglich der Partnerinnen von Männern gesellschaftlicher Usus.

An den Beziehungen männlicher Patienten zu Therapeutinnen kann man weitere interessante Beobachtungen machen. So werden Therapeutinnen, die sich erotisch attraktiv kleiden oder sich stark schminken, oft schon deshalb als »unmütterlich« erlebt und abgelehnt, wenn präödipale Wünsche im Vordergrund stehen. Die Patienten meinen, daß die Therapeutinnen dadurch signalisieren, sie hätten an Beziehungen zu den »schwachen« Männern auf der Station kein großes Interesse, sie seien auf »gleichwertige« Partner eingestellt, während sie bei zurückhaltender gekleideten oder weniger geschminkten Therapeutinnen eher annehmen, die Therapeutin würde sich aus einer mütterlichen Position heraus für sie in ihrem Leiden interessieren. Die ödipale Trennung eines mütterlichen und eines erotischen Frauenbildes, die man früher, als die erotische Frau stärker abgelehnt wurde, als dies heute der Fall ist, mit den Beziehungen »Madonna« und »Hure« sinnfällig machte, kann diese Erwartung verstärken. Die »Madonna« wäre eine asexuelle Mutter, die »Hure« wäre eine unmütterliche, aber erotisch interessierte Frau.

Patientinnen sind sich oft bezüglich ihrer Attraktivität sehr unsicher, weil sich Störungen des Selbstwertgefühls bei Frauen auch heutzutage noch wesentlich darin ausdrücken, wie sie ihr Aussehen einschätzen. Da Frauen aber heute fast alle einen Beruf erlernen, äußert sich ein schlechtes Selbstwertgefühl von Frauen daneben oft auch in einer geringen Einschätzung der beruflichen Fähigkeiten. Das gilt besonders, wenn die Frau mit dem Vater identifiziert ist und weibliche Attraktivität schon deshalb geringschätzt.

Therapeutinnen haben alle ein Studium mit Erfolg abgeschlossen. Im Vergleich zu ihnen kann eine Patientin sich klein und unbedeutend fühlen. Sieht die Therapeutin auch noch gut aus oder signalisiert sie durch die Art ihrer Kleidung und die Art, wie sie sich schminkt, daß sie auf ihre Weiblichkeit Wert legt, kann eine Frau, die ihrer weiblichen Attraktivität unsicher ist, resignieren. Sie spielt in jeder Hinsicht in einer anderen Liga. Es kann ihr dann sehr schwerfallen, sich mit der Therapeutin zu identifizieren und sie als Modell für Möglichkeiten ihrer eigenen Entwicklung zu nehmen: der Abstand wird als zu groß empfunden.

Männer vergleichen sich mit dem Therapeuten meist bezüglich des beruflichen Status und der beruflichen Kompetenz, erst in zweiter Linie bezüglich des Aussehens. Für viele Patienten ist der Abstand zwischen ihnen selbst und dem Therapeuten groß. Dennoch scheint es ihnen leichter zu fallen, bestimmte Aspekte des Therapeutenverhaltens als Modell zu nehmen und sich mit den Therapeuten zu identifizieren. Im Alltagsleben gibt es viele Beispiele dafür, daß Männer sich mit anderen Männern identifizieren, deren Leistungen sie nie erreichen könnten. Zum Beispiel mit Sportlern, einem Tennisspieler, einem Zehnkämpfer oder mit Fußballspielern aus »ihrer« Mannschaft.

Für Frauen ist der soziale Aufstieg auf zwei Wegen möglich: durch eigene berufliche Leistung oder als Partnerin eines sozial höherstehenden Mannes. Die Phantasie, daß »ein Prinz kommt« und ein armes Mädchen heiratet, scheint auch heute noch sehr verbreitet zu sein. Dagegen ist der berufliche Aufstieg von Frauen in leitende Positionen auch heute noch schwierig und bringt die Frauen in Konflikt mit ihrer Mutterrolle. Für die Männer, die vor erfolgreichen Frauen eher Angst haben, wenn sie nicht selbst sehr erfolgreich sind, erscheinen beruflich erfolgreiche Frauen oft wenig attraktiv. Auch deshalb sind Mädchen und junge Frauen vielleicht weniger motiviert, sich erfolgreiche Frauen zum Modell zu nehmen, auch wenn sie solche Frauen vielleicht bewundern.

Insgesamt scheint zu gelten, daß Therapeutinnen auf dem Wege über das Mütterliche noch am ehesten Zugang zu Patienten und Patientinnen finden. Das ist besonders in stationären Therapien wichtig, die ja fast immer Kurzzeittherapien sind und bei denen es darauf ankommt, daß sich rasch eine positive Beziehung zwischen Patient und Therapeut entwickelt. In einer ambulanten Langzeittherapie hat man mehr Zeit, initiale Widerstände anzusprechen und zu bearbeiten.

Interessanterweise gelingt es in Kliniken Männern oft leichter als Frauen, auf dem Wege über ein zugewandtes Verhalten den Eindruck von Mütterlichkeit zu vermitteln. Für viele Frauen, besonders die an der Mutter enttäuschten, ist ein als androgyn erlebter Mann der ideale Beziehungspartner und auch der ideale Therapeut.

Verschiebungen

Bei allen Therapien, ja überhaupt in allen zwischenmenschlichen Beziehungen, spielt der Abwehrmechanismus *Verschiebung* eine große Rolle. Die Redewendung: »Den Sack schlägt man, den Esel meint man« illustriert das. Jemand, der den Sack schlägt, den der Esel trägt, trifft den Sack aus Versehen, oder er schlägt auf den Sack, weil der zwischen dem Esel und ihm selbst ist, kommt also an den Esel nicht heran. Die Redewendung hat aber die Bedeutung, daß man einen anderen Menschen angreift als den, der eigentlich »gemeint« ist. Setzen wir hinzu, daß der ursprünglich gemeinte Mensch *unbewußt* gemeint ist, haben wir eine Darstellung des Vorgangs Verschiebung.

Verschoben wird, wenn der Angriff auf die Person, die eigentlich gemeint ist, zu gefährlich wäre. Die Gefahr kann darin liegen, daß der andere zurückschlagen könnte oder daß er verletzt oder getötet werden könnte, was man nicht möchte. Der Angriff wird dann gegen eine Person gerichtet, die nicht zurückschlagen kann oder weniger verletzbar erscheint und den Schlag »schon aushalten wird«. Entsprechend kann aber auch Liebe verschoben werden, wenn man fürchtet, daß die eigentlich geliebte Person auf die Liebeswünsche nicht eingehen wird, oder wenn man fürchtet, eine Erfüllung der Liebeswünsche könnte Gefahren mit sich bringen, wie das in der ödipalen Konstellation der Fall ist, wo die Tochter, die den Vater liebt, fürchtet, den Zorn der Mutter auf sich zu ziehen, wobei eine Erfüllung der Liebeswünsche außerdem das Inzesttabu verletzen würde.

Verschiebungen kann man gut in therapeutischen Kleingruppen beobachten, wo Wünsche, die eigentlich dem Therapeuten gelten, seien sie nun aggressiv oder libidinös, auf eine andere Person in der Gruppe gerichtet werden, manchmal natürlich auch auf Personen außerhalb der Gruppe. In der dyadischen Einzeltherapie finden die Verschiebungen auf Personen außerhalb der analytischen Dyade statt. Eine Patientin verliebt sich in einen Mann, der gewisse Merkmale mit dem Therapeuten gemeinsam hat, dem die eigentlichen Liebeswünsche gelten.

Natürlich ist in Gruppen und in Einzeltherapien auch das Umgekehrte möglich. Ärger oder Sympathie, die einer anderen Person gelten, können auf den Therapeuten verschoben werden; zum Beispiel deshalb, weil man glaubt, daß er einen Angriff besser aushalten kann, daß er durch seine Rolle daran gehindert wird, zurückzuschlagen, oder, wenn es Liebeswünsche sind, daß er sie respektieren, aber nicht auf sie eingehen wird. Die Verschiebung von anderen Personen auf den Therapeuten wird oft zu wenig beachtet.

In einer stationären psychotherapeutischen Einrichtung sind Verschiebungen von einem Mitglied des therapeutischen Teams auf ein anderes oft zu erkennen, wenn man nur daran denkt. Verschoben wird meist auf Personen, die weniger wichtig erscheinen oder »erreichbarer« sind, zum Beispiel von einem Therapeuten auf einen Angestellten in der Verwaltung. Verschiebungen von einem Mitpatienten auf ein Mitglied des therapeutischen Teams sind meist schwerer zu entdecken, weil Hinweise auf eine »besondere« Beziehung zwischen einem Patienten und einem anderen, ursprünglich gemeinten Patienten nicht immer leicht zu entdecken sind.

Es ist zwar nicht nötig, jede Verschiebung gleich als Verschiebung anzusprechen. Verschiebungen vom Therapeuten auf andere Teammitglieder müssen aber oft angesprochen werden, weil die Person, auf die verschoben wird, durch die Verschiebung stark belastet wird. Das gilt besonders für Verschiebungen auf Personen, die von der Rolle und von der Ausbildung her nicht deuten sollten oder die Fähigkeit, das zu tun, nicht besitzen, wie das bei Berufsanfängern und generell beim Pflegepersonal, von Ausnahmen abgesehen, meist der Fall ist.

Ausnahmen können durch das Konzept bedingt sein. Es kann zum Konzept gehören, daß auch das Pflegepersonal deutet. Schwester und Pfleger können in den Supervisionssitzungen und in zusätzlichen Fortbildungs- und Weiterbildungsangeboten eine therapeutische Deutungskompetenz erwerben. JANSSEN (1987) erwähnt auch, daß seinem Pflegepersonal empfohlen wird, Selbsterfahrung zu machen.

Mitpatienten können ebenfalls durch Verschiebungen belastet werden. Das ist gerade in therapeutischen Kleingruppen nicht selten der Fall, wenn Angriffe, die eigentlich dem Therapeuten gelten, sich auf ein Gruppenmitglied richten, das bestimmte Verhaltensmerkmale mit dem Therapeuten teilt oder sonst an ihn erinnert.

Man kann Gründe haben, sich zu entschließen, eine erkannte Verschiebung nicht als Verschiebung anzusprechen, sondern den Wunsch, der einer Verschiebung zugrunde liegt, in der Beziehung zu der Person zu bearbeiten, auf die verschoben wird. Es ist nämlich durchaus möglich, daß die Bearbeitung des Wunsches so leichter erfolgt. Spricht man die Verschiebung an, kann es sein, daß die Bearbeitung des Wunsches zuviel Angst macht. Man hat den Patienten von dem im Augenblick für ihn optimalen Widerstandsniveau weggebracht. Die Meinung von FREUD (1920), man solle eine Deutung, die man gefunden habe, dem

Patienten nicht gleich an den Kopf werfen, gilt nicht nur für Inhaltsdeutungen, sondern auch für Widerstandsdeutungen. Nachdem ein gefürchteter Wunsch in der Beziehung zu der Person, auf die er verschoben worden ist, bearbeitet wurde, wird die Angst, diesen Wunsch auch in der Beziehung zu der Person zu bearbeiten, die ursprünglich gemeint war, meistens geringer. Dann kann auch ein Deuten der Verschiebung sinnvoll sein und weitere therapeutische Möglichkeiten eröffnen.

Ich und Es in der stationären Psychotherapie

Wenn ein Patient sich anders verhält, als es die Hausordnung vorschreibt, kann es sein, daß sein Ich zu schwach ist, um Impulse bei sich behalten zu können, ohne sie in Handeln umzusetzen. So gibt es Patienten, die sich nachts in der Klinik »eingesperrt« fühlen, diesen Zustand nicht aushalten und aus der Klinik fortlaufen, vielleicht in eine Gaststätte gehen und sich betrinken oder sich in ihr Auto setzen und ziellos in der Gegend herumfahren. Dieses Verhalten ist nicht geplant, es entspringt aus einem unerträglichen Zustand. Andere Patienten wieder werden tätlich, wenn sie wütend sind, oder sie fangen zu schreien an, obwohl ein solches Verhalten der sozialen Situation nicht entspricht. *Affekttoleranz* und *Impulskontrolle* sind bei ihnen eingeschränkt.

Patienten, deren Affekttoleranz eingeschränkt ist, deren Impulskontrolle aber noch ausreicht, halten sich in ihren Verhaltensweisen im Rahmen dessen, was in der Klinik erlaubt ist. Zum Beispiel klingeln sie nach der Nachtschwester oder wollen den diensthabenden Arzt sprechen. Andere wieder, deren Affekttoleranz zwar nicht wesentlich eingeschränkt ist, deren Impulskontrolle aber vermindert ist, oft zusammen mit einer verminderten Fähigkeit, die Folgen ihrer Handlungen vorauszusehen, halten einen Termin nicht ein, der vereinbart ist, weil etwas anderes sie im Augenblick mehr interessiert oder anzieht. Vielleicht wollen sie ein Gespräch fortsetzen oder den Freund oder die Freundin anrufen oder mit anderen spazierengehen.

Anhand des Verhaltens eines Patienten in der Klinik lassen sich viele seiner *Ich-Funktionen* einschätzen. Das ist übrigens auch ein Grund, warum eine gewisse Beobachtungszeit bei nicht wenigen Patienten nützlich ist und warum es einen Sinn hat, das Verhalten eines Patienten auf Station zu beobachten.

In uns allen entstehen Es-Impulse, von denen einige ins Bewußtsein zugelassen werden, andere nicht, wieder andere werden nicht als solche zugelassen, erzeugen aber Angst, wie dies bei den Patienten mit Angstsymptomatik der Fall ist. Zur diagnostischen Einschätzung eines Patienten gehört eine Einschätzung der Ich-Funktionen (BELLAK et al. 1973; HEIGL-EVERS u. OTT 1994).

Wichtig ist auch einzuschätzen, welche *Abwehrmechanismen* der Patient bevorzugt anwendet und welche nicht. Abwehrmechanismen sind nicht an sich pathologisch, ohne Abwehrmechanismen wie *Unterdrückung* (BRENNER 1976, S. 84), *Verdrängung* und in manchen, vor allem auch beruflichen Situationen auch *Isolierung vom Affekt* könnten wir gar nicht zurechtkommen. Andere Abwehrmechanismen wieder beeinflussen unsere Arbeit und unsere Beziehungen negativ; zum Beispiel *Projektion, Verschiebung auf das Kleinste, Isolierung aus dem Zusammenhang.*

Rationalisieren und *Intellektualisieren* nehmen eine Mittelstellung ein. Sie können manchmal nützlich sein, weil sie entlasten, sie erschweren aber doch die Beurteilung einer Situation. Pathologisch, oft im Sinne einer Charaktersymptomatik ist wohl immer ein rigides, nur sehr begrenzt adaptives Einsetzen von Abwehrmechanismen.

Auch solche Abwehrmechanismen, die oft positive Auswirkungen haben, wirken sich da nachteilig aus. Zum Beispiel kann die *Verdrängung* Lücken im Erleben und Handeln verursachen, die den Lebensgenuß einschränken; etwa bei der sexuellen Alibidinie. Andererseits kann eine alibidinöse Frau nicht so leicht schwanger werden, weil sie »den Kopf oben« behält und oft sorgfältiger verhütet als eine Frau, die sich »hinreißen« läßt.

Symptome entstehen bekanntlich dann, wenn die Abwehr versagt. Der Impuls kommt durch, direkt oder in der verkleideten Form eines *Kompromisses*. Impuls und Abwehr stellen sich im Symptom dar, am sinnfälligsten vielleicht im großen hysterischen Anfall, dem *arc de cercle*, der einen Coituswunsch und die Abwehr dagegen pantomimisch darstellt. Oft treten nur Aspekte der Abwehr gegen das Symptom ins Bewußtsein, wie zum Beispiel *Angst* bei einem abgewehrten Impuls, der zwar in der Abwehrschranke steckenbleibt, aber von da aus Angst im bewußten Teil des Ich auslöst. In einem *Zwangsgedanken* kommt ein Vorstellungsinhalt durch, nicht aber der Affekt und nicht das, was die Vorstellung ausgelöst hat. Die Abwehrmechanismen *Isolierung vom Affekt* und *Isolierung aus dem Zusammenhang* sind hier wirksam.

Eine Therapie kann sich auch einmal auf einen bestimmten Abwehrmechanismus konzentrieren. Zu den Abwehrmechanismen, die häufiger mit Erfolg angesprochen werden, nenne ich die *Isolierung vom Affekt*, die *Leugnung*, das *Bagatellisieren* und die *Projektion*. Auf die projektive Identifizierung (siehe auch KÖNIG 1993b) wird in einem separaten Abschnitt eingegangen. Bei ihr kommt es besonders darauf an, den interaktionellen Anteil anzusprechen.

Eine Bearbeitung von Abwehrmechanismen hat das Ziel, die Binnenwahrnehmung und die Wahrnehmung der Außenrealität zu verbessern. Auf Abwehrmechanismen kann ein Patient natürlich nur dann verzichten, wenn sein Ich in der Lage ist, mit den Impulsen sozialadäquat umzugehen. Viele Blockierungen, vor allem auch die Verdrängung und durch Verdrängung hervorgerufene Lücken im Erleben und Verhalten, sind für den Patienten immer noch besser als ein Durchbrechen der Impulse.

Das ist mit ein Grund, warum Stationsgruppen, in denen es um soziales Lernen geht, in einer psychotherapeutischen Klinik wichtig sind. Es kommt in der Klinik oft zu raschen Konfliktmobilisierungen und zu Labilisierungen der Abwehr. Patienten, die über bestimmte Impulse nicht verfügen, weil sie blockiert sind, machen entsprechende soziale Lernerfahrungen nicht. Die können sie in den Gruppen unter dem Schutz des Therapeuten ansatzweise machen. Wird die Abwehr gelockert und treten Impulse ins Bewußtsein, mit denen der Patient den Umgang vorher nicht gelernt hatte, ist es für ihn sehr nützlich, wenn er in der Zwischenzeit in den Stationsgruppen schon etwas über den Umgang mit diesen Impulsen erfahren hat, indem er andere Patienten im Umgang mit ihnen beobachten konnte, zum Beispiel die adäquaten Formen der Durchsetzung, aber auch adäquate Arten und Weisen, Sympathie zu äußern. Die Abwehr kann dann auch eher gelockert werden, während sie rigide aufrechterhalten werden muß, wenn das Ich auf den Umgang mit dem entsprechenden Impuls überhaupt nicht vorbereitet ist.

Das Über-Ich in der stationären Psychotherapie

Seit der vielzitierten Arbeit von STRACHEY (1934), der Deutungen, die er als mutativ (verändernd) bezeichnete, mit Veränderungen im Über-Ich der Patienten in Verbindung brachte, ist die Diskussion darum, wie man das Über-Ich beeinflussen kann und wie sich das auswirkt, nicht abgerissen (z.B. TYSON 1985). Während FREUD (1923) das Über-Ich noch als »Erbe der Ödipuskomplexe« ansah, nimmt man heute Vorläufer des ödipalen Über-Ich bereits in den ersten Lebensjahren an. Das Über-Ich ist auch später, besonders in der Adoleszenz, mannigfachen Veränderungen und Umwandlungen unterworfen, obwohl es seine Strenge im allgemeinen so beibehält, wie sie sich in der ödipalen Entwicklungsphase herausgebildet hat (z.B. BLUM 1985).

Für klinische Zwecke ist es wichtig, *deskriptiv unbewußte*, also *vorbewußte* und im engeren Sinne *unbewußte Inhalte* des Über-Ich von den *bewußten* zu unterscheiden. Mit dem Ich teilt das Über-Ich ja die Eigenschaft, einen bewußten und einen nicht bewußten Anteil zu haben, während das Es als ganz unbewußt angenommen wird. Die unbewußten Anteile des Über-Ich lassen sich im allgemeinen nur in einer längeren Psychoanalyse oder psychoanalytischen Gruppentherapie bearbeiten. Dagegen sind die bewußten Inhalte des Über-Ich relativ leicht austauschbar, wie man das auch außerhalb einer therapeutischen Situation beobachten kann. Das war zum Beispiel Ende der sechziger und Anfang der siebziger Jahre deutlich, als viele junge Leute ein liberales Sexualverhalten mit der gleichen Strenge vertraten wie vorher die aus dem Elternhaus übernommenen Gebote sexueller Abstinenz, anarchisches Verhalten mit der gleichen Strenge wie vorher gesetzestreues Verhalten. Die Strenge bleibt, die Inhalte ändern sich.

Inhalte seines Über-Ich beeinflussen die Beziehungen eines jeden Menschen: die Beziehungen in seiner inneren Welt und die interpersonellen Beziehungen zwischen ihm und anderen Menschen. Inhalte des Über-Ich entscheiden nicht nur darüber, ob Schuldgefühle auftreten oder nicht, wenn Gebote übertreten werden. Sie entscheiden mit darüber, ob Impulse aus dem Es und aus dem unbewußten Anteil des Ich ins Bewußtsein treten dürfen, in bestimmten Situationen, aber auch in einem allgemeineren Sinne habituell.

Damit ist das Über-Ich ein wesentlicher Anteil des Charakters. Viele psychischen Erscheinungen, zum Beispiel *Depressionen* und *Erschöpfungssyndrome* haben damit zu tun, daß jemand sich nicht entsprechend den Anforderungen seines Über-Ich verhalten kann oder daß er sich über seine Ressourcen hinaus entsprechend diesen Anforderungen verhalten hat. Ein *eingeschränktes Durchsetzungsvermögen* kann mit Über-Ich-Anforderungen zusammenhängen, zum Beispiel mit einer allgemeinen Forderung nach großer Friedfertigkeit.

Natürlich ist nicht jedes psychische Krankheitssymptom durch das Über-Ich bedingt oder mitbedingt. Der *Depressive* kann sich oft deshalb nicht durchsetzen, weil er Angst hat, das Objekt zu verlieren, nicht nur, weil er Bestrafungen durch das Über-Ich fürchtet, wenn er sich aggressiv verhält. Patienten mit einer *Angstsymptomatik* haben Angst, weil sie oft zu recht befürchten, Impulse nicht sozialadäquat umsetzen zu können; hier handelt es sich um eine spezifische Schwäche des Ich. Für das Ich kann das Über-Ich bei manchen Patienten allerdings ersetzend eintreten. Oft entwickeln sich dann *Zwangssymptome*.

Krankheitssymptome, bei denen das Über-Ich eine wesentliche Rolle spielt, können oft schon durch eine Beeinflussung der bewußten Inhalte des Über-Ich gemindert werden. Ein Inhalt ist nach meiner Definition nicht nur dann bewußt, wenn der Patient ihn gleich sagen kann. Um einen bewußten Inhalt handelt es sich auch dann, wenn der Patient ihn erst in einer Interaktion mit dem Therapeuten mit dessen Hilfe formulieren kann. Dessen Hilfe besteht im Klarifizieren. Auch Ich-Inhalte, wie bestimmte Einstellungen, Stimmungen oder Meinungen, sind ja oft nicht in Worten ausformuliert, sondern präverbal vorhanden. Werden wir nach unserer Einstellung zu einer bestimmten Person befragt, können wir nicht immer gleich eine umfassende Antwort geben, oft müssen wir erst nachdenken. Entsprechendes gilt für die Inhalte des bewußten Über-Ich.

Wie lassen sich nun Über-Ich-Inhalte austauschen? Die Über-Ich-Inhalte eines jeden Menschen hat er von wichtigen Personen übernommen, von Eltern, Lehrern; später, in der Adoleszenz, auch von Gleichaltrigen, aber auch von den Eltern seiner Freunde. Die Übernahme von Über-Ich-Inhalten geschieht auf der Basis einer guten Beziehung oder aber in einem Akt der Unterwerfung. Wenn FREUD das Über-Ich (beim Jungen) als Erbe des Ödipuskomplexes bezeichnete, dachte er an eine Unterwerfung unter den Vater. An anderer Stelle (z.B: KÖNIG u. KREISCHE 1991) bin ich schon darauf eingegangen, daß Inhalte des Über-Ich auch von Vorbildern übernommen werden, zu denen eine gute, nicht mit Angst verbundene Beziehung besteht; ein Umstand, auf den früher schon andere (z.B. STIERLIN 1971) hingewiesen haben.

In einer Therapie kann ein Patient Über-Ich-Inhalte vom Therapeuten übernehmen, wenn sich eine gute Beziehung zwischen ihm und dem Therapeuten entwickelt hat und er den Therapeuten als Vorbild oder als Sachautorität anerkennt. In einer früheren Arbeit (KÖNIG 1975, in aktualisierter Form in KÖNIG 1993a) habe ich ausführlich beschrieben, wie ein Therapeut dem Patienten Normen vermitteln kann, die sein Über-Ich entlasten und ihn zum Beispiel vor beruflicher Überlastung schützen. Ich nenne das die *nomoplastische*, also Normen verändernde Interventionsform. Besonders bei Patienten, die unter charakterbedingten psychischen Störungen leiden, sind solche Interventionen wirksam. Die bewußten Normen eines Patienten lassen sich relativ leicht erarbeiten, zum Beispiel, indem man ihn zu einer Selbstschilderung auffordert und mit dem Patienten dann bespricht, was es bedeutet, wenn er sich bestimmte Charaktereigenschaften zuschreibt. Eine positive Beziehung zum Therapeuten entwickelt sich oft schon dann, wenn er sich rollenkonform verhält, ohne den Patienten mit Deutungen zu überfordern, die dieser nicht verstehen oder nicht annehmen kann. Ein nomoplastisches Vorgehen eignet sich gerade für die Arbeit in solchen Kliniken, die ihre Patienten nur kurze Zeit behalten können. Es eignet sich auch für Patienten jeder Gesellschaftsschicht. Bei Patienten der Unterschicht ist es leichter anwendbar als ein deutendes Verfahren, weil der Unterschicht-Patient den Umgang mit Deutungen (z.B. mit einer Textinterpretation) meist weniger gut erlernt hat als ein Angehöriger der Mittel- oder der Oberschicht. Normen spielen im täglichen Leben der Unterschicht eine sehr große Rolle, während in der Mittelschicht und in bestimmten Anteilen der Oberschicht realitätsbezogenes, eigenes Entscheiden in wechselnden Situationen trainiert wird.

Interventionen, die sich auf die Normen richten, sind in der klinischen Psychotherapie, gerade auch im Umgang mit Patienten aus der Unterschicht, nach wie vor sehr gebräuchlich. Als ich 1975 meine Arbeit über die nomoplastische Interventionsform schrieb, tat ich nichts anderes, als therapeutisches Vorgehen zu konzeptualisieren, das ich bei meinem Eintritt in die Klinik Tiefenbrunn im Jahre 1968 vorgefunden hatte. Man sprach damals von einem »psychagogischen« Intervenieren. Auf die bewußten Normen gerichtete Interventionen finden heute unter verschiedenen Benennungen statt. Sie sind auch wesentlicher Bestandteil der kognitiven Verhaltenstherapie.

FREUD benutzte den Terminus *Ich-Ideal* synonym mit Über-Ich. Heute nehmen viele Autoren, zum Beispiel CHASSEGUET-SMIRGEL (1987) an, daß das Ich-Ideal aus einer narzißtischen Entwicklungslinie entsteht. KOHUT (1971) nahm an, daß das Ich-Ideal aus den Elternimagines abgeleitet ist, im Unterschied zum *Ideal-Selbst*, das aus der Selbstimago stammt und ein idealisiertes Selbst darstellt, dem ein Mensch in seinem Verhalten, besonders auch in seinen Erfolgen, gerecht zu werden versucht. Eine Eigenschaft des Ideal-Selbst wäre die Omnipotenz. Dagegen handelt es sich eher um ein Streben nach (idealisierten) Vorbildern, wenn jemand seinem Ich-Ideal gerecht zu werden versucht. Das Ich-Ideal trägt Züge der Eltern oder anderer wichtiger Beziehungspersonen.

Mir hat es sich bewährt, als Über-Ich eine Instanz anzusehen, die sagt, was man nicht tun soll, und als Ich-Ideal eine Instanz, die sagt, was man tun soll. Wer seinem Über-Ich zuwider handelt, empfindet Schuldgefühle. Wer seinem Ich-Ideal zuwider handelt, schämt sich oder empfindet Selbsthaß. Das Ideal-Selbst bezeichne ich mit KERNBERG (1978) als *Größenselbst*. Ich lasse dabei offen, ob zunächst ein Größenselbst da ist und sich erst im Laufe der Entwicklung reduziert oder ob das Größenselbst das Ergebnis einer kompensatorischen Entwicklung ist, die dann eintritt, wenn die Kommunikation des ganz kleinen Kindes mit seiner Umwelt gestört wird und es sich ohnmächtig, hilflos und existentiell gefährdet erlebt.

Die Ansprüche des Ich-Ideals müssen bei vielen Krankheitsbildern ähnlich wie die Ansprüche des Über-Ich ermäßigt werden. Daß dies oft sehr schwer zu bewerkstelligen ist, könnte dafür sprechen, daß ein Behaltenwollen des Ich-Ideals Defizite des Ich kompensiert (»wenn ich hohen Idealen nachstrebe, bin ich besser als jemand, der so bleiben will, wie er ist«) oder Selbsthaß verhindern will, weil das reale Selbst im Vergleich zum Größenselbst ausgesprochen dürftig ist. Allerdings ließe sich das Gefühl, das reale Selbst sei dürftig, auch nur durch den Vergleich mit dem Größenselbst erklären. Tatsächlich sind viele Menschen mit einem archaischen Größenselbst durchschnittlich leistungsfähig, meist bleiben sie aber doch unter ihren Möglichkeiten, und nicht wenige sind ausgesprochen arbeitsgestört.

Die Auswirkungen eines archaischen Größenselbst sind im allgemeinen schwerer zu beeinflussen als die Auswirkungen übertriebener Anforderungen des Ich-Ideals. Mit den bewußten Inhalten des Ich-Ideals kann man sich ähnlich direkt auseinandersetzen wie mit den bewußten Inhalten des Über-Ich. Der Therapeut kann sich auch meist leichter darin einfühlen, daß jemand Scham empfindet, wenn er seinen Ich-Ideal-Anforderungen nicht entspricht, und daß die Schamgefühle nicht realistisch sind, weil die Ich-Ideal-Anforderungen unrealistisch sind. Wohl jeder von uns muß ja im Übergang von der Adoleszenz zum Erwachsenendasein Abstriche an seinem Ich-Ideal machen. Dagegen haben wohl nur Menschen mit einer narzißtischen Pathologie ein archaisches Größenselbst. Ein wesentlicher Unterschied zwischen Ich-Ideal und Größenselbst besteht auch darin, daß die Gesellschaft Ich-Ideal-Anforderungen stellt und es belohnt, wenn jemand hohen Ich-Ideal-Anforderungen entspricht; dagegen wird meist belächelt oder gar verachtet, wer erkennen läßt, daß er von sich die Vorstellung hat, er sei omnipotent, alles müsse ihm gelingen, ihm seien keine Grenzen gesetzt. Die Konfrontation mit dem realen Selbst wird dann eher mit Schadenfreude betrachtet, man hat wenig Empathie mit dem Selbsthaß, der dann auftritt. Spricht man aber mit einem Patienten über seine Ich-Ideal-Anforderungen, kann man sich meist leicht darin einfühlen, daß es schön wäre, diesen Anforderungen zu entsprechen, sofern diesen Ich-Ideal-Anforderungen überhaupt entsprochen werden kann. Man kann dann mit dem Patienten darüber sprechen, daß es eigentlich zur *conditio humana* gehört, den Vorbildern, die man bewundert, nicht in allem folgen zu können, und daß man sich schämen kann, wenn es sich herausstellt, man schaffe es nicht.

Insoweit gehören Gespräche über die Ich-Ideal-Anforderungen durchaus in die Kurztherapie. Ein Therapeut in einer Klinik, in der sich der Patient im großen und ganzen wohlfühlt oder die ein besonderes Prestige hat, wird Modifikationen von Über-Ich und Ich-Ideal-Anforderungen vielleicht leichter erreichen können als ein Therapeut in einer Einzelpraxis, der nicht das Prestige einer Klinik im Rücken hat. Auch von daher eignet sich eine nomoplastische Interventionsform und eine auf das Ich-Ideal gerichtete Interventionsform eher für die stationäre Therapie.

Eine Pathologie, die mit dem Größenselbst zusammenhängt, wird man in kurzer Zeit viel schwerer beeinflussen können. Bei Menschen mit einer narzißtischen Charakterpathologie sind oft auch Ich-Ideal und Über-Ich von der allgemeinen Entwicklungsstörung mit betroffen und deshalb schwer zu beeinflussen. Nicht nur ihre Inhalte sind pathologisch, sondern besonders auch ihre Strenge. Um daran etwas zu ändern, ist ein längerer Entwicklungsprozeß nötig, wie er in einer Klinik eingeleitet, aber sicher nicht zu Ende geführt werden kann. Dagegen hat man mit Beeinflussungen der Inhalte eines *depressiven* Über-Ich und Ich-Ideals durchaus nicht selten Behandlungserfolge in relativ kurzer Zeit.

Frühstörungen: Borderline-, schizoide, narzißtische und depressive Struktur

Ohne Zweifel gibt es Menschen, die andere Menschen, aber auch sich selbst, abwechselnd sehr positiv und sehr negativ erleben oder abwechselnd gut und böse oder auch »schlecht«. Andere wiederum erleben ihre Mitmenschen als nur und dauernd gut oder böse, ähnlich wie im

Märchen ausschließlich gute und ausschließlich böse Menschen vorkommen. Bisher (z.B. KERNBERG 1978) ist man meist davon ausgegangen, daß es sich bei diesem Vorgang, den man *Spaltung* nennt, um eine Entwicklungsstörung handelt. Der Säugling erlebt die Mutter, sobald er sie überhaupt als getrenntes Objekt wahrnehmen kann, gleichsam zweigeteilt: mal gut, mal böse. Durch die Ergebnisse der Baby-Watcher (zusammenfassend referiert von DORNES 1993a, 1993b) ist diese Annahme zweifelhaft geworden, neben anderen entwicklungspsychologischen Annahmen, die auf Rekonstruktionen beruhen. Diskutiert werden muß, ob bei der Spaltung ein früherer Zustand bestehen bleibt, wie er bei allen Kindern vorkommt, oder ob es sich bei der Spaltung um einen später entwickelten und eingesetzten Abwehrmechanismus handelt, der die Funktion hat, mit unerträglichen Ambivalenzspannungen in Beziehungen umgehen zu helfen.

Eine Ambivalenzspannung kann unerträglich groß werden, wenn das Böse im anderen anscheinend zunimmt. Ein Beispiel sind Kriege. Manchmal wird ein Land angegriffen, das vorher keine Auseinandersetzung mit dem Angreifer hatte, wie zum Beispiel Holland oder Belgien während des letzten Weltkrieges. Ein anderes Beispiel: Ein harmloser Passant wird von einem Räuber angegriffen. Es ist dann zweckmäßig, den Betreffenden als böse zu sehen, damit man sich energisch wehren kann. In einem Krieg liegt alles Gute bei den eigenen Landsleuten. Im Falle des angegriffenen Passanten liegt es bei ihm selbst. Der Passant reagiert dann vielleicht überschießend. Der Räuber will sein Geld, der Passant greift zu einer Pistole, die er mit sich führt, und erschießt den Räuber. Bei Kriegen ist oft schon vor Ausbruch der Gewalttätigkeiten Irrationales in den gegenseitigen Beziehungen zu beobachten: Irrationales, wenn man an die Güte der Realitätseinschätzung denkt, aber funktional Zweckmäßiges, wenn man an die Notwendigkeit denkt, in einer gewaltsamen Auseinandersetzung Sieger zu bleiben, ohne etwa durch Mitleid mit dem Gegner, auf den man schießt, gebremst zu werden. Hier hat Spaltung bedauerlicherweise Überlebenswert.

Spaltung kann aber auch ein Mittel sein, mit Ambivalenzspannungen umzugehen, die nicht erst beim Erwachsenen oder beim älteren Kind entstehen. Das ist zum Beispiel der Fall, wenn eine kindlich-extreme Wahrnehmung von Personen oder kindlich-heftige Reaktionen auf Personen im Laufe der Entwicklung des älteren Kindes und des Jugendlichen dem Erwachsenenstatus nicht angepaßt worden sind, zum Beispiel deshalb, weil die Beziehungsmodelle extrem waren. Ich denke hier an die Entwicklung von *Borderline*-Strukturen bei extremer Traumatisierung in der Kindheit. Das Kind hat dann extrem böse Modelle und kompensatorisch entwickelte ideale Modelle, die es abwechselnd einsetzt, um seine Eindrücke in einer Beziehung zu ordnen. Wenn der Borderline-Patient sich gegen Menschen wehrt, die er, weil sie entsprechende, vielleicht geringfügige Übertragungsauslöser geboten haben, dem bösen Modell zuordnet, kann er das in dem Bewußtsein tun, daß es vielleicht auch die ideal guten Menschen gibt, für die er Modelle hat. Diese guten Modelle ordnet er dann Menschen zu, die entsprechende Übertragungsauslöser bieten. Unerträglich wäre es, von nur bösen Menschen umgeben zu sein. Die Traumatisierung und als deren Folge die Entwicklung »böser« Objektvorstellungen wäre also das Primäre. Der Borderline-Patient kann »böse« Menschen guten Gewissens attackieren und sich »guten« Menschen getrost anvertrauen. Natürlich kommt er immer wieder mit der Realität in Konflikt. So gut, wie es den ideal guten Modellen entspricht, kann niemand sein, weshalb es dann auch immer wieder zu Enttäuschungen und Kränkungen kommt. Es kommt zu Enttäuschungen, weil die Erwartungen nicht erfüllt werden, und zu Kränkungen, weil der Borderline-Patient sich vorwirft, sich in der Einschätzung eines Menschen geirrt zu haben.

Schizoid-präpsychotische Entwicklungen bewirken ein anderes Verhalten. Die Grenzen zwischen Selbst und Objekt sind unzureichend ausgebildet. Es kommt zu symbiotischen Phantasien, aus denen Verschmelzungswünsche entstehen, deren Erfüllung gesucht wird. Das Verhalten eines Menschen mit einer derartigen Entwicklungsstörung ist durch diese Suche nach symbiotischen Beziehungen und die im Laufe dieser Suche immer wieder auftretenden Enttäuschungen und Kränkungen bestimmt.

Die Fähigkeit, sich auf Menschen einzustellen und Menschen zu verstehen, die anders sind als der Patient selbst, ist eingeschränkt. Ist eine Symbiose scheinbar erreicht, kann es als katastrophal empfunden werden, wenn sie wieder aufgelöst wird oder wenn sie sich überhaupt als Illusion herausstellt. Als Folge dieser Enttäuschungen und Kränkungen kommt es dazu, daß der Schizoide die Hoffnung verliert, haltbare symbiotische Beziehungen herzustellen. Die Nähe-Angst der Schizoiden ist also nicht nur eine Angst, mit dem anderen zu verschmelzen und so seine Identität zu verlieren. Sie hat auch etwas damit zu tun, daß der symbiotische Wunsch entweder nicht erfüllt wird oder sich, nachdem er scheinbar erfüllt wurde, doch als Illusion herausstellt. Eine Symbiose ohne Ewigkeit ist keine. In diesem Zusammenhang ist vielleicht auch der Ausspruch Zarathustras zu verstehen: »... jede Lust will Ewigkeit ...« (NIETZSCHE 1993, S. 312). Ich würde vermuten, daß er hier, ob explizit oder implizit, eine symbiotische Beziehung gemeint hat – mit Menschen oder mit der Natur. Tatsächlich enttäuscht und kränkt die Natur den Schizoiden noch am wenigsten. Solange sie nicht zerstört wird, steht sie dem Schizoiden zur Verfügung.

Weshalb es zu den schizoiden Entwicklungen kommt, ist noch umstritten. Wahrscheinlich sind sie ein Ergebnis von Traumatisierungen, allerdings von Traumatisierungen im ersten Lebensjahr, die oft nicht erinnert werden; zum Beispiel, wenn es sich um einen umschriebenen Empathiemangel der Mutter oder sonstiger Pflegepersonen im Umgang mit einem Säugling handelt, wenn eine Mutter sich nach Vorschriften gerichtet hat statt nach ihrer Empathie oder wenn schlicht zu wenig Kontaktzeit zwischen dem Säugling und seinen Pflegepersonen bestanden hat. Natürlich erinnern Schizoide Traumatisierungen meist nicht direkt, die Erinnerung reicht ja nicht ins erste Lebensjahr zurück, und meist auch nicht ins zweite.

Dagegen können Borderline-Patienten oft von realer Traumatisierung berichten. Die Berichte klingen auch plausibel, oder sie können durch Fremdschilderungen bestätigt werden, was zu der Annahme geführt hat, daß die Entstehung einer Borderline-Struktur in den ersten drei Lebensjahren stattfindet. Es kann allerdings sein, daß sich die traumatischen Verhältnisse in einer Familie bis in die Zeit erstrecken, an die sich das Kind erinnern kann, aber dennoch vorwiegend im ersten oder zweiten Lebensjahr wirksam waren. Die Traumatisierungen bei Borderline-Kranken sind, so meine ich beobachtet zu haben, gröberer Art. Bleiben sie nach dem ersten und zweiten Lebensjahr bestehen, können sie das, was vorher passiert ist, bestätigen. Die Welt bleibt so, wie der Borderline-Patient sie kennengelernt hat; zumindest bleibt sie innerhalb der Familie so.

Verläßt das Borderline-Kind die Familie, wird es seine Welt inszenieren: im Kindergarten, in der Schule, beim Studium, im Beruf.

Borderline-Patienten inszenieren mehr als schizoide, präpsychotische Patienten das tun. Bei den Borderline-Patienten sind die Selbstrepräsentanzen und die Objektrepräsentanzen voneinander getrennt. Die Phantasie des Borderline-Patienten ist auf das Inszenieren einer Beziehung *zwischen zwei Personen* gerichtet. Die Phantasie des Schizoiden ist darauf gerichtet, eine Beziehung herzustellen, in der es gleichsam nur eine Person gibt. Es wäre aber falsch, hier die Begriffe Dialog und Monolog anzuwenden. Der Borderline-Patient geht in seiner Phantasie und in seinen Inszenierungen mit mehreren Personen um, für den Schizoiden hat der Begriff Person seine Bedeutung eigentlich verloren.

In einem Monolog spricht eine Person, und andere, das Publikum, hören zu. Beim Schizoiden ist das Miteinander-Sprechen im »besten« Falle überflüssig. Der eine weiß ohnehin, was der andere denkt und fühlt. Der Ausdruck »Monolog« paßt wiederum auf einen *narzißtischen* Menschen, der andere zu einem Publikum funktionalisiert. Die Personen, aus denen sich das Publikum zusammensetzt, werden als Einzelindividuen nicht wahrgenommen. Es ist nicht ihre Aufgabe, zu einem Meinungsaustausch beizutragen. Der Monologisierende erwartet von ihnen nur Beifall.

Auch der narzißtische Patient hat symbiotische Phantasien. In diesen Phantasien sucht er aber nicht nach der »verwandten Seele«, die mit ihm gleich werden kann, so daß daraus dann die Phantasie entsteht, eine Verschmelzung habe stattgefunden und man verstehe sich ohne Worte. Die Zwillingsphantasie nach KOHUT, der zwischen schizoid und narzißtisch nicht unterschied und sie für die narzißtische Struktur in Anspruch nahm, sehe ich als eine Variante der schizoiden Verschmelzungsphantasie an. Man ist nicht verschmolzen, aber gleich und insofern eins. Die *narzißtische Symbiose* sieht anders aus. In der inneren Welt des narzißtisch strukturierten Menschen ist die Selbstrepräsentanz überhöht, die Objekte sind entpersonalisiert.

Dem narzißtisch Strukturierten drohen zwei Gefahren. Er kann durch die Ereignisse in seinem Leben, etwa dadurch, daß ihm etwas mißlingt, mit seinem realen Selbst konfrontiert werden, das viel schwächer ist als ein phantasiertes Größenselbst. Neben der überhöhten Selbstrepräsentanz entwickelt sich dann eine mindere Repräsentanz, die manchmal als Repräsentanz des Realselbst bezeichnet wird. Diese Bezeichnung halte ich nicht für günstig, weil die Erinnerungsspuren an die Konfrontation des realen Selbst mit der überhöhten Selbstrepräsentanz ja nicht das reale Selbst betreffen, wie es auch ein Außenstehender sehen würde, sondern das reale Selbst, wie es von der Position des überhöhten Selbst aus gesehen wird: als minderwertig. Das *wirkliche Selbst* kennenzulernen ist erst Aufgabe einer Therapie.

Die zweite Gefahr für solche Menschen liegt darin, daß die entpersonalisierten und insofern entwerteten Objekte tatsächlich wichtig sind, zum Beispiel als Beifallspender. Der narzißtisch Strukturierte braucht sie notwendig, um seine überhöhte Selbstrepräsentanz aufrechtzuerhalten. Versagen sie ihm diese beifallspendende Funktion oder versagen sich die Objekte in ihr, ist das für den narzißtischen Menschen kränkend. Es läuft der Phantasie, daß ihm Beifall selbstverständlich zusteht, entgegen und gefährdet damit das Aufrechterhalten der überhöhten Selbstrepräsentanz.

Der narzißtisch strukturierte Mensch kann den Objekten gegenüber aber auch eine Beziehung wie zu Werkzeugen haben. Menschen sind für ihn Werkzeuge wie ein Hammer oder eine Zange. Versagen sie, werden sie weggeworfen. Eine symbiotische Beziehung zu den Werkzeugen liegt dann vor, wenn ein Objekt so gesehen wird wie ein Körperglied, wie ein Arm oder ein Bein oder wie ein Fuß oder eine Hand. Diese Körperteile gehorchen ja den »Befehlen« eines Menschen. Gehorcht ein Objekt, das zu einem Arm oder einem Bein, einem Fuß oder einer Hand gemacht wurde, den »Innervationen« des narzißtisch strukturierten Menschen nicht, ruft das große Angst hervor, ähnlich der Angst eines Menschen, der plötzlich entdeckt, daß er einen Arm oder ein Bein nicht mehr bewegen kann, daß Hand oder Fuß den Innervationen nicht mehr folgen. Das Objekt ist gleichsam in das Körperschema integriert und hat dadurch eine besondere Wichtigkeit erlangt. Während Objekte als Werkzeuge ersetzbar sind, phantasiert der narzißtisch strukturierte Mensch eine Person, die er in sein Körperschema integriert hat, als Teil seiner selbst, dessen Verlust ihn existentiell gefährden könnte.

Die Entwicklung einer narzißtischen Struktur wird man sich am besten so vorstellen, daß es sich um eine kompensatorische Strukturbildung handelt. Kompensiert werden die Eindrücke, die entstehen, wenn die Eltern sich um das Kind wenig kümmern, es nicht für wichtig halten und es zwar füttern und pflegen, aber gewissermaßen nach dem Lehrbuch, ohne persönliche Beteiligung und ohne Freude an seiner Entwicklung. Nach wie vor gilt hier die KOHUTsche Formulierung von »Glanz im Auge der Mutter«, wenn sie auf das Kind schaut. Da die Eltern das Kind anscheinend nicht für wichtig halten, entwickelt es die kompensatorische Phantasie einer großen Bedeutung. Es handelt sich um einen ähnlichen Vorgang wie bei der Identifizierung mit dem Angreifer. Die Eltern halten das Kind nicht für wichtig, also hält das Kind die Eltern nicht für wichtig und, auf dem Wege einer Generalisierung, nicht nur die Eltern, sondern auch andere Menschen. Bei der Identifizierung mit dem Angreifer, richten sich Angriffe nicht auf den ursprünglichen Angreifer, sie werden auf andere Menschen gerichtet. Die Eltern signalisieren dem Kind also: »Du bist mir nicht wichtig«, und das Kind signalisiert allen Menschen: »Ihr seid mir nicht wichtig«, und »wichtig bin ich nur selbst«.

Die genannten Anteile einer Persönlichkeitsstruktur können sich mit anderen Strukturanteilen kombinieren. Dabei ist die *depressive Struktur* besonders wichtig. Auch bei ihr handelt es sich um eine Struktur, die durch Realtraumatisierung entsteht. Unempathisches Stillen, Flasche-Geben oder Füttern oder all dies zusammen bewirken, daß der Schaden sich auf das Orale konzentriert. Beim Depressiven ist vor allem die Genußfähigkeit eingeschränkt, aber auch die Initiative, da die Initiative des Kindes sich ja zuerst im Oralen bemerkbar macht. Die Initiative des Kindes enthält also einen Dämpfer, wenn sie sich zum ersten Mal zeigt. Zwar wird das Kind gefüttert, aber entweder nicht zur richtigen Zeit und auf die richtige Weise und in der adäquaten Menge, oder das Kind erfährt anläßlich des Fütterns nicht die mit diesem Vorgang sonst verbundene emotionale Zuwendung. Der Erfolg von Initiative, zum Beispiel des sich Hinwendens zur Brust, ist eingeschränkt. Das Kind wird dann von allen künftigen Initiativen nur einen beschränkten Erfolg erwarten, zum Beispiel auch bei der Arbeit.

Bezüglich des Selbstwertgefühls und der Einschätzung der Objekte stellt die depressive Struktur ein Gegenstück zur narzißtischen dar. Während bei der narzißtischen Struktur die Objekte entwertet und das Selbst überhöht sind, überhöht der Depressive die Objekte und entwertet sich selbst. Wahrscheinlich entwickelt das Kind die Phantasie, die Mutter könne ihm das Gewünschte und Benötigte geben, wenn sie nur wollte, sie gebe es dem Kind aber nicht, weil das Kind nichts tauge.

Wir wissen noch nicht, wovon es abhängt, daß sich einmal eine depressive, das andere Mal eine narzißtische Persönlichkeitsstruktur entwickelt. Ist es die Konzentration der Schädigung auf das Orale bei gleichzeitiger Zuwendung in anderer Hinsicht? Das scheint mir noch die plausibelste Erklärung zu sein. Das Kind kann einer Mutter wichtig sein, aber das Füttern kann ihr schlecht gelingen, oder alles, was mit der Nahrungsaufnahme zusammenhängt, kann der Mutter unwichtig sein. Vielleicht hat sie auch selbst eine depressive Persönlichkeitsstruktur. Das Kind ist ihr wichtig, sie selbst ist sich nicht wichtig und kann dem Kind gegenüber in manchen Bereichen deshalb nicht ausdrücken, daß das Kind ihr wichtig ist, zum Beispiel kann sie auf das Kind nicht so recht stolz sein. Die Mutter bietet dem Kind vielleicht aber lange Kontaktzeiten an.

Objektspaltung, Spaltung des Selbst und Spaltung der Übertragung

Vielfach (z.B. HEIGL u. NERENZ 1975) wird es bei der stationären Psychotherapie als ein Problem betrachtet, wenn Patienten ihre Übertragung »aufspalten«. Damit ist nicht gemeint, daß sie in gut und böse gespaltene Objekte übertragen, wobei die Übertragung von guten und bösen Objekten jeweils auf verschiedene Personen oder Personengruppen erfolgt. Hier ist gemeint, daß die positiven Seiten eines Objekts auf die eine, die negativen Seiten auf die andere Person (oder Personengruppen) übertragen werden. Das Objekt ist in der inneren Welt nicht in gut und böse aufgespalten, sondern es ist ganz. Aus dem Objekt werden bestimmte Aspekte der Übertragung gleichsam ausgewählt. Beim Auswählen werden die Eigenschaften des Außenobjekts mehr oder weniger realitätsgerecht berücksichtigt. Hier spielt auch die Wichtigkeit der betreffenden Person für den Übertragenden eine Rolle, ebenso die Macht, die die betreffende Person über den Übertragenden hat. Man kann auch sagen, daß die unangenehmen, Aggression hervorrufenden Aspekte des Objekts, das übertragen wird, auf andere Personen *verschoben* werden. Nur im Jargon spricht man von einer *Übertragungsspaltung*.

Sind dagegen die Objekte in der inneren Welt von vornherein gespalten, werden sie auch getrennt übertragen. Dabei gibt es zwei Möglichkeiten. Entweder wird der gute Objektteil, der in der inneren Welt schon vom bösen getrennt ist, auf eine Person übertragen, und der böse auf eine andere, oder es finden in einer Beziehung Übertragungswechsel statt: Einmal wird das gute Objekt übertragen und die Person, auf die übertragen wird, als nur gut empfunden; wenn sie den Erwartungen aber nicht entspricht, wird die Übertragung des nur guten Objekts zurückgenommen, und es erfolgt die Übertragung des nur bösen (Teil-)Objekts.

Wenn ich sage, daß das innere Objekt schon gespalten ist, mache ich natürlich eine hypothetische Annahme. Wie es in der inneren Welt eines Menschen wirklich aussieht und wie Strukturen beschaffen sind, die jene Personen, mit denen der Betreffende vorher umgegangen ist, und die auch die Art seiner Beziehung zu diesen Personen repräsentieren, kann man nicht direkt beobachten und deshalb auch nicht wissen. Es handelt sich um Modellvorstellungen. Die Vorstellung vom gespaltenen Objekt ist ein Konstrukt, das bestimmte empirische Beobachtungen erklären kann und diesem Zweck dient, bis vielleicht ein besseres gefunden ist. Die Spaltung als Abwehrmechanismus könnte die innere Wahrnehmung der Objekte verändern, obwohl deren Repräsentanzen ursprünglich ganz sind. Es gibt Psychoanalytiker (z.B. DORPAT 1979), die meinen, daß man auf das Konstrukt *Spaltung* als Abwehrmechanismus ganz verzichten oder die Phänomene, auf die es angewandt wird, unter Verwendung des Konstrukts *Leugnung* erklären könnte. Bei der Übertragung eines guten Objekts werden die bösen Aspekte der realen Person, auf die übertragen wird, geleugnet; umgekehrt werden bei der Übertragung eines bösen Objekts die guten Aspekte geleugnet. Meines Erachtens reicht das nicht aus, die Phänomene zu erklären. Idealisierung muß noch hinzukommen, ebenso Entwertung. Mit einer Kombination von Idealisierung und Leugnung auf der einen Seite, von Entwertung und Leugnung auf der anderen Seite ließe sich das Phänomen der Spaltung tatsächlich beschreiben und in seinem Zustandekommen verstehbar machen.

In einer stationären Einrichtung kommen nun beide Formen von Spaltung vor: eine Spaltung der Übertragung, die man auch als Verschiebung erklären könnte, nämlich als Verschiebung von Teilaspekten eines übertragenen Objekts auf andere Personen, und Übertragungen »gespaltener« Objekte. Im ersten Fall handelt es sich um Patienten mit einer sogenannten neurotischen Persönlichkeit, im zweiten Fall handelt es sich um Personen mit einer sogenannten frühen Pathologie.

Die Verhältnisse werden noch dadurch kompliziert, daß auch neurotische und sogenannte reife Persönlichkeiten im Zustand tiefer Regression den Abwehrmechanismus der Spaltung zeigen können. Das kommt zum Beispiel in Großgruppen vor. In regredierten Kleingruppen neurotischer Patienten läßt sich Spaltung im allgemeinen nicht nachweisen. Dagegen tritt sie in Kleingruppen mit Patienten in Erscheinung, die an sogenannten Frühstörungen leiden.

Ein wesentlicher Unterschied zwischen diesen beiden Arten von Spaltung besteht darin, daß es im ersten Falle darum geht, eine Beziehung aggressionsfrei zu halten; im zweiten Falle geht es darum, die guten Eigenschaften innerer Objekte vor Angriffen durch das Selbst zu schützen. Daß diese inneren Objekte dann auch nach außen übertragen werden, ist ein Sekundärphänomen. Die Übertragung wird durch das Verhalten der äußeren Objekte ausgelöst, die guten und die bösen Objekte sind aber schon in der inneren Welt präformiert. Es geht nicht darum, eine Außenbeziehung aggressionsfrei zu halten. Zumindest trifft das auf die Beziehungen zu, wo ein rascher Wechsel zwischen den Übertragungen eines guten und eines bösen Objektes erfolgt.

Projektive Identifizierung

Projektive Identifizierung spielt in Kliniken eine große Rolle. Oft bleibt sie unerkannt. Bei der projektiven Identifizierung wird ein Selbstanteil oder ein Objekt oder ein Anteil eines Objekts auf eine Außenperson externalisiert, und diese Person wird dann durch interpersonelles Verhalten des Projizierenden so beeinflußt, daß sie sich in ihrem Verhalten dem externalisierten Selbstanteil oder Objektaspekt nähert.

Im Rahmen »reiferer« Übertragungen muß das nicht auffallen. Derjenige, der projektiv identifiziert wird, zum Beispiel ein Therapeut, verhält sich vielleicht nur etwas anders, als er es sonst tun würde. SANDLER (1976) gibt ein Beispiel: Er reichte einer weinenden Patientin in mehreren Sitzungen ein Kleenex-Tuch, was er sonst nicht machte. Erst nachdem er es einige Male getan hatte, fiel ihm auf, daß sein Verhalten anders war als sonst. Nun kann man durchaus diskutieren, ob ein Therapeut während einer Analyse der Analysandin ein Kleenex-Tuch reichen soll oder nicht oder ob er es vielleicht nur einmal kommentarlos tun und bei späteren Malen problematisieren sollte, warum die Analysandin nicht selbst Taschentücher mitbringt. In diesem Falle erwartete die Analysandin vom Analytiker eine mütterliche Handlung. Sie ließ sich durch das Reichen des Papiertaschentuchs wie ein kleines Kind, als das sie sich phantasierte, »trockenlegen«. Im Alltag wird es kaum auffallen, wenn ein Mann einer weinenden Frau ein Taschentuch reicht. Man würde es eher seltsam finden, wenn er ihr das Taschentuch verweigerte. Eine Diskrepanz des Verhaltens bestand hier nur zur beruflichen Rolle, wie der Therapeut sie definierte.

Selbstanteile, Objekte und Objektaspekte, die ein *Borderline-Patient* externalisiert, haben archaische Qualitäten. Insofern müssen erhebliche interpersonelle Pressionen eingesetzt werden, um die Person, auf die projiziert wird, zu einem entsprechenden Handeln zu bewegen, nämlich Provokation oder Verführung. Provozierendes und verführendes Verhalten fallen auf, Provokation meist mehr als Verführung. Tatsächlich sind es in einer psychiatrischen Klinik, in der ich regelmäßig Balint-Gruppen durchführe, fast immer die Borderline-Patienten, die sich durch projektive Identifizierungen bemerkbar machen und als Problempatienten auffallen. Bei psychotischen Patienten ist der Realitätskontakt oft so gering, daß sie sich in der Phantasie alles vorstellen können. Es ist da nicht mehr nötig, Personen so zu beeinflussen, daß sie sich wirklich entsprechend den Erwartungen verhalten. Bei den

Borderline-Patienten führt gerade die Kombination von archaischen Externalisierungen und erhaltener Realitätsprüfung zu den massiven projektiven Identifizierungen.

Mit den projektiven Identifizierungen neurotischer Patienten wird man deutend umgehen können, sobald man sie erkannt hat. Freilich bleibt Deuten in den meisten Kliniken doch eine Aufgabe derjenigen, die in deutenden Verfahren ausgebildet sind. Es reicht aber oft auch eine Konfrontation mit dem Verhalten, das provoziert oder verführt. Das nicht psychoanalytisch ausgebildete therapeutische Personal gibt einfach Feedback.

Hier kommt es wieder darauf an, nach welchem Konzept eine Klinik geführt wird. Wird zwischen Therapieraum und Realraum unterschieden, ist es Aufgabe des therapeutischen Personals im Realraum, sich ähnlich zu verhalten, wie es Menschen im Alltagsleben des Patienten außerhalb der Klinik tun würden, nur etwas toleranter und auch etwas offener.

Wendet man dagegen ein sogenanntes integratives Konzept (JANSSEN 1987, 1993) an, wird in Teamsitzungen mit dem nicht psychoanalytisch ausgebildeten Personal besprochen, welche deutenden Interventionen das Personal geben könnte, wenn der Patient sich wieder in einer bestimmten Weise verhält. Ebenso kann in Teamsitzungen durchgesprochen werden, welches Feedback geeignet wäre.

Wie ich in dem Kapitel über den Umgang mit stationär-therapeutischen Konzepten dargelegt habe, werden die beiden entgegengesetzten Konzepte, das bipolare Konzept und das integrative Konzept, wohl nirgends rein angewandt. Man bewegt sich vielmehr auf dem Kontinuum zwischen beiden.

Je archaischer eine projektive Identifizierung ist, desto mehr ist die Impulskontrolle dessen gefordert, der projektiv identifiziert wird. Er darf der projektiven Identifizierung oder, genauer, deren interaktionellem Anteil ein Stück weit folgen, aber nicht so weit, daß die Erwartung des Patienten voll bestätigt wird. Meist ist die professionelle Rolle mit ihren Verhaltensvorschriften ein Schutz. An sie kann ein Mitglied des therapeutischen Personals sich halten, das mit einem projektiv identifizierenden Patienten konfrontiert ist.

Es ist wichtig, daß die projektiv Identifizierten eine projektive Identifizierung und ihre Reaktion darauf im Team besprechen können oder sich die Zeit nehmen dürfen, mit einem Kollegen darüber zu reden. In Fallsupervisionen, die durch Vorgesetzte durchgeführt werden, scheuen sich projektiv Identifizierte manchmal, über die Probleme zu sprechen, die sich ihnen aus dem projektiv Identifiziert-Werden ergeben. Das hat etwas mit der Vorstellung zu tun, die man sich vom neutralen Therapeuten macht und der man entsprechen möchte. Andere wieder beschreiben ihre Gefühle, um sich zu entlasten, ohne dann aber überlegen zu wollen, in welcher Weise sie sich den Patienten gegenüber anders verhalten könnten als bisher.

Besondere Problemfälle werden oft einem externen Supervisor dargeboten. Es gibt Kliniken, die ohne externe Supervision auskommen. Voraussetzung ist, daß die Beziehung zwischen Vorgesetzten und Mitarbeitern tolerant und fördernd ist. Eine externe Fallsupervision kann dennoch entlasten.

Da bei der projektiven Identifizierung oft auch Konflikte im Team entstehen, zum Beispiel, indem manche Mitglieder des Teams provoziert und andere verführt werden, sich für den Patienten besonders stark einzusetzen, kann eine Teamsupervision gerade bei projektiven Identifizierungen hilfreich sein. Sie ist besonders dann angezeigt, wenn auf einer Station oder in einer Klinik ein besonders starker Wechsel stattfindet. Der Wechsel in nicht universitären psychotherapeutischen Einrichtungen war bisher eher langsam, und auch an psychotherapeutischen Universitätsabteilungen wechselte das Personal eher selten. Viele psychotherapeutische Abteilungen haben nur eine Station. Die Assistenten waren zu einem großen Teil schon in der Psychiatrie oder gehen nur für ein Jahr in die Psychiatrie, um dann wiederzukommen. Mit der Ausbildung zum Facharzt für psychotherapeutische Medizin dürfte der Wechsel zunehmen.

In psychiatrischen Kliniken wird Wert darauf gelegt, daß die verschiedenen, spezialisierten Stationen auch durchlaufen werden. Ein jeder Assistent sollte auf einer geschlossenen und einer offenen Station gewesen sein und auch die Arbeit in der Poliklinik kennengelernt haben, außerdem braucht er eine Weiterbildung in Neurologie. An psychiatrischen Kliniken kommt deshalb häufiger ein Wechsel vor als zur Zeit noch in den psychotherapeutischen Universitätskliniken. Oft bleiben Assistenten nur ein halbes Jahr auf einer Station. Für die Kohäsion eines Teams hat das Nachteile. Es kommen immer wieder neue Assistenten, mit ganz verschiedenen Ausbildungsvoraussetzungen: Die einen sind schon erfahren, weil sie bereits auf ein oder zwei Stationen der gleichen Klinik waren, die anderen sind in der Psychiatrie vielleicht noch ganz unerfahren, weil sie die Fachausbildung mit dem neurologischen Weiterbildungsteil begonnen haben und in der Psychiatrie Anfänger sind oder weil sie neu in die Weiterbildung kommen und mit

Psychiatrie beginnen. Ein externer Supervisor kann dann als eine Art ruhender Pol erlebt werden, dem eine integrative Funktion zukommt. An Kliniken ohne externe Supervision ist das oft die Funktion des zuständigen Oberarztes. Die Oberärzte bleiben gewöhnlich länger als die Assistenten in einem bestimmten Bereich. Sie haben aber Entscheidungsfunktionen, nicht selten müssen sie auch unbeliebte Entscheidungen treffen. Die daraus resultierenden Konflikte labilisieren nun wieder die Beziehung zwischen dem Oberarzt und dem Stationsteam. Manche Oberärzte schaffen es dennoch, eine gute Beziehung aufrechtzuerhalten, andere nicht. Das hängt oft auch von der personellen Zusammensetzung eines Teams ab.

Der Teamsupervisor ist in einer relativ neutralen Position. Zwar hat er in der Regel auch seine besonderen Vorlieben und Interessen, es bleibt ihm aber erspart, Entscheidungen zu treffen, die auf die Arbeitssituation der Mitarbeiter einer Station Einfluß haben und bei denen sich die einen bevorzugt, die anderen benachteiligt fühlen können. Außerdem kommt er nur einmal die Woche oder einmal alle vierzehn Tage oder noch seltener. Man hat mit ihm also nicht täglich zu tun, er wird dann oft als eine Art »Sonntagspapi« erlebt, und es entstehen Phantasien, er wäre vielleicht ein besserer Chef oder Oberarzt.

Insgesamt läßt sich keine allgemeine Regel darüber aufstellen, wie mit den Auswirkungen projektiver Identifizierungen am besten umgegangen werden sollte. Was am besten ist, hängt von den speziellen Merkmalen einer Klinik ab, von ihrem Konzept, ihren Ressourcen und nicht zuletzt von den Personen. Auf jeden Fall halte ich es aber für wichtig, daß die Notwendigkeit erkannt wird, Mitarbeiter, die projektiv identifiziert werden, mit den Problemen nicht allein zu lassen, die daraus entstehen. Manchmal sind auch Einzelgespräche der Teammitglieder untereinander hilfreich. In einer Gruppen- oder Einzelselbsterfahrung kann jemand über solche Probleme mit Nutzen sprechen; vorausgesetzt, es »paßt« in den Gruppenverlauf oder in den einzelanalytischen Prozeß und die Beziehung zum Therapeuten – beziehungsweise in einer Gruppe zu den Gruppenmitgliedern – ist stabil und positiv gefärbt genug, was natürlich weder in einer Selbsterfahrungsgruppe noch in einer Lehranalyse immer der Fall sein kann.

Den Umgang mit der projektiven Identifizierung kann es auch erleichtern, wenn man sich klar macht, daß sie durch verschiedene Motive bedingt sein kann (KÖNIG 1991, 1993b). Sie kann der *Konfliktentlastung* dienen, das heißt, ein innerer Konflikt wird zu einem im Beziehungsfeld inszenierten äußeren Konflikt gemacht, was die innere

Welt entlastet. Es kann auch projektiv identifiziert werden, damit der projektiv identifizierende Patient und sein Therapeut die gleichen Gefühle erleben, was eine *Verständigung* erleichtert. Das Motiv kann auch sein, daß der projektiv Identifizierende solche Objekte seiner inneren Welt in seinem Beziehungsfeld aktualisiert, mit denen er *vertraut* ist und mit denen er umzugehen gelernt hat. Die *basalen* Beziehungswünsche eines Menschen (KÖNIG 1988, 1992) sind dichotom. Man möchte einerseits das Vertraute wiederfinden, was einem ein Sicherheitsgefühl und eine Art Heimatgefühl gibt. Andererseits aber haben Menschen auch den Wunsch, aus dem Vertrauten auszubrechen und Neues zu finden, das nicht einmal besser sein muß. Es ist schon durch seine Neuheit interessant. Gleichzeitig gibt das Neue Hoffnung, mit ihm werde es einem besser gehen als mit dem Alten, wenn man nur erst gelernt habe, damit kompetent umzugehen. Das ist eine Motivation der Erneuerer, der Erfinder, der Forschungsreisenden und Reformer. In fast allen demokratischen Ländern gibt es zwei starke Parteien, von denen eine das Progressive, die andere das Konservative repräsentiert. Die progressiven Parteien werden dann mit der Zeit auch wieder konservativ, aus ihnen spalten sich progressive kleinere Parteien ab, die sich durchsetzen oder nicht. In England sind es die Konservativen und die Labour-Partei, in Deutschland CDU/CSU und SPD (zusammen mit einer jetzt ebenfalls etablierten Partei, den Grünen/Bündnis 90), in Frankreich gibt es ähnliche Gruppierungen.

Für die psychoanalytisch orientierte Therapie haben WEISS und SAMPSON (1986) nun die Hypothese entwickelt, ein Patient in Therapie wünsche nicht immer nur Vergangenes zu reinszenieren und damit zu reproduzieren. Er habe auch die mehr oder weniger bewußte *Hoffnung*, mit dem Therapeuten werde es sich anders entwickeln als mit den Menschen, mit denen er bisher umgegangen ist. Wird diese Hoffnung bestätigt, indem der Therapeut sich anders verhält als die Menschen vorher, kann es sein, das der Patient nun versucht, das Vergangene zu inszenieren, das heißt eine Beziehung herzustellen, die einer vergangenen gleicht, aber nicht in der Absicht, daß es dabei bleibe, sondern eben in der Hoffnung, daß sich daraus etwas Neues, für ihn Günstigeres entwickelt. WEISS und SAMPSON sprechen davon, daß der Therapeut »getestet« wird. Der Patient kann auf der Basis einer neuen Beziehung, die nicht das Alte reproduziert und sich dennoch als stabil erweist, weiter Neues ausprobieren; zum Beispiel versucht er, sich durchzusetzen, seine Interessen zu vertreten, angstfreier mit dem neuen Objekt Therapeut umzugehen als mit den bisher vertrauten Menschen.

Insoweit ist die Übertragungsform der projektiven Identifizierung auch, und nun etwas optimistischer, als der Versuch eines Neuanfanges anzusehen. Um einen solchen Neuanfang zu ermöglichen, muß der Therapeut sich allerdings, meine ich, in einer *ermöglichenden* Weise verhalten. Er muß auf die projektive Identifizierung ein Stück weit eingehen, sonst nimmt der Patient sie vielleicht gleich wieder zurück. Dann muß der Therapeut aber noch rechtzeitig »die Kurve kriegen« und sich doch anders verhalten, wobei ihm natürlich die Rollenvorschriften der therapeutischen Rolle behilflich sind. Der Therapeut verhält sich dann einerseits toleranter, andererseits aber auch weniger gleichgültig, sorgender aber weniger besorgt als frühere Beziehungspersonen. Er verhält sich so wie ein Therapeut in seiner professionellen Rolle. Dieses Therapeutenverhalten ist dann für den Patienten etwas Neues und es ermutigt ihn, seinerseits Neues auszuprobieren.

Wahrscheinlich wird man sich als Therapeut nur selten wirklich optimal verhalten, »die Kurve« nur selten genau zum richtigen Zeitpunkt »nehmen«. Manchmal wird man erschreckt sein, wenn man merkt, daß man auf eine projektive Identifizierung »hereingefallen«, das heißt unreflektiert eingegangen ist. Ein andermal wird man den interaktionellen Anteil der projektiven Identifizierung früh erkennen und früh gegensteuern, weil man sich nicht in einer Art und Weise verhalten möchte, die den Erfordernissen der therapeutischen Rolle nicht entspricht. Wahrscheinlich ist es am besten, erst einmal innezuhalten, zu beobachten und nachzudenken, wenn man eine projektive Identifizierung bemerkt hat oder vermutet. Es ist zu hoffen, daß einem dann, auch in Empathie mit den Patienten, ein adäquates Verhalten einfällt. Das gilt natürlich auch für die projektiven Identifizierungen vom *Konfliktentlastungstyp*: der Patient entlastet sich ja von einem inneren Konflikt, weil er ihn nicht aushält. Zum Beispiel möchte er den Therapeuten dazu provozieren, daß er ihm Vorwürfe macht, gegen die er sich wehren kann, um seine Tendenz zur Wendung der Aggression gegen das Selbst loszuwerden. Wirkt der Therapeut dann besonders betulich, kann es sein, daß der Patient suizidal wird, weil er die Aggression nun gegen sich selbst richtet.

Eine projektive Identifizierung vom *kommunikativen* Typ kann für den Patienten die einzige Möglichkeit sein, dem Therapeuten zu vermitteln, wie er sich fühlt; zumindest kann er annehmen, daß es die einzige Möglichkeit ist. Schließlich gibt es noch eine projektive Identifizierung vom *Abgrenzungstyp*: hat der Patient die Befürchtung, der Therapeut könnte ihn *zu* gut verstehen, könnte in ihn hineinblicken, in ihn eindringen, ihn von innen heraus besetzen, so überträgt er vielleicht ein besonders unempathisches Objekt: Er verwirrt den Therapeuten oder macht es ihm sonst schwer ihn zu verstehen. Welches Maß an Verwirrung oder Nicht-Verstehen man dann zulassen sollte, ist wohl in jedem Einzelfall anders zu entscheiden.

Die Klinik als Auslöser adoleszenter Übertragungen

Während Einigkeit darüber besteht, daß in einer Klinik ödipale und präödipale Übertragungen angeregt werden könnten (ödipale Übertragungen mehr durch das Personal in der Klinik, präödipale Mutterübertragungen auch durch die Klinik als Gebäude, zusammen mit einem Garten oder Park, wobei der Speisesaal als Brust phantasiert wird, der Klinikleiter oft als schützender, aber auch als begrenzender Vater), wird wenig davon gesprochen und darüber geschrieben, daß eine Klinik auch Beziehungsformen aktivieren kann, die der vom Patienten erlebten Adoleszenz angehören. Obwohl die Eltern für Adoleszente wichtig bleiben, gewinnen in der Adoleszenz Personen außerhalb der Familie an Bedeutung. Sie erleichtern es dem Adoleszenten, die notwendige Ablösung aus der Familie zu vollziehen und, wenn es gut geht, am Ende eine Beziehung zu den Eltern zu finden, in der sie unabhängiger und gleichberechtigter sind.

Bei einer adoleszenten Übertragung in einer Klinik werden die anderen Patienten nicht nur als Geschwister, sondern auch als eine Gruppe Gleichaltriger außerhalb der eigenen Familie erlebt, von denen man etwas lernen und deren Normen und Werte man übernehmen kann. Die Autoritätspersonen in einer Klinik sind nicht immer nur Repräsentanten der eigenen Eltern, sondern auch Repräsentanten von Erwachsenen außerhalb des Elternhauses, die man als Adoleszenter lieber zum Vorbild haben mag als die eigenen Eltern und deren Normen und Werte man übernimmt.

All das erleichtert die Vermittlung therapiefördernder Normen und Wertvorstellungen – zum Beispiel der Wertvorstellung von Unabhängigkeit, aber auch die Vorstellung einer wertvollen erwachsenen Beziehung.

Adoleszente Übertragungen können aber auch den Umgang des therapeutischen Personals mit Patienten erschweren. Patienten in einer

Klinik zeigen oft ein Verhalten, das man auf den ersten Blick geneigt ist als kindlich aufzufassen; in Wahrheit ist es adoleszent. So kann man beobachten, daß eine Frauengruppe in einem Aufenthaltsraum in ein Lachen ausbricht, das an ein Kichern adoleszenter Mädchen erinnert (früher nannte man das »Backfischgekicher«). Erwachsene Männer und Frauen können sich mit den Regeln der Hausordnung in einem Stil auseinandersetzen, der an das Verhalten Adoleszenter erinnert. Die Teilnehmerinnen und Teilnehmer einer analytischen Gruppe können aus einem Therapieraum herausströmen wie Schüler aus einer Schulklasse. Kommt der Therapeut zu spät, kann es im Gruppenraum ähnlich lärmend zugehen wie in einer Schulklasse Zwölf- oder Dreizehnjähriger, die »über Tische und Bänke gehen«, wenn der Lehrer nicht kommt.

Wird ein adoleszentes Verhalten nicht als solches erkannt, kann es sein, daß sich die Patienten infantilisiert fühlen, wenn man das Verhalten als kindisch auffaßt und entsprechend reagiert, oder ein schon vorhandener Protest kann verstärkt werden, wenn sich die Patienten aufgefordert fühlen, sich »erwachsen« zu verhalten, was ja impliziert, daß sie sich nicht wie Erwachsene benehmen, sondern wie Kinder.

Bei der Entlassung aus der Klinik kommt es oft zu regressiven Prozessen, die etwas mit der Angst zu tun haben, außerhalb der Klinik, im Erwachsenenleben, mehr auf sich selbst gestellt zu sein. Die Regression muß aber nicht immer ins Präödipale gehen. Die Patienten können die mehr oder weniger bewußte Phantasie entwickeln, gleichsam aus einer Schule entlassen zu werden, in der sie für das Leben gelernt haben, die ihnen aber lästig geworden ist. Derlei kann man am ehesten dann beobachten, wenn nicht einzelne Patienten, sondern mehrere Patienten gleichzeitig entlassen werden, am deutlichsten vielleicht in Kliniken, die in der Ambulanz eine Patientengruppe zusammenstellen, deren Therapie eine bestimmte, vorher festgelegte Zeit dauern soll, ähnlich wie die Schule eine voraussehbare Zeit dauert.

Tatsächlich haben Psychotherapeuten ja eine lehrende Funktion, vor allem wenn es um sozialtherapeutische Belange geht. Daß Übertragungen aus der Adoleszenz und übrigens auch aus der Latenzzeit bislang wenig beachtet wurden, hängt sicher mit der Annahme zusammen, das Wesentliche in der Entwicklung eines Menschen geschehe während der ersten fünf Lebensjahre. Kinder- und Jugendlichentherapeuten befassen sich mit der Therapie von Adoleszenten. Was sie so über die Adoleszenten erfahren, wurde den Erwachsenentherapeuten bisher nur unzureichend vermittelt (KÖNIG 1994c). Das Ignorieren der Adoleszenz als Entwicklungsphase, die reinszeniert werden kann, hat aber auch etwas mit Angst zu tun. Adoleszente, die oft schon über die Kräfte von Erwachsenen verfügen, vor allem in der späten Adoleszenz, sind als Partner in einer Auseinandersetzung in anderer Weise ernst zu nehmen als Kinder. Eben weil sie die Kräfte von Erwachsenen haben können, muß man vor ihren Aggressionen mehr Angst haben. Da ist es entlastend, ein Verhalten aus der Adoleszenz als ödipal zu sehen und damit dem Alter vier bis fünf Jahre zuzuschreiben, in dem ein Kind nur über die Kräfte eines Kindes verfügt und auch seine sexuellen Wünsche und Phantasien noch nicht in der gleichen Weise ernst zu nehmen sind wie die eines Adoleszenten. Adoleszente können schwanger werden oder Kinder zeugen, Adoleszente können vergewaltigen oder venerische Krankheiten übertragen, viele Adoleszente kommen für Erwachsene vom biologischen Entwicklungsstand her als Sexualpartner in Betracht. Gleichzeitig verhalten sie sich in vielen Lebenslagen noch nicht so adaptiv wie Erwachsene, ihre drängenden Impulse müssen noch weiter sozialisiert werden. Sie können in ihrem Verhalten sehr gehemmt, aber auch sehr ungesteuert sein. Insofern gleichen sie Kindern, aber mit den aggressiveren und sexuellen Möglichkeiten Erwachsener. Da nimmt es nicht Wunder, daß manche Therapeuten adoleszente Übertragungen leugnen oder bagatellisieren.

Für den Umgang mit adoleszenten Inszenierungen Erwachsener ist unser Interventionsinstrumentarium auch noch nicht so ausgearbeitet wie für den Umgang mit ödipalen und präödipalen Inszenierungen, gerade auch im stationären Setting. Es ist noch notwendig, die Interventionsmöglichkeiten zu differenzieren und empirisch abzustützen.

Ehe wir intervenieren können, müssen wir die adoleszenten Inszenierungen freilich als solche erkennen; daß wir noch wenig geübt sind, mit ihnen umzugehen, kann ein Motiv sein, sie zu leugnen oder sie zu bagatellisieren. Oft bringt aber schon ein Erkennen einer Fixierung in der Adoleszenz eine Klärung der Situation, werden Gegenübertragungsschwierigkeiten faßbar und wird unser Verhalten diesen Patienten gegenüber klarer. Es wird uns dann vielleicht auch leichter fallen zu erkennen, wann wir selbst Adoleszentes inszenieren – zum Beispiel im Umgang mit Autoritäten aller Art.

Gegenübertragungsprobleme in der stationären Psychotherapie

In der Klinik sind immer mehrere Personen an der Therapie eines Patienten beteiligt. Die Beziehung des Patienten zu jeder dieser Personen hat rationale und Verkennungsanteile, die übertragungsbedingt sind. Auch ein Patient, der sich in ambulanter Therapie bei einem Therapeuten befindet, hat Beziehungen zu anderen Menschen, für die ebenfalls gilt, daß sie reale und übertragungsbedingte, verkennende Anteile enthalten. Diese Personen haben aber mit dem Patienten in der Regel keinen *therapeutischen Kontrakt*.

Ausnahmen kommen vor, zum Beispiel wenn ein Patient, der bei einem bestimmten Therapeuten in Behandlung ist, gleichzeitig die Hilfe eines anderen Therapeuten oder mehrerer sucht. Zum Beispiel kann ein Patient während einer ambulanten Psychotherapie die Telefonseelsorge anrufen oder ohne Wissen seines Therapeuten eine andere Therapie beginnen. Mir sind Fälle bekannt geworden, wo zwei Therapien über Monate und Jahre nebeneinander herliefen, ohne daß die Therapeuten voneinander wußten. Das sind natürlich Ausnahmefälle; häufiger ist es, daß ein Patient Fortbildungsveranstaltungen besucht, die Selbsterfahrungscharakter haben. Besonders häufig kommt das während Lehranalysen vor. Der Therapeut reagiert dann darauf in einer theorie- und persönlichkeitsspezifischen Weise. Er kann das Verhalten des Analysanden, der Selbsterfahrung auch in anderen Settings und in anderen Beziehungen sucht, als Widerstand betrachten und es entsprechend ansprechen und bearbeiten wollen. Er kann aber auch der Meinung sein, daß die zusätzlichen Bemühungen um Selbsterfahrung dem Analysanden letztlich nützen und die eigene Arbeit am Ende produktiver machen. Ein Therapeut kann ebenso der Meinung sein, daß es nützlich ist, wenn der Patient mit wichtigen Beziehungspersonen über seine Probleme spricht.

In einer Klinik ist die Behandlung durch mehrere Personen in der Regel Bestandteil des Konzepts. An vielen Kliniken wird aber noch ein extrem bipolares Behandlungskonzept angewandt, bei dem zum Beispiel die »wesentliche« Psychotherapie in einer Gruppe oder in einer Einzeltherapie stattfindet und die Schwestern und Pfleger im Realraum nur die Aufgabe haben, Realität zu vertreten. Von den möglichen Übertragungen sollen sie sich dabei nicht beeindrucken lassen. Werden neben der Einzel- und Gruppentherapie auch noch andere Verfahren angewandt, wie Gestaltungstherapie, Musiktherapie oder Bewegungstherapie, hat das in manchen Konzepten eine nachgeordnete Hilfsfunktion, in anderen bemüht man sich um eine Integration in einem Gesamtbehandlungsplan, der dem Gestaltungstherapeuten oder dem Bewegungstherapeuten eine Position einräumt, die der des psychoanalytischen Gruppentherapeuten oder Einzeltherapeuten im Prinzip gleichrangig ist.

Es kommt auch vor, daß eine therapeutische Gruppe oder eine Paartherapie nicht von einem, sondern von zwei Therapeuten durchgeführt wird. Hier treten Gefühle der Therapeuten, besonders Probleme der Hierarchie zwischen den Therapeuten, von denen einer erfahrener und der andere weniger erfahrener sein kann, Rivalitäten und Bewertungen besonders klar hervor. Um all diese Dinge zu besprechen und zu bearbeiten, sind in der Regel Vor- und Nachbesprechungen erforderlich, für die Zeit zur Verfügung stehen muß.

Je mehr das angewandte Konzept integrative Züge trägt, desto unübersichtlicher können die Beziehungen zwischen den Therapeuten werden. Dann ist es meist nötig, daß ein weiterer Therapeut, der von JANSSEN (1987) als Berater bezeichnet wird und der in der Klinikhierarchie über den anderen Therapeuten steht, Beziehungen klären hilft. Eine deutliche hierarchische Abstufung zwischen dem Berater und den übrigen Therapeuten überdeckt dann oft hierarchische Unterschiede im Team. Ärzte und Psychologen, die psychoanalytische Therapien durchführen, sind im allgemeinen über eine längere Zeit ausgebildet, wenn man den gesamten, oft mehrstufigen Ausbildungsgang als Kriterium nimmt. Andererseits kommt es aber vor, daß Gestaltungstherapeuten, Musiktherapeuten oder auch manche Sozialarbeiter eine engere und gründlichere *psychotherapeutische* Ausbildung haben als etwa ein Arzt oder Psychologe, der nach dem Studium frisch in die Klinik kommt. Dennoch bezieht der ärztliche Assistent oder der Psychologe ein höheres Gehalt. (Das gilt freilich nicht für Kliniken, die Ärzte im Praktikum einstellen. Die werden wiederum schlechter bezahlt als Sozialarbeiter, Gestaltungs- und Bewegungstherapeuten.)

Zwischen den Berufsgruppen kommt es zu Spannungen, die etwas mit dem Status und der Bezahlung zu tun haben. Hier kann man nicht von gegenübertragungsbedingten Problemen sprechen, da diese Spannungen nicht durch die Patienten ausgelöst werden, sondern durch den Status und die Bezahlung in der Klinik. Sie sind, wenn man so will, institutionsimmanent.

Dagegen lassen sich die emotionalen Probleme, die durch die Behandlung der Patienten und darüber hinaus durch die gemeinsame Behandlung eines Patienten entstehen, dem Begriff *Gegenübertragung* zuordnen. Es kommt zu Eifersucht, wenn ein Patient einen bestimmten Therapeuten vorzieht oder zu Neid, wenn der eine Therapeut Erfolge in der Arbeit mit einem Patienten erzielt und der andere nicht.

Daneben gibt es aber auch Gegenübertragungsprobleme, die durch eine ganze Gruppe von Patienten, zum Beispiel durch die Patienten auf einer Station oder durch die Patienten in einer therapeutischen Kleingruppe, ausgelöst werden. Die Gruppe der Patienten auf einer Station oder eine therapeutische Kleingruppe können vom Patienten wie ein Globalobjekt, am häufigsten wie ein Mutterobjekt, erlebt werden, das dem Therapeuten zum Beispiel in Gestalt mündlicher Äußerungen »Nahrung« zukommen läßt oder sie ihm vorenthält. Gegenüber einem anderen Therapeuten, der von dem »Mutterobjekt« mehr bekommt, kann bei einem Therapeuten eine geschwisterliche Rivalität entstehen.

Über solche Gegenübertragungsprobleme wird in der Supervision oft nur ungern gesprochen. Sie werden primär als irrational erlebt, weshalb man sie verschweigen möchte. Das hat dann oft zur Folge, daß sie diagnostisch nicht ausgewertet werden können und die Gegenübertragungsdiagnostik in die Irre gehen kann, weil wichtige Informationen fehlen. Gegenübertragungsprobleme, die »unter den Teppich gekehrt werden«, wirken sich auf die sachgemäße Behandlung von Patienten ungünstig aus und mindern die Arbeitsfreude im Team. Zu den teamimmanenten und zu den durch Patienten ausgelösten emotionalen, mehr oder weniger irrationalen Problemen kommen dann noch die Beziehungen zur Klinikleitung. Der Oberarzt oder der Chefarzt können bestimmte Assistentinnen und Assistenten bevorzugen oder benachteiligen, können sie stärker oder weniger beachten. Soll eine Oberarztstelle aus dem Kreis der Therapeutinnen und Therapeuten besetzt werden, die sich schon an der Klinik befinden (was oft deshalb zweckmäßig ist, weil sie das Konzept kennen und der Chef sie kennt), kommt es zu Rivalitäten, die Mitteilungen über die eigene Arbeit in der Supervision oder etwa in Klinikkonferenzen verzerren können.

Wer in einer Klinik arbeitet, wird also in komplexer Weise beeinflußt: teamimmanent, patienteninduziert oder durch die Klinikleitung.

Manche dieser Probleme sind fast unvermeidbar, zum Beispiel die Kooperationsschwierigkeiten zwischen Ko-Therapeuten in einer Gruppe: Treten keine auf, kann man eigentlich davon ausgehen, daß eine defensive Kollusion zwischen den Therapeuten besteht, die bestimmte Konfliktbereiche ausklammert.

Es ist auch unvermeidlich, daß Rivalitäten entstehen, wenn eine Oberarztstelle aus dem Haus heraus besetzt werden soll; es sei denn, ein Bewerber ragt durch seine Erfahrung und seine Begabung deutlich heraus. Dann können die andern ihn um seine Ausbildung und Kompetenz beneiden, aber doch einräumen, daß er derjenige ist, der am ehesten in Frage kommt.

In allen genannten Bereichen kommt es aber auch zu interpersonellen Konflikten, die sich auf die Arbeit mit dem Patienten auswirken können und ihre Wurzel in den Persönlichkeiten der Teammitglieder haben. Oberärzte und Chefs sind davon natürlich nicht ausgenommen. Es gibt Chefs, die Rivalitäten schüren, andere, die von Rivalitäten nichts wissen wollen und sie als ausgesprochen lästig empfinden. Es gibt Teammitglieder, denen der Status sehr wichtig ist, und andere, für die er wenig bedeutet. Aufgrund der persönlichen Lebensverhältnisse und -bedürfnisse, aber auch aufgrund einer generellen Bewertung von Geld und Geldeswert, hat ein höheres oder niedrigeres Gehalt für verschiedene Personen unterschiedliches Gewicht.

Teamkonflikte beanspruchen meist um so mehr Raum, je weniger Struktur vorhanden ist. Sind die Aufgaben klar verteilt, gibt es wenig Rivalität darum, wer was machen soll. Sind die Aufgaben nicht klar verteilt, und das gilt besonders für die Situation der Schwestern und Pfleger, kommt es viel eher zu Statuskonflikten. Bei einer klaren »Arbeitsplatzbeschreibung«, zu der natürlich auch das Kooperieren mit anderen Berufsgruppen gehört, richten sich aggressive Gefühle meist weniger gegen einzelne, sondern eher gegen Berufsgruppen wie »die Ärzte«, »die Psychologen«, »die Sozialarbeiter«, »die Beschäftigungstherapeuten«, »die Bewegungstherapeuten« oder »die Schwestern« und »die Pfleger«. Das kann auch unerfreulich sein, bringt aber weniger Spannungen im Team. Statuskämpfe verlagern sich dann vielleicht auf eine berufspolitische Ebene außerhalb der Klinik.

Sind die Aufgaben zu sehr festgeschrieben, wird die Festschreibung als unzweckmäßig oder gar unsinnig erlebt und bezeichnet. Aggressionen richten sich dann gegen die Klinikleitung, gegen den ärztlichen Leiter, den Verwaltungsleiter oder den Träger der Klinik. Da denen meist nicht viel anzuhaben ist, kommt es zu resignativen Reaktionen, nicht selten auch zu depressiven Verstimmungen, wenn die Aggressionen gegen das Selbst gerichtet wird. Es kommt auch zu Selbstentwertungen, indem man sich etwa als feige bezeichnet. »Eigentlich müße ich viel mehr protestieren oder den ganzen Krempel hinschmeißen«, denkt man dann.

Oft werden Konflikte mit der Klinikleitung in einer Supervision bei einem Außensupervisor abgeladen, der dann helfen soll, zwischen realistischen und unrealistischen Wünschen und Befürchtungen zu unterscheiden. Setzt der Außensupervisor sich an die Spitze einer Reformbewegung, fällt er aus seiner Rolle.

Natürlich ist für den Supervisor die Versuchung oft groß, sich für einen »besseren Chef« zu halten, weil er die täglichen, oft unangenehmen Aufgaben eines Chefs nicht selbst bewältigen muß. Supervisoren sind ja oft niedergelassene Psychotherapeuten, die selbst nie Chefarzt gewesen sind. Jemand, der selbst Cheffunktionen ausübt, wird die Situation eines anderen Chefs wahrscheinlich besser einschätzen können. Psychotherapeuten, die selbst Chefarzt sind, machen aber nur selten Supervisionen in anderen Kliniken, solange sie selbst noch die Chefrolle haben. Vielleicht sind ehemalige Krankenhausleiter als Supervisoren deshalb beliebt, weil der Chefarzt damit rechnen kann, daß sie sein Alltagsgeschäft kennen und verstehen und die Schwierigkeiten würdigen. Solche Supervisoren können aber den jüngeren Chef der Klinik, in der sie Supervision anbieten, wegen seiner Jugend beneiden oder sie rivalisieren mit ihm. Sie sind dann in der Situation des Vaters im Ödipuskomplex. Auf die Gegenübertragung des Supervisors ist BLUM (1986) ausführlich eingegangen. Einige Hinweise finden sich bei KÖNIG (1991).

Interessenkonflikte

Konflikte im Team werden, wie gesagt, nicht nur durch Patienten evoziert, die einen Teil des Teams zu guten, den anderen zu bösen Objekten machen möchten, wie dies bei Patienten mit Borderline-Struktur oft der Fall ist. Bei Konflikten im Team geht es auch um die Verteilung von Arbeit und Freizeit, besonders um die Verteilung der mehr oder weniger beliebten Dienstzeiten und um die Absprache von Urlauben. Es geht um Auswirkungen der Persönlichkeitsstrukturen der einzelnen Teammitglieder, wie sie sich auch im Privatleben manifestieren. Sie zeigen sich zum Beispiel in Debatten und Streitigkeiten über Ordnung, Pünktlichkeit, Sauberkeit, das Einhalten von »Regeln«, zum Beispiel den Bestimmungen der Hausordnung. Es geht um das Maß an zeitlicher und emotionaler Zuwendung, auf das Patienten Anspruch haben oder Anspruch haben sollten, und um das Maß von Zeit und Zuwendung, das ihnen bekommt; um den Wunsch, auch einmal für sich allein zu sein und die Wünsche der Patienten, man möge ihnen dauernd zur Verfügung stehen. Das alles sind Konflikte, bei denen es keine Entscheidung geben kann, die sich auf allgemeingültige Normen stützt; selbst bezüglich dessen, was nun tatsächlich therapeutisch am zweckmäßigsten sei, gibt es keine eindeutigen Antworten. In den meisten Kliniken bildet sich mit der Zeit eine gemeinsame Grundeinstellung heraus, auf die ein Team sich einigt. Das tut es natürlich nicht nur aus sich heraus. Die Grundeinstellung wird ja tradiert, sie hängt von den Leitfiguren früherer Zeiten ab. Wer bestimmte Normen und Werte als wichtig etabliert hat, muß nicht mehr der Klinik angehören. Er kann schon längst an einer anderen Klinik arbeiten, pensioniert oder tot sein. Oft werden aber die leitenden Positionen in einer Klinik unter dem Einfluß der etablierten Normen und Werte besetzt.

Einsatzbereitschaft, Arbeitsfreudigkeit, Reflexionsfähigkeit, Selbständigkeit oder die Fähigkeit, möglichst reibungslos zusammenzuarbeiten, werden verschieden hoch bewertet, ebenso Sensibilität und psychische Stabilität. So tradiert man Normen und Werte auf dem Weg über Selektionskriterien. Die Festlegung auf Normen und Werte wird über die Jahre oft immer starrer.

Unter vielem anderen ist das ein Grund, warum an den Universitäten Hausberufungen möglichst vermieden werden. Ich habe festgestellt, daß an Institutionen, in denen der Leiter viele Jahre im Amt war, sich eine besonders starke und homogene Ideologisierung des Arbeitens herausgebildet hatte. Sicher gibt es dafür mehrere Gründe, unter anderem den, daß eine Ideologie, die von allen akzeptiert wird, Kraft und Arbeit spart, weil Grundsatzdiskussionen dann nicht mehr stattfinden und leitende Personen, die älter werden, ihre Kräfte einzuteilen bestrebt sind. Sie konzentrieren sich auch deshalb auf das Einhalten von Normen und auf das Hochhalten von Werten. Außerdem nimmt die Adaptionsfähigkeit an Neues mit dem Alter ab. Wenn ein Leiter die Einstellungspraxis an seiner Institution über mehrere »Generationen« von Mitarbeitern hin steuert oder zumindest stark beeinflußt, wird er am Ende von Leuten umgeben sein, die ähnliche Einstellungen vertreten wie er selbst.

Kommt dann ein neuer Chef, wird er wahrscheinlich gegen die Enge einer in der Klinik vertretenen Ideologie angehen müssen, um Freiräume zu schaffen, in denen er sich bewegen kann, und das selbst dann, wenn er die an der Klinik vertretenen Ideologien im Prinzip teilt. Er wird zunächst aber weniger rigide sein als sein Vorgänger.

Da die Arbeitsfreude eines Menschen unter anderem auch davon abhängt, ob er sich so verhält, wie es seinen Normen und Werten entspricht, kann das Einführen neuer oder modifizierter Normen und Werte ein Faktor sein, der die Arbeitsfreude der Mitarbeiter an der Institution mindert und sie veranlaßt, sich eine andere Stelle zu suchen. Neben persönlichen Bindungen an den Vorgänger des neuen Chefs ist dies sicher mit ein Grund für den häufigen von Mitarbeitern initiierten Stellenwechsel nach einem Chefwechsel. Gibt es befristete Arbeitsverträge, wird der Chef unter Umständen die Verträge mancher Mitarbeiter deshalb nicht verlängern, weil er mit ihnen in den Normen und Wertungen nicht übereinstimmt.

An psychotherapeutischen Kliniken wirken sich die Normen und Werte des Personals im ganzen stärker aus als an somatisch orientierten Krankenhäusern. Werte wie Einsatzfreudigkeit, Gewissenhaftigkeit, diagnostisches und therapeutisches Können sind an somatischen Kliniken wichtig. Arbeitsfreudigkeit und Gewissenhaftigkeit spielen auch an psychotherapeutischen Kliniken eine Rolle, aber schon die Gewissenhaftigkeit wird nur in manchen Bereichen ähnlich wichtig sein wie in der somatischen Medizin: hauptsächlich immer dort, wo die Psychotherapeuten auch die Aufgaben somatischer Ärzte haben. Entsprechendes gilt für das Pflegepersonal.

Bei der Psychotherapie spielen Intuition und Einfallsreichtum im allgemeinen eine größere Rolle als in der somatischen Medizin, wo vieles an diagnostischem und therapeutischem Vorgehen genau festgelegt ist. Auf der anderen Seite ist es wichtig, den Patienten einen festen Rahmen zu geben. Deshalb spielt Pünktlichkeit in psychotherapeutischen Kliniken meist eine große Rolle: Gespräche mit Patienten, aber auch Teamsitzungen beginnen und enden zu bestimmten Zeiten. Es ist auch seltener, daß ein Stationsteam auf die Visite des Oberarztes oder des Chefs stundenlang warten muß, wie das in somatisch orientierten Kliniken nicht selten ist, aber auch in der Akutpsychiatrie.

Gerade weil man in der Psychotherapie letztlich am beobachtbaren Verhalten eines Patienten etwas ändern will – was in ihm vorgeht, kann man nur indirekt erschließen – wird auf das Verhalten von Patienten mehr geachtet als in somatisch orientierten Kliniken. Es geht hier bereits um den Gegenstand der Arbeit. Wenn jemand aus dem Bett findet, ob er Termine pünktlich einhält, ob er sich in Streitigkeiten durchsetzen kann oder eigensinnig und rechthaberisch ist: das alles wird beobachtet und besprochen. Die Patientinnen und Patienten beobachten das Verhalten des therapeutischen Personals, sprechen untereinander darüber und machen sich ihre Gedanken.

Ein guter Patient in einer somatischen Klinik befolgt ärztliche Anordnungen, man spricht von Compliance, also von Sich-Fügen. Der »ideale« Patient in einer psychotherapeutischen Klinik arbeitet aktiv mit und hält sich dabei an die Hausordnung.

Therapeutisches Vorgehen in verschiedenen Settings

Funktionsverteilungen

An den meisten Kliniken hat der *Stationsarzt* zwei Arbeitsbereiche. Er nimmt Patienten auf, untersucht sie, stellt sie dem Oberarzt vor und behandelt sie unter Anleitung und Kontrolle des Oberarztes. Daneben koordiniert er aber auch die Arbeit des übrigen therapeutischen Personals, das an der Therapie seines Patienten beteiligt ist. Er leitet, sofern der Oberarzt nicht zugegen ist, die Besprechung vor und nach einer Visite, telefoniert mit dem Beschäftigungstherapeuten, dem Sportlehrer, dem Sozialarbeiter, wird von ihnen angesprochen, wenn sie Informationen erlangt haben, von denen sie glauben, daß der Stationsarzt sie auch haben sollte. Es wäre wünschenswert, daß Beschäftigungstherapeuten und Sportlehrer an den Visitenvor- und nachgesprächen teilnehmen. Aus zeitlichen Gründen ist das aber oft nicht möglich. Meist hat man nur ein oder zwei Beschäftigungstherapeuten oder Sportlehrer für die ganze Klinik. Sie können nicht regelmäßig an den Visitenvorgesprächen oder -nachgesprächen teilnehmen, weil ihnen das zu viel Zeit wegnehmen würde.

Beim Stationsarzt laufen die Informationen über einen Patienten zusammen. Sie beeinflussen so weitere Entscheidungen in der Therapie.

Wie die Arbeit zwischen dem Oberarzt und dem Stationsarzt verteilt wird, hängt einmal vom Ausbildungsstand des Stationsarztes ab, zum anderen aber auch von den Persönlichkeiten von Oberarzt und Stationsarzt. Es gibt Oberärzte, die den Stationsärzten möglichst viel Freiheit lassen, andere, die über alles Bescheid wissen und alle wesentlichen Entscheidungen treffen wollen; selbst dann, wenn der Stationsarzt dafür selbst kompetent ist. Das führt meist zu interpersonellen Spannungen. Kümmert sich der Oberarzt wenig, fühlt der Stationsarzt sich aber meist alleingelassen. Am günstigsten wäre es, wenn der Oberarzt sehr flexibel sein könnte: dem Erfahrenen viel Freiraum lassen, dem Anfänger wenig.

Der Stationsarzt entscheidet meist über das Maß an Bewegungsfreiheit, das der einzelne Patient hat. In psychotherapeutischen Kliniken, die sich auf die Behandlung Suchtkranker spezialisieren, kann diese Bewegungsfreiheit in der Regel zunächst nur klein sein, später größer. In anderen psychotherapeutischen Kliniken können sich die Patienten viel freier bewegen als sonst in einem Krankenhaus. Abends müssen sie aber meist zu einer bestimmten Zeit da sein; es sei denn, sie haben Spät- oder Nachturlaub bewilligt bekommen. Um die Spät- oder Nachturlaube gibt es oft Meinungsverschiedenheiten im Team, entweder zwischen dem Stationsarzt und dem Oberarzt oder zwischen dem Stationsarzt und dem übrigen therapeutischen Personal. Starke Kontrollbedürfnisse auf der einen Seite, ein Laissez-faire-Verhalten auf der anderen Seite sind die Pole eines Kontinuums, auf dem sich ein Stationsarzt da bewegt.

Der Stationsarzt entscheidet, meist in Rücksprache mit dem Oberarzt, über Verlegungen von Patienten, zum Beispiel über die Verlegung eines suizidgefährdeten Patienten in eine geschlossene psychiatrische Abteilung. Er ordnet auch körperliche Untersuchungen an, die selbst zu machen er nicht in der Lage ist oder für die technische Voraussetzungen an der Klinik fehlen. Manche Kliniken haben eine internistische Abteilung, die den internistischen Konsiliardienst übernimmt.

Größere Kliniken haben in der Regel mehrere *Oberärzte*, von denen einer die Abwesenheitsvertretung des Chefs übernimmt. Er hat meist die Funktion eines leitenden Oberarztes.

Funktionsoberärzte haben eng umschriebene Aufgaben. Sie übernehmen einen Teil der Supervisionstätigkeit, untersuchen und behandeln aber oft selbst noch Patienten, während die *leitenden Oberärzte* entweder keine oder vielleicht nur einen oder zwei Patienten behandeln. Manche Chefärzte beteiligen die Oberärzte an der Behandlung der Privatpatienten; entweder sind sie für einige Privatpatienten zuständig, oder sie führen Behandlungen durch, die der Chef aus Zeitgründen nicht machen kann oder aus sonstigen Gründen nicht machen will. Meist haben sie auch noch eine Genehmigung zur Nebentätigkeit: Sie behandeln, wie meist auch der Chefarzt, ambulante Patienten. Die Stationsärzte behandeln ambulante Patienten meist im Rahmen ihrer Weiterbildung für den Psychotherapie- oder Psychoanalysetitel. Gelegentlich können Kurztherapien bei Klinikpatienten auf das für die Weiterbildung geforderte Therapiekontingent angerechnet werden.

Die *Psychologen* nehmen an den meisten Kliniken eine Sonderstellung ein. Sie sind nicht wie die ärztlichen Assistenten am Nachtdienst beteiligt. Dadurch haben sie eine Belastung weniger, allerdings auch nicht die Einnahmen aus den Nachtdiensten. Sie behandeln Patienten psychotherapeutisch, machen aber keine körperlichen Untersuchungen und verordnen keine Psychopharmaka. Sie ordnen auch keine zusätzlichen medizinischen Untersuchungen an.

Es kann manchmal ein Problem sein, daß viele Psychologen erfahrener sind als die Mediziner, weil sie länger an den Kliniken bleiben und auch Psychopharmaka verordnen könnten, wenn sie das lange genug gesehen und miterlebt haben, es aber aus einsehbaren rechtlichen Gründen nicht tun dürfen.

Sogenannte *leitende Psychologen* beaufsichtigen die an der Klinik tätigen, ihnen untergeordneten psychologischen Mitarbeiter und übernehmen einen Teil der psychotherapeutischen Oberarzttätigkeit. Sie leiten auch junge Mediziner an.

Stationsärzte und Oberärzte beabsichtigen in der Regel nicht, ein Leben lang an der Klinik zu bleiben. Die Oberärzte erstreben die Leitung einer eigenen Klinik oder lassen sich irgendwann einmal nieder. Auch die Assistenzärzte lassen sich nieder, wenn sie nicht vorher noch Oberärzte werden.

Der Chefarzt einer Klinik trägt die medizinische und die organisatorische Endverantwortung. Von beidem kann er einiges an die Oberärzte delegieren, und die können wiederum einen Teil ihrer Aufgaben an die Assistenzärzte weitergeben, zum Beispiel das Aufstellen des Dienstplanes und des Urlaubsplanes. Bestimmte Aufgaben in der Außenvertretung oder Vorträge im Rahmen der Fortbildung und der Weiterbildung können von Assistenten gemacht werden.

Der Chefarzt trägt für die Klinik die konzeptuelle Verantwortung. *Er muß darüber entscheiden, nach welchen Konzepten die Klinik arbeitet.* In der Regel wird er Konzepte mit den Oberärzten, an einigen Kliniken auch mit den Assistenzärzten, diskutieren und sie modifizieren, wenn sich etwas ändert, das im Konzept Berücksichtigung finden muß. Das können Einflüsse der Kostenträger sein, aber auch ein geändertes Überweisungsverhalten der einweisenden Ärzte. An staatlichen wie an privaten Kliniken muß der Chefarzt darauf achten, daß die Betten belegt sind.

Da ein Chefarzt immer auch Verwaltungsaufgaben hat, die er nicht alle delegieren kann und deren Durchführung er überwachen muß, wenn er sie delegiert, daneben aber auch ein kompetenter Kliniker sein muß, sind gute Chefärzte schwer zu finden. Meist überwiegt die eine oder die andere Kompetenz erheblich. Zu den Aufgaben eines Chefarztes gehört auch die Außenvertretung der Klinik. Es hebt den Ruf einer Klinik, wenn er selbst und seine Mitarbeiter auf Kongressen und Fortbildungsveranstaltungen in Erscheinung treten und Artikel oder Bücher schreiben.

An jeder Klinik oder an jedem Klinikum, dem eine Klinik angehört, gibt es »die Verwaltung«. Es ist entscheidend wichtig, einen Verwaltungsleiter zu haben, der für die Arbeit in seinem Bereich die nötigen Kompetenzen mitbringt. Dazu gehören auch interpersonelle Kompetenzen. Oft ist der Verwaltungsleiter jemand, an den sich sowohl die Patienten als auch die Mitarbeiter der Klinik mit Wünschen und Beschwerden wenden. Der Verwaltungsleiter muß auch deshalb gut mit Menschen umgehen können.

Konflikte zwischen dem ärztlichen Direktor und dem Verwaltungsleiter sind nicht selten. Ein Verwaltungsleiter kann die Arbeit des Klinikdirektors erleichtern, aber auch behindern. Natürlich haben Klinikdirektor und Verwaltungsleiter verschiedene Arbeitsziele. Die Arbeitsziele des Klinikleiters sind ärztlich, er muß aber auch, wie der Verwaltungsleiter, auf den Bestand seiner Klinik achten, zum Beispiel indem er für eine gute Auslastung sorgt, so daß die Bilanz stimmt. Dazu ist es oft nötig, mit Versicherungsanstalten zu verhandeln, die, besonders bei den Kurkliniken, einen großen Teil der Betten füllen. Die Versicherungsanstalten stellen bestimmte Mindestanforderungen an die Ausstattung der Zimmer, die Qualität des Essens und natürlich an die psychotherapeutische Behandlung. Nicht immer verstehen die zuständigen Referenten der Versicherungsanstalten etwas von Psychotherapie. Auch aus diesem Grunde gestalten sich die Verhandlungen mit den Kostenträgern oft schwierig; das gilt auch für die Pflegesatzverhandlungen mit den Krankenkassen. Hier handelt es sich um Aufgaben, von denen sich nicht jeder, der eine Chefarztposition anstrebt, zutreffende Vorstellungen macht.

Gelegentlich muß der Chefarzt in seiner Klinik Anforderungen der Kostenträger vertreten, die er für überzogen oder schlicht für falsch hält, die er aber nicht verändern kann. Das führt zu Konflikten mit dem Personal der Klinik, wobei sich die *Oberärzte* dann in einer schwierigen Zwischenposition zwischen den Assistenten und dem Chefarzt befinden. Es kommt zu *Loyalitätskonflikten*. Manche Oberärzte fühlen sich eher auf der Seite der Assistenten, andere wieder mehr auf der Seite des Chefs. Chef und Oberärzte sollten sich aber beide auf der

Seite der Patienten fühlen: nicht in dem Sinne, daß den Patienten alle Wünsche erfüllt werden, sondern in dem Sinne, daß eine gute Therapie angestrebt wird.

Für viele Chefärzte ist der Umgang mit *auswärtigen Supervisoren* ein Problem. Auswärtige Supervisoren können den Chef und auch die Oberärzte von Supervisionsaufgaben entlasten, gleichzeitig können sie aber in Konkurrenz mit den leitenden Ärzten und Psychologen an der Klinik geraten, besonders was die Beliebtheit bei den Stationsärzten und dem übrigen therapeutischen Personal angeht. Auf diesen Punkt bin ich andernorts (KÖNIG 1991) auch eingegangen.

Der Chefarzt, aber auch die Oberärzte und schließlich auch die Stationsärzte, eigentlich alle, die Leitungsfunktionen und koordinierende Funktionen haben, werden von den Mitarbeitern, denen sie übergeordnet sind, genau beobachtet und kritisch beäugt. Es liegt nicht jedem, der Aufmerksamkeit und letztlich auch der Kontrolle durch viele Menschen ausgesetzt zu sein. Das gehört aber zur Rolle des Leitenden.

Ich halte es für wichtig, daß ein Chefarzt gut delegieren kann. Er sollte sich für Aufgaben freihalten, die nur er bewältigen kann, zum Beispiel für konzeptuelle Überlegungen und nicht zuletzt auch für die eigene Fortbildung. Es gehört zur Arbeit eines Chefs, daß er auf Kongresse fährt und immer auf dem laufenden ist, was den Stand seines Faches angeht. Dafür sollte vom Kostenträger genug Zeit zur Verfügung gestellt werden. Auch die übrigen Mitarbeiter sollten Kongresse besuchen können. Viele Kliniken, vor allem die »auf der grünen Wiese«, laden auswärtige Referenten zu Vorträgen und Seminaren im Rahmen der Fortbildung und der Weiterentwicklung ein. Werden interessante Referenten eingeladen, regt das oft fruchtbare Diskussionen an, und die Mitarbeiter sparen Zeit, weil sie nicht an einen anderen Ort reisen müssen, um den Referenten zu hören und mit ihm zu diskutieren. Hier ist zu beachten, daß sich die Mitarbeiter an einer psychotherapeutischen Klinik in einer anderen Situation befinden als zum Beispiel die Mitarbeiter an einer chirurgischen oder internistischen Klinik, wo das gesamte therapeutische Verhalten stärker kodifiziert und in Regeln festgelegt ist und die jungen Ärzte aus dem Studium schon mehr Informationen mitbringen.

Beim Einladen von Referenten oder auch beim Nichteinladen kann Konkurrenz eine Rolle spielen. Der Chefarzt und die Oberärzte fürchten vielleicht, die Assistenten könnten sie weniger achten, wenn sie besonders kompetente Leute von außen als Referenten und Seminarleiter kennenlernen.

Ähnliche Probleme können auftreten, wenn Assistenten eine zusätzliche Ausbildung in einer bestimmten Therapiemethode machen; zum Beispiel, wenn sie Gruppentherapie an den überregionalen Weiterbildungsinstitutionen wie Altaussee, Gießen, Heidelberg, Tiefenbrunn bei Göttingen lernen. Da sich eine solche Gruppenweiterbildung aber über einen längeren Zeitraum erstreckt, ist die Wahrscheinlichkeit, daß sie ihre Ausbilder idealisieren, etwas geringer als bei den auswärtigen Referenten, die nur auf einen kurzen Besuch in die Klinik kommen.

Es ist schwierig, kompetente Oberärzte zu gewinnen; junge Ärzte bekommt man heutzutage relativ leicht, man kann sich die Geeigneten aussuchen. Dagegen ist es nach wie vor schwierig, Assistenten zu bekommen, die schon eine gewisse Erfahrung mitbringen.

Eine besondere Problematik ergibt sich bei der Besetzung von Stellen, die an den meisten Kliniken nur mit einer Person besetzt sind. Oft gibt es nur *einen Sportlehrer* und *einen Beschäftigungstherapeuten*. Die Lage wäre günstiger, wenn es an den Kliniken immer mindestens zwei Sportlehrer oder Beschäftigungstherapeuten gäbe. Die nachgeordneten Stelleninhaber würden dann von den erfahreneren Stelleninhabern angeleitet. Wenn sie ausgebildet sind, können sie sich für eine leitende Position an einer anderen Klinik bewerben; oder der Leitende wird abgeworben, und der wenig Erfahrene rückt nach.

Wenn man aber nur eine Stelle hat, bleibt nur die Möglichkeit, erfahrene Leute aus einer anderen Klinik abzuwerben oder Berufsanfänger zu nehmen, wenn eine Stelle neu zu besetzen ist. An der Klinik ist dann niemand, der den Neuen oder die Neue anleiten kann. Ärzte und Psychologen, die sich dafür interessiert haben, was der Beschäftigungstherapeut oder der Sportlehrer tut, besitzen doch nicht die entsprechende Kompetenz. In solchen Fällen ist es wahrscheinlich am besten, wenn man dem neuen Stelleninhaber einen Oberarzt zur Supervision zuteilt, mit dem er das, was er tut, diskutieren kann. Die Beschäftigungstherapeuten bringen eine Ausbildung mit, die Sportlehrer oft Zusatzausbildungen, zum Beispiel in Verfahren, bei denen es um Körperwahrnehmung geht. Wenn ein Beschäftigungstherapeut, ein Bewegungstherapeut oder ein Sportlehrer sich in das Konzept der Klinik integrieren soll, muß ihm Gelegenheit zum Austausch gegeben werden. Sonst kommt es zu der unbefriedigenden Situation, daß Beschäftigungstherapie, Sporttherapie oder konzentrative Bewegungstherapie nach einem mitgebrachten Konzept gemacht werden, das nicht in die Klinik paßt.

Beschäftigungstherapeuten und Sportlehrer haben dann auch leicht den Eindruck, man sei an ihrer Arbeit nicht interessiert. Sie hätten so etwas wie eine Alibifunktion oder sie seien nur dazu da, die Patienten zu beschäftigen, aber nicht dazu, eine wichtige Rolle im Behandlungsplan auszufüllen. Ich finde es wichtig, daß schon bei der Einstellung darauf geachtet wird, ob der Betreffende über seine Arbeit gern mit anderen spricht oder ob er signalisiert, daß er alles am liebsten allein und unbeeinflußt machen möchte. Ein Bewerber mit einer solchen Einstellung ist für die Teamarbeit an einer psychotherapeutischen Klinik in der Regel nicht geeignet.

Meist gibt es an einer Klinik nicht so viele *Sozialarbeiter*, daß jeder nur für eine Station zuständig wäre. Die Sozialarbeiter können deshalb nicht an allen Visiten oder Besprechungen teilnehmen. Es sollte aber fest verabredet werden, daß sie an einem Teil der Besprechungen oder Visiten regelmäßig oder zumindest in festen Abständen teilnehmen. Beschäftigungstherapeut oder Sportlehrer sollten das auch tun, wenngleich die Abstände etwas größer sein müssen, da es an einer größeren Klinik in der Regel mehr Sozialarbeiter als Sportlehrer und Beschäftigungstherapeuten gibt.

Beim *Einstellen* von Mitarbeitern hat man immer das Problem, daß Menschen, die gerne selbständig arbeiten, einem wenig Arbeit machen, daß sie aber oft nicht optimal arbeiten, weil der Austausch fehlt. Da an einer Klinik Teamarbeit in der Regel eine Voraussetzung für das Gelingen von Psychotherapien ist, wird man extrem autarke Menschen, wenn man eine Auswahl hat, in der Regel nicht einstellen, selbst wenn sie begabt und intelligent sind. Wenn die Mitarbeiter an Selbsterfahrungsgruppen teilnehmen oder eine Analyse machen, hilft ihnen das oft dabei, kooperativer zu werden; nur kann man darauf nicht immer warten. Wenig geeignet ist natürlich auch das andere Extrem: Mitarbeiter, die sich scheuen, Verantwortung zu übernehmen und jede Entscheidung mit anderen besprechen müssen. Es ist meine Erfahrung, daß solche unselbständigen Menschen in ihren Selbsterfahrungsgruppen oder Analysen nur langsam selbständiger werden und oft nie einen wünschenswerten Grad von Selbständigkeit erreichen, während Menschen, die gerne viel Verantwortung übernehmen und sich nicht dreinreden lassen möchten, rascher zu einem kooperativeren Verhalten kommen.

Natürlich hängt die Auswahl von Mitarbeitern immer auch von der Persönlichkeit des Chefs ab; oder des Oberarztes, wenn der für seinen Bereich an der Bewerberauswahl beteiligt wird. Man kann von allen, die an einer Klinik arbeiten, eine gewisse Bereitschaft erwarten, sich an die Verhältnisse zu adaptieren und immer wieder einmal etwas zu tun, das ihren persönlichen Wünschen zuwider läuft. Die Spielbreite eines jeden ist aber durch seine Charakterstruktur begrenzt.

Ich selbst halte es für günstig, wenn in einem Team Männer und Frauen zusammenarbeiten, und zwar, nach Möglichkeit, in jeder Berufsgruppe. Das läßt sich nicht immer realisieren. Manche Positionen sind nur einmal da. Das gilt auch für den Stationsarzt. Arbeiten ein Arzt und ein Psychologe oder zwei Ärzte auf einer Station zusammen, können die Geschlechter verschieden sein. Hierarchische Probleme und Probleme des Geschlechtsunterschieds können sich dann vermischen.

Es ist allgemein bekannt, daß viele Chefs und Oberärzte sich scheuen, Frauen im fortpflanzungsfähigen Alter einzustellen, weil es Schwierigkeiten mit der Arbeitsverteilung gibt, wenn die Frauen schwanger werden. Daß dies ein Problem darstellen kann, läßt sich nicht wegdiskutieren. *Die Chefs und die Oberärzte sollten sich aber dafür einsetzen, einen Stellenplan zu erwirken, der es dennoch gestattet, Frauen einzustellen.* Gerade die Geschlechtsunterschiede können in Gesprächen über Patienten nützlich sein, vor allem, wenn es sich um junge Mitarbeiter mit wenig Lebenserfahrung handelt. Im Laufe seiner Berufspraxis erwirbt der Psychotherapeut zwar mehr Kenntnisse über das andere Geschlecht als viele Menschen in anderen Berufen, Berufsanfänger haben das aber erst vor sich. Bei Verhandlungen mit Kostenträgern sollte zumindest versucht werden, solche Argumente einzubringen.

Der Hinweis, daß Frauen nicht benachteiligt werden sollten, wird ja oft nur mit Lippenbekenntnissen für das Prinzip der Gleichberechtigung und mit Hinweisen auf die Schwierigkeiten der praktischen Durchführung beantwortet, gerade in der heutigen Zeit knapper Finanzen. Das Argument, daß die Behandlung der Patienten verbessert werden kann, wenn Frauen als Psychotherapeuten eingestellt werden, läßt sich aber nicht so leicht vom Tisch wischen. Natürlich kommt es auch hier auf die Personen an, mit denen man es in den Verhandlungen zu tun hat.

Als in den stationären psychotherapeutischen Einrichtungen vorwiegend Neurosekranke behandelt wurden, gab es natürlich Inszenierungen nicht nur in den Therapien, sondern auch im sogenannten Realraum einer Klinik. Die Inszenierungen waren aber nicht so massiv, daß sie große Schwierigkeiten gemacht hätten. Sie konnten meist erschlossen werden. Das Verhalten, zu dem das Personal, das mit den Patienten unmittelbar und täglich Umgang hatte, in den Inszenierungen durch projektive Identifizierung gebracht wurde, lag meist noch innerhalb der

Normen einer *Schwestern- oder Pflegerrolle.* Schwestern und Pfleger verhielten sich den Patienten gegenüber, wie es von Schwestern oder Pflegern zu erwarten war, die wenig zu pflegen und mehr zu beaufsichtigen hatten, deren Aufgabe zentral das Vertreten der Hausordnung war und denen die Klinikleitung keine therapeutischen Aufgaben übertrug. Das Pflegepersonal war in seiner pflegerischen Identität verunsichert, hatte es aber immerhin mit leidenden Menschen zu tun, denen gegenüber sich die Schwestern und Pfleger ähnlich einstellten wie auch sonst gegenüber Kranken. Die Patienten erschienen zwar auf den ersten und zweiten Blick nicht besonders krank, aber auch der Umgang mit Leichtkranken gehört zum Bereich der Tätigkeit von Schwestern. Eigentlich gibt es in allen Fächern (auch in der Chirurgie und in der Inneren Medizin) Patienten, die nicht bettlägerig sind und deren allgemeiner körperlicher Zustand so ist, daß sie eigentlich auch arbeiten könnten. Mit solchen Patienten hatten es die Schwestern und Pfleger in den psychotherapeutischen Einrichtungen meist zu tun. Im Laufe ihrer Tätigkeit an einer solchen Einrichtung erfuhren sie auch von den Patienten, wie behindernd eine psychische Erkrankung sein kann und wie sehr Menschen darunter leiden können. Aber nur in der psychosomatischen Medizin waren auch pflegerische Arbeiten zu verrichten. In manchen psychotherapeutischen Kurkliniken spielt sich die Tätigkeit der Schwestern und Pfleger auch heute noch ungefähr so ab, wie ich es hier beschreibe.

In vielen Kliniken hat sich das Tätigkeitsfeld der Schwestern und Pfleger aber stark verändert. Die therapeutischen Möglichkeiten haben sich generell verbessert. Man kann Patienten behandeln, die früher als unbehandelbar galten. Gleichzeitig hat die ambulante psychotherapeutische Versorgung in vielen Gebieten Deutschlands stark zugenommen. Viele Patienten, die früher am Ort keine Psychotherapie fanden und deshalb aus der sogenannten geographischen Indikation heraus in psychotherapeutische Kliniken eingewiesen wurden, kommen heute nicht mehr dorthin. Sie werden ambulant therapiert. In die Kliniken kommen prozentual mehr schwerkranke Patienten als früher.

Viele dieser Patienten sind nun im Umgang ausgesprochen schwierig. Sie zeigen massive Symptome von Charakterneurosen. Frustrationstoleranz, Angsttoleranz und Impulskontrolle sind häufig vermindert. Patienten mit ich-strukturellen Störungen identifizieren projektiv oft mit archaischen Selbstanteilen oder Objekten, weil das Selbst und die Objekte in ihrer inneren Welt zumindest partiell auf einer frühen Entwicklungsstufe stehengeblieben sind oder weil sie stark regredieren, wenn sie Konflikten, zum Beispiel auch ödipalen Konflikten, ausgesetzt werden. Die Gefühle, die sie in den Menschen ihrer Umgebung erzeugen, sind intensiv. Sie entstehen oft sehr rasch, was besonders für die aggressiven Gefühle gilt. Andererseits können solche Patienten auch sehr verführerisch wirken; in dem Sinne, daß sie das Pflegepersonal oder auch einzelne Personen im Pflegepersonal stark für sich einnehmen, was sich dann in einem therapeutischen Übereinsatz äußert, zu dem die Therapeuten von den Schwestern und Pflegern animiert werden oder den Schwestern und Pfleger selbst leisten. Jedenfalls läßt sich irrationales Handeln nicht nur dadurch verhindern, daß man sich an seiner professionellen Rolle »festhält«; das gilt für die Therapeuten, mehr aber noch für die Schwestern und Pfleger, die in der Regel ja weniger gründlich in Gegenübertragungsanalyse ausgebildet sind und Gefühle, die Patienten in ihnen erzeugen, weniger gut kognitiv verarbeiten können. Eigentlich bräuchten sie eine dichte Supervision, die aber selten zur Verfügung gestellt werden kann. Meistens muß man sich damit begnügen, Teamsupervisionen durchzuführen, an denen Therapeuten, Schwestern und Pfleger gemeinsam teilnehmen. JANSSEN (1987) hat darauf hingewiesen, daß Übertragungen im Realraum auftreten, daß man sie nur übersehen, nicht aber verhindern kann. Übertragungen im Realraum gab es natürlich immer, genauso wie im Alltagsleben der Patienten außerhalb einer ambulanten Therapie. Bei den oben beschriebenen Patienten sind die Übertragungen beziehungsweise auch projektiven Identifizierungen nicht mehr zu übersehen und man muß mit ihnen umgehen. Es gilt, den Schwestern und Pflegern zu ermöglichen, Patienten zu verstehen, ohne daß sie die Situation, die sie im Umgang mit Patienten durchstehen müssen, durch Deutungen entlasten können; auch wenn man ihnen eine Deutungskompetenz zugesteht, wird diese, außer bei ausgesprochenen Naturtalenten, infolge der weniger gründlichen Ausbildung meist geringer entwickelt sein als bei den Therapeuten, von Anfängern im Fach Psychotherapie einmal abgesehen. Die machen aber meist Selbsterfahrung.

Andererseits ist es nicht so, daß Schwestern und Pfleger im Umgang mit den Borderline-Patienten ihre pflegerischen Kompetenzen stärker einsetzen können. Bettlägerig sind die meisten Borderline-Patienten nicht.

Schwestern und Pfleger, die neu in die Psychotherapie kommen, werden in ihrer Identität stark verunsichert. Was sie gelernt haben, können sie nur sehr begrenzt anwenden, meist nur soweit es das Somatische betrifft. Kommen sie aus der Psychiatrie, müssen sie erheblich umlernen. Die psychiatrischen Kliniken, in denen wirklich Psychotherapie betrieben wird, sind ja noch selten. Auch nach Einführung des kombinierten Facharztes für Psychiatrie und Psychotherapie dürfte sich da erst langsam etwas ändern. In einer oft länger dauernden Übergangszeit beruflicher Verunsicherung sind Schwestern und Pfleger aber schon projektiven Identifizierungen durch die Patienten ausgesetzt. Manche entwickeln psychische oder psychosomatische Symptome, andere zweifeln oder verzweifeln an ihrer beruflichen Kompetenz und möchten die Klinik am liebsten wieder verlassen. Andere wieder kapseln sich den Patienten gegenüber ab.

Eine Psychotherapie von frühgestörten Patienten ist, so meine ich, nur in einer engen Zusammenarbeit zwischen allen an der Therapie Beteiligten mit ausreichendem Ergebnis möglich, sie ist für Schwestern und Pfleger aber auch nur so durchzuhalten. Andererseits darf man nicht übersehen, daß Borderline-Patienten erst in wenigen *psychotherapeutischen* Einrichtungen behandelt werden.

Man kann wohl davon ausgehen, daß in Kurkliniken im Durchschnitt erheblich weniger kranke Patienten aufgenommen werden, was ja auch sinnvoll ist, weil die Behandlungszeiten für die Therapie von Patienten nicht ausreichen, die ein halbes Jahr oder länger brauchen, bis man die Therapie ambulant weiterführen kann. An solchen Kurkliniken hat es das Pflegepersonal und haben es die Therapeuten natürlich leichter, und man kann auch eher ein bipolares Behandlungsmodell anwenden, das eine weniger enge Kooperation zwischen Therapeuten und Pflegepersonal erfordert.

Bei allen interpersonellen Phänomenen kann es nützlich sein, zwischen einem *übertragungsbedingten* und einem *charakterbedingten Verhalten* zu unterscheiden. Ein übertragungsbedingtes Verhalten tritt oft nur beim Umgang mit einzelnen Personen auf, nämlich mit denen, auf die ein bestimmtes Objekt übertragen wird, während der Patient auf andere Mitglieder des therapeutischen Teams andere Objekte und andere Aspekte von Objekten überträgt oder andere Aspekte seines Selbst externalisiert. Daraus kann allerdings kein Umkehrschluß gezogen werden. Werden alle Personen, mit denen ein Patient in der Klinik umgeht, als Repräsentanten ein und desselben Objekts angesehen, kann es sein, daß der Patient sich allen Angehörigen des Klinikpersonals gegenüber ähnlich verhält.

Sonst muß man hier an Auswirkungen des Charakters denken. Die Übergänge zwischen übertragungs- und charakterbedingtem Verhalten sind fließend.

Natürlich gibt die Qualität des Verhaltens oft weiter Aufschlüsse. Ein charakterbedingtes Verhalten ist sehr weitgehend durch den Einsatz immer wieder gleicher Abwehrmechanismen bestimmt wie Projektion, Verschiebung auf das Kleinste, Rationalisieren, Reaktionsbildung etc. Dagegen können bei der Übertragung verschiedener Objekte jene Abwehrmechanismen wieder eingesetzt werden, die früher einmal in der Beziehung zu dem übertragenen Objekt eine Rolle gespielt und die Beziehung gefärbt haben.

Für das therapeutische Personal wirkt es entlastend, wenn ein charakterbedingtes Verhalten diagnostiziert wird. Der betreffende Patient verhält sich dann allen Menschen gegenüber ähnlich, während beim übertragungsbedingten Verhalten eines Patienten gefragt werden muß, welchen Übertragungsauslöser man durch sein eigenes Verhalten geliefert hat. In der Supervision kann es schwieriger sein, solche übertragungsbedingten Beziehungen zu diskutieren; eben weil das Verhalten der Person, auf die übertragen wurde, Gegenstand des Gesprächs wird.

Zum Verständnis des Patienten ist es oft wichtig, sich ein Bild darüber zu verschaffen, wie ein bestimmter Patient sich *in verschiedenen Settings* verhält. So kann er sich in dem einen Setting aktiv, im anderen passiv verhalten und dann regrediert wirken. Bleibt nicht genügend Zeit, um die Patienten zu beobachten und über ihr Verhalten zu sprechen, können die diagnostischen Möglichkeiten, die sich aus der Beobachtung in verschiedenen Settings ergeben, nur wenig genutzt werden. Das ist dann auch nicht notwendig, solange man es als Hauptziel der Psychotherapie eines schwerer gestörten Patienten ansieht, ihn für eine Weiterbehandlung zu motivieren. Später wird es nötig, ihn in einen Zustand zu bringen, der eine ambulante Behandlung ermöglicht. Kurze Psychotherapiezeiten eignen sich am ehesten für Patienten mit relativ hoher Ich-Stärke und zunächst nur wenig Motivation zur Psychotherapie – aus Mangel an Informationen oder weil die Abwehr zu starr ist und erst ein Stück weit gelockert werden muß.

Einzelgespräche

Hier soll es vor allem um die Einzelgespräche gehen, die ein Arzt oder ein Psychologe den Patienten anbietet. Diese Einzelgespräche können eine rein koordinierende Funktion haben. Der Stationsarzt erkundigt sich nach den Erfahrungen des Patienten in den verschiedenen therapeutischen Settings, zum Beispiel in der Gruppentherapie, der Gestaltungstherapie und der Bewegungstherapie. Er fragt den Patienten, wie er sich auf der Station fühlt und wie es ihm dort geht, wie er mit den anderen Patienten und dem übrigen therapeutischen Personal auskommt und welche interpersonellen Konflikte sich vielleicht ergeben haben. Es kommt vor, daß ein Patient überall »gut« zurechtkommt, sich aber schlecht fühlt. Der Stationsarzt kann eben das ansprechen, er kann sich aber auch vornehmen, diese Information in eine Supervisionssitzung einzugeben und mit den Kolleginnen und Kollegen zu diskutieren, was das bedeutet und wie er gegebenenfalls intervenieren könnte.

In anderen Kliniken wird die Koordinationsarbeit auf die Visiten verlagert. Die Visiten können in den Zimmern stattfinden; bei Mehrbettzimmern geht es dann oft auch um den Umgang der Patienten eines Zimmers miteinander. Die Patienten verbringen einen großen Teil des Klinikalltags miteinander; meist sind die Kontaktzeiten länger als beispielsweise in einer Paarbeziehung, wenn ein Partner oder beide Partner arbeiten. Hier sind Techniken der Paartherapie nützlich, zum Beispiel auch die von mir immer wieder angewandte, sehr bewährte Intervention: »Und wie sehen *Sie* das?«

An anderen Kliniken wieder sind die Koordinierungsaufgaben zwischen der Visite und einer sogenannten Sprechstunde verteilt. Dorthin können die Patienten kommen, um einige Zeit mit dem Stationsarzt allein zu sein und Dinge zu besprechen, die sie in Gegenwart anderer nicht besprechen wollten. Zu den anderen zählen dann auch Schwestern und Pfleger oder Sozialarbeiter, wenn sie bei den Visiten mitgehen.

Allgemein ist hier eine Tendenz zu beobachten, die Funktion eines Stationsarztes im Realraum, zu dem auch disziplinarische Maßnahmen gehören, und seine Funktion als koordinierender Einzeltherapeut bei ein und derselben Person zu belassen. Das entspricht natürlich auch vielen Primärfamilien, wo die Eltern betreuende, pflegende, beschützende, aber auch disziplinarische Funktionen wahrnehmen müssen. Die Übertragungsvorstellung eines Therapeuten, der nicht wertet, ist dann natürlich nicht aufrechtzuerhalten. Der Patient sollte aber den Eindruck bekommen, daß der Therapeut therapiefördernde Werte vertritt, daneben vielleicht noch den Wert der gegenseitigen Rücksichtnahme bei gleichzeitiger Vertretung eigener Interessen: etwas, das in wohl jeder Form des Zusammenlebens wichtig ist. In einer psychotherapeutischen Klinik gelten in mancher Hinsicht andere Normen und Werte als im Alltagsleben der Patienten. Welche Schwierigkeiten sich daraus ergeben können, habe ich bereits in Abschnitt »Die Hausordnung« geschildert.

Sind die Einzelgespräche von koordinierenden Aufgaben frei, weil Koordinationsaufgaben in Visiten und in der Sprechstunde durchgeführt werden, können einzeltherapeutische Sitzungen stattfinden, die denen in einer ambulanten Therapie ähnlich sind. Es empfiehlt sich dann meist, einen bestimmten Konfliktbereich zu besprechen, um eine Fokussierung der Aufmerksamkeit des Patienten auf diesen Konfliktbereich zu erreichen, eine Fokussierung, die sich dann auch in anderen therapeutischen Settings bemerkbar machen wird. Der Fokus wurde meist in den Erstgesprächen herausgearbeitet und mit einem erfahreneren Kollegen besprochen.

Ein Fokus kann sich während einer Therapie natürlich ändern. Er kann von vornherein falsch gewählt sein oder später Ramifikationen zeigen, ohne deren Bearbeitung er selbst nicht beeinflußbar ist. Davon sollte dann auch den anderen Therapeuten Mitteilung gemacht werden, die mit dem Patienten zu tun haben; in den Stationsgesprächen, den Fallsupervisionen und, wenn diese Therapeuten daran nicht teilnehmen, in einem Austausch über das Telefon.

Natürlich geht nicht jede Veränderung des Fokus einen jeden an. Stationsärzte, die alle in der Klinik durchgeführten Verfahren gut kennen, können oft abschätzen, ob ein Fokus sich zum Beispiel in der Gestaltungstherapie auswirkt oder in der Musiktherapie aufgegriffen werden kann. Im allgemeinen empfiehlt sich eine Mitteilung aber doch, weil der betreffende Spezialtherapeut meist am besten einschätzen kann, was seine Methode hergibt (vgl. STREECK 1991).

Die Möglichkeit zum telefonischen Austausch halte ich für sehr wichtig. Ich bin dafür, daß in den Kliniken hierzu bestimmte Zeiten freigehalten werden, in denen die Therapeuten keine anderen Aufgaben haben. Kommen keine Telefonanrufe, können sie fortbildende Literatur lesen oder Berichte oder Protokolle schreiben. Es ist frustrierend, wenn man jemanden telefonisch nicht erreichen kann und immer wieder anrufen muß. Das passiert leicht, wenn der betreffende Therapeut, zum Beispiel ein Gestaltungstherapeut oder Musiktherapeut, eine Sprechzeit für alle Stationsärzte hat. Meines Erachtens empfiehlt es sich, für jede Station eine kurze, aber von den anderen getrennte Telefonzeit einzurichten. Die kann zum Beispiel zu Dienstschluß liegen, zehn Minuten reichen oft aus. Wenn ein längeres Gespräch nötig wird, muß die Dienstzeit an dieser Stelle eben überzogen werden. Diese Zeit kann später abgefeiert werden. Auch kann man einen weiteren Telefontermin vereinbaren.

Es stellt im übrigen kein gutes Zeugnis für die Organisation einer Klinik aus, wenn die Therapeuten so gut wie nie mit ihrer Arbeit früher fertig sind, als es der Dienstzeit entspricht. Natürlich gibt es auch Menschen, die jede Freizeit ausfüllen müssen, die eigentlich nie mit ihrer Arbeit fertig werden und immer Überstunden machen wollen. Das kann mit einem Übereinsatz zusammenhängen, der sich therapeutisch ungünstig auswirken kann, oder schlicht mit Arbeitsstörungen. Manche Menschen arbeiten auch deshalb nicht rationell, weil sie sich über ein rationelleres Arbeiten keine Gedanken machen. Fast jede Tätigkeit läßt sich, wenn man sich die einzelnen Arbeitsgänge vor Augen hält, so organisieren, daß sie weniger Zeit beansprucht. Natürlich kann es auch zum Überorganisieren kommen, so daß die eingesparte Zeit verlorengeht oder das ganze länger dauert, als wenn man weniger organisieren würde.

Manche Menschen werden von der klassischen Psychoanalyse deshalb angezogen, weil sie eigentlich zeitlos sei. Man arbeitet mit einem Patienten so lange, wie es nötig ist. Wie lange es nötig ist, ergibt sich aus dem therapeutischen Prozeß. Eine solche Einstellung kann zu langen, ineffizienten Therapien führen. In meinem Buch über Indikationen (KÖNIG 1994a) habe ich dargestellt, daß man bei der Dauer einer jeden Therapie auch die Lebensumstände des Patienten mit berücksichtigen muß, wenn man verantwortliche Indikationen stellen will. Zum Beispiel kann es bei einer Frau um die Dreißig, die unter Partnerschwierigkeiten leidet, erheblich günstiger sein, eine kurze Therapie zu machen, die sich auf diese Partnerschwierigkeiten konzentriert, um später eventuell noch eine andere Therapie anzuschließen. Macht man gleich eine Analyse, kann es sein, daß die Frau am Ende zwar partnerschaftsfähig ist, aber zu alt, um noch eine Familie zu gründen: Sie kann das Ziel real nicht erreichen, das sie sich ursprünglich vorgenommen hat.

In der Klinik ist eine Begrenzung der Therapie von vornherein dadurch gegeben, daß die Klinik den Patienten von Arbeitsplatz und Familie trennt. Auch wenn er beides nicht hat, sind allzulange Aufenthalte wegen der Entwöhnung von den Alltagssituationen zu vermeiden, obwohl bei langen stationären Aufenthalten in der Regel durch Arbeitsversuche, Familienheimfahrten etc. der Entfremdung von der Alltagsrealität entgegengearbeitet wird. Dennoch entwickelt sich bei manchen Patienten die Illusion einer zeitlich nicht begrenzten Therapie. Auch wenn die Therapie bei vielen Patienten nicht von vornherein genau in ihrer Dauer abgeschätzt werden kann, wird sie doch nach relativ kurzer Zeit zu Ende sein, was Patienten leugnen können; vor allem solche Patienten, die hoffen, daß ihnen in der Klinik das gegeben wird, was sie immer schon entbehrt haben und was man ihnen in der Kindheit vorenthielt; aber auch Patienten, die Angst vor den Alltagsproblemen haben, die sie nach der Entlassung aus der Klinik wieder erwarten. Außerdem ist Zeitlosigkeit eine Eigenschaft regressiven Erlebens, der Primärprozeß ist zeitlos.

Um dem Patienten die Begrenztheit der Therapie greifbarer zu machen, habe ich in einer früheren Arbeit (KÖNIG u. SACHSSE 1981) empfohlen, eine längere Einzeltherapie in Blöcke von zum Beispiel sechs Sitzungen zu unterteilen und nach jedem Block mit dem Patienten darüber zu sprechen, was an Erkenntnissen und Erfahrungen während der vergangenen sechs Sitzungen gewonnen worden sei. Nach meinen Erfahrungen kommt es dann zu einer Konzentration des therapeutischen Prozesses. Auch an der Abteilung für Klinische Gruppenpsychotherapie in Göttingen wenden wir diese Unterteilung in Therapieblöcke an. Wir haben den Eindruck gewonnen, daß dadurch einem Verschieben unangenehmer Probleme auf später entgegengewirkt wird. Von Zeit zu Zeit wird Bilanz gezogen: Man spricht darüber, was erreicht worden ist und was noch zu erreichen bleibt. Natürlich können manche, zum Beispiel zwanghaft strukturierte Patienten ein solches Arrangement zum Widerstand machen, etwa indem sie sich fast nur damit beschäftigen, wie die Bilanz wohl aussehen wird, mit dem Ergebnis, daß sie am Ende sehr negativ ist, weil an etwas anderem gar nicht gearbeitet wurde. Ein solches Verfahren läßt sich aber gut konfrontieren und bearbeiten.

Interessanterweise ist es nicht so, daß durch ein strukturierendes Arrangement eine gewünschte Regression in der Therapie ausbleibt. Zeitlose, dann unter Umständen maligne, therapeutisch nicht verwertbare Regression wird zwar gebremst, nicht aber Regression im Dienste des Ich. Wir können auch in Gruppensitzungen beobachten, daß tiefe Regression im Dienste des Ich geschieht, obwohl die Gruppensitzung zeitlich begrenzt ist.

Die Unterteilung der Therapie in Blöcke stellt einen schützenden

Rahmen dar, innerhalb dessen der Patient sich einer Regression überlassen kann, weil er weiß, daß in absehbarer Zeit in der Bilanzsitzung auf der Ebene des Sekundärprozesses über die Therapie gesprochen werden wird. Bei Patienten mit ich-strukturellen Störungen und Einbrüchen des Primärprozesses in das Alltagsdenken, zum Beispiel während der Arbeit, wirken Zeitbegrenzungen diesen Eindrücken entgegen, indem sie sekundärprozeßhaftes Denken fördern. Natürlich können sie auch einen Widerstand gegen das Sekundärprozeßhafte hervorrufen. Der Patient möchte am primärprozeßhaften Denken und Erleben festhalten, damit auch an der Illusion der Zeitlosigkeit. Das ist wieder eine Gelegenheit, den Widerstand des Patienten gegen eines der Ziele der Therapie (»wo Es war soll Ich werden«, FREUD 1932, S. 86) ins Gespräch zu bekommen.

Im Unterschied zu der Bedeutung der ihr in der Literatur, mehr noch in den Diskussionen der Psychoanalytiker eine Zeitlang eingeräumt wurde, hat sich die strenge *Fokaltherapie* nach BALINT in der ambulanten und stationären Psychotherapie nur in engen Grenzen bewährt. Die meisten Symptome sind ja multipel determiniert, so daß ein einziger Fokus meist nicht ausreicht. Natürlich kann es genügen, einen Aspekt zu bearbeiten und Symptomfreiheit zu erreichen; zum Beispiel die aggressive Blockierung bei der Migräne, während die symbiotischen Phantasien unbearbeitet bleiben (KÖNIG 1993a). Das gilt aber für viele Symptome nicht.

Meist muß man mit dem Patienten einen bestimmten Bereich vereinbaren, den man bearbeiten will, aber mehrere Foci formulieren, die man dem Patienten nicht mitteilt, sondern die man mit ihm erarbeitet und die man in einer verständlichen Form auch jenen Psychotherapeuten mitteilt, die den Patienten weniger kennen als der Stationsarzt, der ihn ausführlich untersucht hat. Das wird ja oft nicht berücksichtigt: Gestaltungstherapeuten, Musiktherapeuten, Bewegungstherapeuten kennen die Patienten bei Beginn ihrer Arbeit mit ihnen meist nur aus kurzen Vorgesprächen, vielleicht auch noch aus einem Studium der Akten, haben aber mit ihnen selten so lange einzeln gesprochen wie der aufnehmende Stationsarzt. Allerdings partizipieren sie an der Arbeitsbeziehung, die sich zwischen dem Patienten und dem Stationsarzt entwickelt hat.

An manchen Kliniken werden die Anamnesen zu Ausbildungszwecken von auswärtigen Anamnesenerhebern gemacht, der Stationsarzt begrenzt sich ebenfalls auf ein Vorgespräch. Das entlastet ihn, hat aber für die Entwicklung einer Arbeitsbeziehung Nachteile. Diese Nachteile werden von den Stationsärzten oft beklagt. Meines Erachtens können sie vermieden werden, wenn der Stationsarzt sich die Zeit nimmt, mit dem Patienten die Anamnese durchzugehen, bevor der Patient dem sogenannten Zweitsichter vorgestellt wird, also dem Oberarzt, der zusammen mit dem Stationsarzt über die weitere Planung entscheidet. Dem Stationsarzt bleibt dann immer noch eine zeitliche Entlastung. Sie ist nicht so groß, wie beim Verzicht auf ein solches Gespräch, die Arbeitsbeziehung ist aber besser, was oft auch Arbeit spart, so daß insgesamt doch eine Zeitersparnis durch die Arbeit des auswärtigen Anamneseerhebers erreicht wird. Ein initiales Gespräch in Gestalt eines Erstinterviews von einer dreiviertel Stunde oder einer Stunde wird der Stationsarzt wohl auf jeden Fall gemacht haben. Das hindert den Anamneseerheber aber nicht daran, die Anamnese wenig strukturiert zu beginnen, so daß sich eine dem Erstinterview entsprechende Situation ergibt, die dem Patienten Raum zu Beziehungsinszenierungen läßt.

In Kurkliniken mit sehr kurzer Behandlungszeit, die ja bekanntlich sehr zahlreich sind und schon deshalb in der Versorgung eine wichtige Rolle spielen (z.B. MENTZEL 1981; SCHEPANK 1988), ist eine gründliche Diagnostik oft nicht möglich. Die Kostenträger fordern einen frühen Beginn der Behandlung, wobei sie Vorstellungen aus der somatischen Medizin auf die Psychotherapie übertragen. In der Psychotherapie beginnt die Therapie eigentlich schon mit der Diagnostik. Ich selbst kann von mir sagen, daß meine Lehranalyse mit den Interviews begonnen hat, obwohl sie erst einige Monate später anfing.

Die Supervision bei der Einzelbehandlung liegt in vielen Kliniken im argen. Eigentlich sollte sie ebenso häufig stattfinden wie bei ambulanten Therapien während der Ausbildung zum Psychotherapeuten, also alle vier bis sechs Stunden. Man kann sich leicht ausrechnen, wieviel Zeit ein Oberarzt, der die Therapeuten von vierzig Patienten zu supervidieren hat, dafür aufwenden müßte. Ein Kompromiß zwischen Einzelsupervision und einer Gruppensupervision, bei der der einzelne nur selten »dran kommt«, ist die Supervision in Kleingruppen, mit drei oder vier Teilnehmern.

An der Stätte meiner stationär-psychotherapeutischen Ausbildung, am Krankenhaus Tiefenbrunn bei Göttingen, war die Diagnostik ursprünglich Sache des Stationsarztes und der auswärtigen Anamneseerheber. Fortgeschrittene Therapeuten machten dann die psychoanalytischen Einzel- und Gruppentherapien. Diese führten sie, abgesehen von den zeitlichen Begrenzungen, mit ähnlicher Technik durch wie ambulante Therapien. Tatsächlich galt die klinische Tätigkeit ganz wesentlich als Vorstufe zur Niederlassung in der Praxis, was die Therapeuten motivierte, eine ambulante Behandlungssituation in der Klinik zu simulieren, mit allen Nachteilen, die das naturgemäß haben mußte. Heute ist die Zahl der Therapeuten, die sich nicht niederlassen wollen, sondern eine Klinikleitung anstreben, erheblich höher geworden. Das hat auch einen Einfluß auf die Inhalte der Einzelgespräche. Die koordinierende Funktion des Stationsarztes ist naturgemäß etwas, das in der ambulanten Praxis so nicht vorkommt. Auch eine Fokaltherapie in der Klinik (meist mit mehreren Foci) ist anders als im ambulanten Setting. Darauf lassen sich die Assistenten in den Kliniken heute aber gerne ein. Sie arbeiten dadurch effektiver, was ihre Arbeitszufriedenheit erhöht. Der Umgang mit relativ vielen und zum Teil schwerkranken Patienten erhöht ihre Kompetenz für eine spätere Klinikleitung, aber auch für eine Arbeit als niedergelassener Psychotherapeut.

Kleingruppen und mittelgroße Gruppen

Kleingruppen auf dem Boden eines psychoanalytischen Konzepts sind ein zentrales therapeutisches Verfahren in allen psychoanalytisch orientierten stationären Einrichtungen. Meist dauern sie eine bis anderthalb Stunden und finden drei- bis viermal in der Woche statt. Allgemein heißt es, daß für frühgestörte Patienten häufigere, dafür aber kürzere Gruppensitzungen geeigneter sind als seltene und längere, während für neurotische Patienten drei Gruppensitzungen von je anderthalb Stunden die Woche günstig zu sein scheinen.

Oft ist es von Zufällen abhängig, welches Gruppenkonzept an einer Klinik praktiziert wird; zum Beispiel davon, welches Gruppenkonzept der Klinikleiter selbst kennengelernt hat, was wiederum oft von äußeren Faktoren abhängt; hauptsächlich von dem Angebot am Ort oder in erreichbarer Nähe. Da die von ARGELANDER (1963, 1972) und OHLMEIER (1975, 1976) praktizierte Psychoanalyse der Gruppe keine eigenen überregionalen Ausbildungsangebote organisiert hat, spielt sie heute in Deutschland nur eine geringe Rolle. Auch scheint sie sich für die Arbeit in klinischen Einrichtungen in ihrer stark regressionsfördernden Technik weniger zu eignen als für eine ambulante Behandlung. In Deutschland sind die Gruppenverfahren von FOULKES (1986, 1990a, 1990b) und HEIGL-EVERS und HEIGL (1973; HEIGL-EVERS et al. 1993;

KÖNIG u. LINDNER 1992) am meisten verbreitet. In dem Gruppenverfahren von FOULKES, das in England in der freien Praxis und in einem Militärkrankenhaus entwickelt wurde und dort vor allem in ambulanten Institutionen und Praxen angewandt wird, sehen seine Anwender ein psychoanalytisch-sozialpsychologisches Verfahren, das von FOULKES selbst (persönliche Mitteilung) als eine Alternative zur Psychoanalyse im klassischen Setting aufgefaßt wurde. FOULKES sagte, daß er Therapie durch die Gruppe betreibe. Ihm war es wichtig, das therapeutische Potential einer Gruppe zu nutzen, er selbst hielt sich eher zurück. Nach dem Konzept von FOULKES ist jedes Gruppenmitglied zugleich Therapeut, es kann alle Funktionen des Gruppenleiters übernehmen. Natürlich braucht es Zeit, diese Funktionen zu erlernen.

Die Gruppenanalyse nach FOULKES hat einen starken kulturkritischen Anspruch und sucht Verbreitung nicht nur in der Krankenbehandlung, sondern auch in der Institutionsberatung und an der Universitätsdidaktik. Ähnlich wie das in England von seiten der Psychoanalyse geschieht, wird auf den Grundberuf wenig Rücksicht genommen. Ein Gruppenanalytiker kann Arzt, Psychologe, Sozialarbeiter oder Pädagoge sein oder einen anderen Beruf haben, in dem er mit Menschen umgeht.

Das sogenannte Göttinger Modell nach HEIGL-EVERS und HEIGL ist in stationären psychotherapeutischen Einrichtungen entstanden, vorwiegend in der Fachklinik für neurotische und psychosomatische Erkrankungen Tiefenbrunn bei Göttingen. Weiterentwickelt wurde es auch an der Düsseldorfer psychosomatischen Universitätsklinik, an der Berliner psychiatrischen Klinik (RÜGER 1981) und an der Göttinger Universitätsabteilung für klinische Gruppenpsychotherapie (KÖNIG u. LINDNER 1992). Bei der Entwicklung des Göttinger Modells war es ein Ziel, Verfahren zu entwickeln, die den unterschiedlichen Bedürfnissen verschiedener Patientenkategorien angepaßt sind, während bei der FOULKESschen Gruppenanalyse der Leiter einer Gruppe seinen Interventionsstil an die Gruppenmitglieder anpaßt, aber im Grunde immer das gleiche, weitgefaßte Gesamtkonzept anwendet.

Im Göttinger Modell arbeitet man auf verschiedenen Regressionsebenen. Die tiefste Regression wird bei der *analytischen Gruppenpsychotherapie* angestrebt. In ihr kommt es auch zur stärksten Vereinheitlichung der Gruppe. Darin ähnelt es dem von ARGELANDER und OHLMEIER praktizierten Verfahren, das wiederum auf BION (1974) zurückgeht. Im Unterschied zu ARGELANDER werden aber die sogenannten lateralen Übertragungen, also die Übertragungen der Gruppenmitglieder aufeinander, bearbeitet, nicht nur die Übertragungen der Gesamtgruppe auf den Therapeuten. Auch die Übertragungen einzelner Gruppenmitglieder auf die Gesamtgruppe finden Beachtung und werden bearbeitet. Das führt zu dem Ergebnis, daß die Vereinheitlichung der Gruppe doch weniger ausgeprägt ist als bei ARGELANDER. Dieses Gruppenverfahren kommt in erster Linie für ich-starke Patienten in Betracht, man kann aber auch ein oder zwei Borderline-Patienten in der Gruppe haben, die durch die Feedbacks der übrigen Gruppenmitglieder stabilisiert und an die Realität herangeführt werden. Die Borderline-Patienten vertreten dann ein mehr regressives Denken, Fühlen und Phantasieren.

Bei Neurosekranken in der Klinik hat wahrscheinlich die *tiefenpsychologisch fundierte (analytisch orientierte)* Gruppentherapie das breiteste Anwendungsfeld. Indem der Therapeut mehr die Unterschiede anspricht als die Gemeinsamkeiten, wirkt er der natürlichen Regression in einer Gruppe entgegen. Die Beziehungsformen der Gruppenmitglieder untereinander und zum Gruppentherapeuten manifestieren sich deshalb eher in differenzierten und komplexen psychosozialen Kompromißbildungen als in den einfachen Grundeinstellungen nach BION (1974). Dieses Verfahren eignet sich sowohl zur Bearbeitung von Charakterneurosen als auch zur Bearbeitung von Symptomneurosen wie Phobien, Zwangsneurosen und neurotische Depressionen.

Weil die Regression geringer ist, kann sich der Patient auch leichter aus der Gruppe lösen, wenn es darum geht, daß er die Gruppe in der Klinik beendet und dann vielleicht bald entlassen wird. Durch die Feedbacks der Gruppenmitglieder werden Patienten, deren Kontakt zur Realität eingeschränkt ist, durch Hilfs-Ich-Funktionen unterstützt, die andere Gruppenmitglieder übernehmen. Wie in der analytischen Gruppe beschränkt sich der Therapeut in der Regel auf Konfrontation, Klärung und Deutung, wobei das, was er anspricht davon abhängt, wie tief die Gruppe regrediert und welches erkennbare Material er dann konfrontieren, klären und deuten kann.

Diese Therapieform war ursprünglich für Therapeuten mit dem sogenannten Psychotherapie-Zusatztitel gedacht, weil man davon ausging, daß sie mit der Regression weniger gut umgehen können als Psychoanalytiker. Tatsächlich ist es aber so, daß das Verfahren auch von Psychoanalytikern angewendet wird. Die Konzentration des therapeutischen Prozesses findet bei Psychotherapeuten mit dem Psychotherapie-Zusatztitel durch eine von vornherein geringere, dem Patienten in der Regel bekannte Zahl der Gruppensitzungen statt. Die geringere Zahl der Sitzungen kann sich regressionshemmend auswirken, während umgekehrt die größere Zahl der Gruppensitzungen bei Psychoanalytikern beziehungsweise Inhabern des Psychoanalyse-Zusatztitels die Regression begünstigt. Ein wesentliches Merkmal der tiefenpsychologisch fundierten analytisch orientierten Gruppentherapie ist die große Bedeutung, die den Übertragungen des einzelnen Gruppenmitglieds zuerkannt wird. Die einzelnen Gruppenmitglieder fühlen sich deshalb nicht so entindividualisiert wie bei Therapieverfahren, die nach den Konzepten von BION (1974) und auch von SUTHERLAND (1952, 1965, 1985) geführt werden. In diesem Zusammenhang kann man es als charakteristisch auffassen, daß nach einer Untersuchung von MALAN (1973) an der Tavistock-Klinik diejenigen Patienten von der Gruppentherapie nach dem Modell von BION und SUTHERLAND am meisten profitieren konnten, die vorher eine Einzeltherapie gehabt und dabei wahrscheinlich auch die Voraussetzungen dafür erworben hatten, Deutungen, die an die gesamte Gruppe gerichtet sind, für sich selbst aufzubereiten.

Weil die tiefenpsychologisch fundierte Gruppenpsychotherapie und die analytische Gruppenpsychotherapie des Göttinger Modells in Deutschland sehr verbreitet sind, ist der Übergang von einer klinischen Gruppenpsychotherapie in eine ambulante Gruppenpsychotherapie in der Regel leicht, wenn eine Indikation besteht und ein Behandlungsplatz gefunden wird. In dem Buch über die psychoanalytische Gruppentherapie (KÖNIG u. LINDNER 1992) bin ich darauf eingegangen, daß die Indikation für eine Gruppentherapie für einen Patienten in der Klinik gegeben sein kann, in der Ambulanz aber nicht; vor allem dann, wenn die Klinik als Schutzraum notwendig war und noch nicht entbehrt werden kann. Dann ist vielleicht eine Einzeltherapie günstiger (siehe dazu auch den Abschnitt über Arztbriefe).

Die sogenannte *psychoanalytisch-interaktionelle* Gruppentherapie des Göttinger Modells wird vor allem für Patienten mit ich-strukturellen Störungen empfohlen; für Borderline-Patienten, präpsychotische Patienten mit einer unklaren Trennung zwischen Selbst und Objekt und für Suchtkranke mit ich-strukturellen Störungen. (Es gibt auch Suchtkranke mit Angstkrankheiten und Depression. Für diese erscheint mir die tiefenpsychologisch fundierte Therapie geeigneter.)

Während sich die analytische und die analytisch orientierte Form des Göttinger Modells relativ ähnlich sind (KÖNIG et al. 1993), ist der Unterschied zwischen diesen beiden Verfahren und der psychoanalytisch-interaktionellen Form größer. Der Therapeut hält sich hier mit Deutungen zurück und gibt statt dessen »Antworten«. Wenn man einen Terminus benutzen will, der vor allem in den USA weite Verbreitung gefunden hat, kann man auch sagen, daß der Gruppentherapeut bei diesen Verfahren seine Transparenz erhöht. Er sagt zum Beispiel, wie er gefühlsmäßig auf einen Patienten reagiert. Das geschieht natürlich selektiv. Solche Mitteilungen haben nicht den Zweck, den Therapeuten emotional zu entlasten, sie sollen dem Patienten eine Orientierung geben. Ich-strukturell gestörte Patienten haben ja in der Regel keine reifen inneren Objekte, da die Konstitution solcher Objekte davon abhängt, daß ein reifes Selbst existiert. Die Entwicklung des Selbst wurde aber bei jenen Patienten in der Kindheit durch Störungen in der Interaktion mit den Pflegepersonen (zu wenig, zu viel, nicht den Bedürfnissen angepaßt) behindert. Unter den traumatischen Einflüssen der Beziehungsstörungen entwickelte sich ein unreifes Selbst, das die Beziehungspersonen in einer anderen, meist kindnäheren Weise erlebte, als dem Entwicklungsstand entsprach. Der Therapeut demonstriert mit seinen »Antworten« das Denken und Fühlen eines reiferen Objekts und wirkt der Tendenz des Patienten entgegen, die unreifen Objektbilder wahrnehmungssteuernd einzusetzen. So entstehen reifere innere Objekte, auf die ein Patient sich beziehen kann, wenn er Übertragungen entwickelt, die aus der früheren Kindheit stammen. Hat er keine reifen inneren Objekte, fehlen ihm die Referenzmodelle für eine realistischere Wahrnehmung. Er bleibt dann bei seinen Übertragungen. KERNBERG hat einmal in einer Diskussion gesagt: »So ein Patient sagt: Nun habe ich so einen Vater gehabt, und jetzt habe ich wieder genau so einen Therapeuten«.

Natürlich muß man sich klarmachen, daß in Gruppen, in denen die Patienten nicht oder nur wenig ich-strukturell gestört sind, Patienten diese Funktion wahrnehmen, wenn sie sich offen äußern. In Spezialstationen, auf die vor allem frühgestörte Patienten aufgenommen werden, oder in Tageskliniken, die meist Patienten behandeln, die den Übergang von einer stationären Einrichtung zum ambulanten Leben nicht mit einem Schritt bewältigen können, ist das »antwortende« Potential der Gruppenmitglieder aber zu gering. In einer homogenen frühgestörten Gruppe werden Deutungen aus den genannten Gründen meist noch nicht wirksam werden, sondern nur von einzelnen Patienten genutzt werden können. Die Patienten sind nicht in der Lage, einander Vorstellungen von reiferen Objekten zu vermitteln. Da ist ein Vorgehen, das dem psychoanalytisch-interaktionellen Konzept entspricht, sehr sinnvoll. Nach Möglichkeit sollte sich freilich eine mehr deutende Therapie anschließen. Für Suchtkliniken empfehle ich eine Mischung von tiefenpsychologisch fundierter (analytisch orientierter) und psychoanalytisch interaktioneller Gruppentherapie, auch weil sonst der Übergang zu einer ambulanten Gruppe, in der gedeutet wird, zu schwierig ist. Viele Gruppentherapeuten sind ohnehin sehr vorsichtig damit, sogenannte trockene Alkoholiker in ihre Gruppen aufzunehmen. Sie fürchten das Rezidiv.

Überhaupt ist das Göttinger Modell nicht so aufzufassen, daß man sich jeweils auf eines der genannten Verfahren begrenzt. Vielmehr soll jedes der drei Verfahren eine Basis bilden, von der man ausgeht. In einer psychoanalytisch-interaktionellen Gruppe wird man gelegentlich auch deuten, in einer tiefenpsychologisch fundierten Gruppe transparenter sein als in einer analytischen Gruppe, wo es darum geht, die Regression zu fördern und Übertragungen auf den Therapeuten dadurch anwachsen zu lassen, daß man über sich wenig sagt.

Ich selbst bin an der Weiterentwicklung, und dann auch an der Vermittlung des Göttinger Modells in Kursen beteiligt gewesen und noch beteiligt. In den letzten 20 Jahren habe ich aber auch FOULKESsche Formen der *Gruppenanalyse* gründlich kennengelernt, vor allem in den Workshops der Londoner Group Analytic Society, wobei ich jedesmal Gelegenheit hatte, einen anderen Gruppenleiter kennenzulernen. Bei allen theoretischen Unterschieden ähneln sich die Gruppenanalysen und die mittlere, tiefenpsychologisch fundierte (analytisch orientierte) Form des Göttinger Modells doch sehr. Tatsächlich fand ich die Unterschiede im Therapeutenverhalten mehr durch die Persönlichkeit des Therapeuten bestimmt als durch sein Konzept; dies im Vergleich der in London kennengelernten Gruppenleiter mit den Gruppenleitern, die ich in der Gruppentherapie des Göttinger Modells supervidiert habe oder die ich in ihrer Arbeit kennenlernte, als sie in unseren Kursen Patientengruppen demonstrierten.

Das ist im Grunde kein Wunder, weil es sich in beiden Fällen um eine Kombination psychoanalytischer und sozialpsychologischer Konzepte handelt. Von der FOULKESschen Gruppenanalyse habe ich in meiner Arbeit vor allem das Bestreben übernommen, das therapeutische Potential der Gruppe zu fördern, obwohl ich in den Gruppen sicher aktiver bin, als FOULKES es anscheinend war.

Ich glaube, man kann guten Gewissens den Rat geben, daß die Assistenten einer Klinik ihre Gruppenausbildung dort machen sollten, wo persönliche Vorlieben sie hinführen, wobei praktische Dinge, wie die Länge des Anreiseweges, auch zu berücksichtigen sind. Dem Göttinger Modell, deren Begründer stark auf Krankenhausbehandlung ausgerichtet sind, fehlt vielleicht das breite sozialpsychologische und allgemein gesellschaftliche Interesse, wie FOULKES es im Kontakt mit den Begründern der später sogenannten Frankfurter Schule entwickelt hat; den Ausbildern des FOULKESschen Modells fehlen nach meinen Beobachtungen die im Göttinger Modell stark entwickelte und ausdifferenzierte Praxis der Widerstandsbearbeitung und die differenzierte Indikationsstellung. Wahrscheinlich hängt Ersteres mit einem MELANIE KLEINschen Einfluß zusammen. MELANIE KLEINsche Analytiker bearbeiten den Widerstand ja wenig, sie überbrücken ihn durch eine formalisierte Metaphorik, indem sie mit dem Patienten von »Brust«, »Mutterleib«, »Penis des Vaters« und so weiter sprechen.

Es ist meines Erachtens noch unentschieden, ob die Anwendung einer metaphorischen Sprache die therapeutischen Ergebnisse verbessert oder nicht. Sicher besteht die Gefahr, daß man in einer eigenen Sprachwelt steckenbleibt und der Transfer ins Alltagsleben dadurch behindert wird.

Ob *offene* oder *geschlossene* Gruppen in einer Klinik günstiger sind, ist heute umstritten. In der ambulanten Praxis werden Gruppen meist nur dann geschlossen geführt, wenn sie, auch infolge der Begrenzungen durch die Kassenregelungen, ein bis zwei Jahre dauern sollen. Gruppen, an denen der Patient länger teilnimmt (zwei bis drei Jahre oder mehr) laufen im allgemeinen als sogenannte halboffene (slow open) Gruppen. Freiwerdende Plätze werden durch neue Patienten besetzt.

Länger dauernde Gruppen verlieren mit der Zeit oft Mitglieder, so daß eine Gruppe, die mit acht oder neun Teilnehmern begonnen hat, dann unter Umständen mit fünf oder gar nur vier Teilnehmern aufhört. Es kann zu einer »Flucht in die Gesundheit« kommen, die Lebensumstände eines Patienten können sich ändern, zum Beispiel, wenn eine Beziehung auseinandergeht oder eine neue Beziehung geschlossen wird. Aus Gründen, die der Patient nicht zu vertreten hat, kann ein Umzug in eine andere Stadt notwendig werden. Die Indikation kann sich trotz sorgfältiger Voruntersuchung als nicht passend herausstellen.

An Kliniken rechnet man nun mit wesentlich kürzeren Behandlungszeiten, im allgemeinen sechs Wochen bis sechs Monate, selten bis zu einem Jahr und länger. Gerade, weil die Behandlungszeiten so kurz sind, wäre eine geschlossene Form der Gruppe günstig. Es läßt sich leicht ausrechnen, daß bei kurzen stationären Behandlungszeiten der Wechsel in der Gruppe viel größer ist als in einer Gruppe, in der die Patienten ein bis drei Jahre bleiben.

Geschlossene Gruppen sind in einer Klinik aber nur dann möglich, wenn sie viele Betten hat. Sonst wird die Wartezeit auf eine geschlossene Gruppe zu lang.

Man muß sich überlegen, was für einen Patienten das Beste ist, wenn man seine Krankheit, seine Motivation und seine soziale Situation in Rechnung stellt, ebenso natürlich wie seine gesunden Persönlichkeitsanteile, die er in der Therapie einsetzen kann.

Verlaufsuntersuchungen (z.B. LUBORSKY et al. 1988) haben für die ambulante Psychotherapie gezeigt, daß die von Anbeginn gesündesten Patienten in ihrer Therapie am weitesten kommen, während bei den schwerer kranken Patienten, die in der Therapie zurückgelegte »Strekke« kürzer ist, so daß man bei vielen schon von vornherein damit rechnen muß, daß keine vollständige Heilung erreicht werden kann. Es ist ja einer der Gründe für die Existenzberechtigung einer stationären Psychotherapie, daß gerade auch für diese Patienten durch ein vielfältiges und intensiv eingesetztes therapeutisches Angebot bessere Ergebnisse erreicht werden. Jedenfalls sind aber leere Wartezeiten von Übel, auch wenn sie »zur Überbrückung« mit einzeltherapeutischen Angeboten, balneologischen Maßnahmen oder anderem ausgefüllt werden können, die aber nicht das für den Patienten Günstigste darstellen.

Andererseits wirkt sich das, was LINDNER (in KÖNIG u. LINDNER 1992, S. 181) eine »permanente Bahnhofsatmosphäre« genannt hat, auf die Kohäsion einer Gruppe nicht günstig aus. Die Patienten sind selbst nicht lange in der Gruppe und müssen sich immer wieder an neu hinzugekommene Gruppenmitglieder gewöhnen oder Abschiede verkraften, was erklärt, daß eine ganze Reihe von Patienten, vor allem natürlich depressiv strukturierte, sich auf die Gruppe nicht einlassen mögen. Die Effizienz einer Gruppentherapie kann dann gering werden; man hat aber keine andere Wahl, wenn die Gruppenbehandlungsdauer nur sechs oder acht Wochen beträgt.

Bei halboffenen Gruppen in Kliniken mit relativ kurzer Behandlungszeit sollte man sich die Ziele überlegen, die unter den gegebenen Umständen erreichbar sind. Zum Beispiel kann der Therapeut überlegen, ob er das Kommen und Gehen in der Gruppe eher als naturgegeben hinstellen und in seiner Bedeutung als Hemmnis des psychotherapeutischen Arbeitens herunterspielen soll, nach dem Motto: »Das sind die Arbeitsbedingungen, unter diesen Bedingungen müssen wir arbeiten und das Beste draus machen«, oder ob er das Kommen und Gehen zu einem Hauptthema der Gruppe machen soll, indem er die Schwierigkeiten des Sich-Eingewöhnens und des Abschieds bearbeitet.

Nach meinen Erfahrungen kommt die therapeutische Arbeit in

Gruppen durch eine Betonung der Abschiede leicht zum Erliegen. Es breitet sich eine depressive und initiativlose Stimmung aus. Viele Patienten sind nicht in der Lage, zu trauern, sie werden depressiv – und auch Trauern braucht ja seine Zeit. Ich gebe deshalb meist den Rat, daß die Trennung unter dem Aspekt des Übergangs, des Neuanfangs bearbeitet werden sollte. Schließlich sterben diejenigen, die eine Gruppe verlassen, ja nicht. Sie kehren in ihr Alltagsleben zurück. Wahrscheinlich werden die Gruppenmitglieder einander nicht wiedersehen. Wenn sie es wirklich wollen, können sie das aber arrangieren. Das Problem sind die Übertragungen früherer Trennungserfahrungen auf die Trennungssituationen der Gruppe. Das sollte angesprochen werden, wobei die Wut über die Trennung nicht auszulassen ist, gleichzeitig können aber auch die Aspekte des Übergangs (vielleicht nicht unter optimalen Bedingungen) bearbeitet werden, mit ihren Hoffnungen und Ängsten.

Die neu hinzukommenden Patienten finden sich besonders dann in einer Gruppe gut zurecht, wenn sie dort Vertrautheitsgefühle entwickeln können und wenn sie insgesamt dem stationären Aufenthalt in seinen verschiedenen Aspekten positiv gegenüberstehen.

Der Therapeut sollte darauf achten, daß ein Neuankömmling nicht ignoriert wird. Passiert das, sollte er es ansprechen. Der Patient sollte die Gelegenheit haben, ein paar Worte zu sagen und sich dann zurückzuziehen, um zu beobachten, wie es in der Gruppe zugeht. Nach einiger Zeit kann der Therapeut dann, wenn der Patient nicht von selbst zu sprechen anfängt, ihn damit konfrontieren, oder aber nonverbale Signale beschreiben, die der Patient aussendet – zum Beispiel, wenn er sich ein Stück weit aus dem Gruppenkreis zurücksetzt. Dabei gelten die üblichen Regeln beim Ansprechen nonverbalen Verhaltens (KÖNIG u. LINDNER 1992), insbesondere die Regel, daß man beim Ansprechen von allem, was unter der Gürtellinie liegt, also auch der Stellung und Haltung der Beine, vorsichtig sein soll und im allgemeinen nur ein Verhalten ansprechen sollte, von dem allgemein bekannt ist, daß es etwas ausdrückt. Nützlich kann zum Beispiel sein, wenn man den Gesichtsausdruck eines Patienten beschreibt: interessiert, belustigt, ärgerlich, skeptisch und so weiter. Die Aktivität des Therapeuten sollte sich in erster Linie darauf konzentrieren, den Teilnehmern eine aktive Gruppenteilnahme zu ermöglichen.

Andernorts (z.B. KÖNIG u. LINDNER 1992) habe ich aber dargelegt, daß manche schizoiden Patienten schweigend an der Gruppe teilnehmen und dies von den Gruppen auch toleriert wird und daß sie dabei eine Menge profitieren können.

Gruppen mit kurzen Teilnahmezeiten entwickeln meist wenig eigene therapeutische Kompetenz. Besonders im Konfrontieren und im Bearbeiten der Widerstände muß der Therapeut in der Klinik mehr tun als in Gruppen, in denen die Patienten länger bleiben und immer einige da sind, die schon eine gewisse therapeutische Kompetenz erlangt haben.

Dabei ist freilich die Toleranzgrenze der Gruppenmitglieder zu beachten. Es handelt sich nicht darum, daß in den Kurzgruppen in einer Klinik *insgesamt mehr an Widerstand rascher* angesprochen wird, sondern daß der Therapeut die fehlende Kapazität der Gruppenmitglieder, das selbst zu tun, ersetzen muß. Freilich kann sich der Gruppentherapeut darauf verlassen, daß eine Konfliktmobilisierung in der Klinik leichter aufgefangen wird als im ambulanten Setting. Kommt es aber nicht zu einer starken Konfliktmobilisierung, sondern wird der angesprochene Widerstand lediglich durch einen anderen ersetzt, verlangsamt das den Gruppenprozeß. In der Gruppe geschieht weniger, als wenn der Therapeut diesseits der Toleranzgrenze aller Gruppenmitglieder geblieben wäre.

Die Toleranzgrenze ist für die einzelnen Gruppenteilnehmer natürlich verschieden, und man braucht eine gewisse Zeit, um sie kennenzulernen. Gruppentherapeuten mit viel Erfahrung machen sich meist schon ein recht zutreffendes Bild von der Toleranzgrenze, wenn sie den Patienten vor Beginn einer Gruppe in einem Einzelgespräch sehen. Unerfahrene Gruppentherapeuten brauchen länger.

Ein Problem von Ganzgruppendeutungen ist natürlich, daß man sie den unterschiedlichen Toleranzgrenzen und Widerständen der einzelnen Gruppenmitglieder nicht anpassen kann. Da für die einzelnen Gruppenmitglieder oft eine Übersetzungsarbeit nötig ist, um aus der Gruppendeutung etwas zu machen, das sie persönlich angeht und das sie verwenden können, treten Widerstände bei einem Überschreiten der Toleranzgrenze meist in diesem Übersetzungsbereich ein. Der Patient hat den Eindruck, daß die Gesamtgruppendeutung ihn nichts angeht, vielleicht auch schlicht unsinnig ist. Das stärkt natürlich nicht seine Bereitschaft zur Mitarbeit. Bei der nächsten Gesamtgruppendeutung erwartet er vielleicht schon, daß es ihn »wieder nichts angehen« wird.

Gerade wenn man die Toleranzgrenzen der einzelnen Patienten nicht kennt, ist es wohl insgesamt günstiger, wenn man mit Einzeldeutungen arbeitet, freilich auf dem Hintergrund eines Verständnisses der Situation in der gesamten Gruppe. Oft kann man über mehrere Einzeldeutungen zu einer Gesamtgruppendeutung kommen. Die Patienten verstehen dann meist besser, wie man dazu gelangt, und können die Gesamtgruppendeutung besser akzeptieren (KÖNIG 1991b).

Meines Erachtens ist es jedenfalls besser, in der Gruppe Einzeldeutungen zu geben und nicht zu einer Gruppendeutung zu gelangen, als stumm zu warten, bis man genügend Material gesammelt hat, um eine Gesamtgruppendeutung zu geben und diese dann erst gegen Ende der Gruppensitzung »loszulassen«, so daß sie von den Gruppenmitgliedern nicht mehr besprochen und verarbeitet werden kann – oder gar die Gruppensitzung zu beenden, ohne etwas gesagt zu haben.

Anfängern empfehle ich, sich auf das Klarifizieren zu verlegen. Konfrontation und Klarifizierung sind relativ »sichere« Interventionen, die freilich Takt und auch zwischenmenschliche Erfahrung erfordern, wie sie jungen Assistenzärzten nicht immer zur Verfügung steht.

Ich meine nicht, daß Deutungen in einer Gruppe immer schwer zu finden sein müssen. Vor allem Einzeldeutungen findet selbst der gebildete Laie oft relativ leicht. Die Frage ist nur, ob sie passen: nicht nur inhaltlich, sondern auch zeitlich und in der Dosierung. Vielleicht wäre die gleiche Deutung, früher oder später gegeben und anders formuliert, durchaus wirksam gewesen, kommt aber in einer für den Patienten nicht akzeptablen Formulierung oder zu einem ungeeigneten Zeitpunkt.

Während in einer Klinik mit vielen Betten und langen Behandlungszeiten die geschlossenen Gruppen meist so gelegt werden können, daß der Therapeut eine begonnene Gruppe auch zu Ende führen kann, wenn er nicht zwischendurch erkrankt, müssen die Leiter halboffener Gruppen in Kliniken mit relativ kurzer Behandlungszeit durch einen anderen Therapeuten vertreten werden, wenn sie beispielsweise in Urlaub gehen.

Das ist in offenen Gruppen meist kein so großes Problem wie bei einer geschlossenen Gruppe. Der Wechsel des Therapeuten ruft nicht so frühe und tiefe Verlassenheitsängste wach, weil die Patienten sich auf ihn weniger eingelassen haben. Dennoch kann es passieren, daß der vertretende Therapeut die Aggressionen der Gruppe mitbekommt, die eigentlich dem Verlassenden, dem Therapeuten, der die Gruppe vorher geleitet hat, gelten und auf den Vertreter verschoben werden. Für den Vertreter ist es wichtig, das zu wissen. Ob er es deutet, ist eine andere Frage. Manchmal sind Bemerkungen nützlich wie: »Die Therapeuten sind so oder so«, womit man den abwesenden Therapeuten miteinbezieht. Es ist natürlich schwierig, wenn der abwesende Therapeut als gut, die Vertretung aber als schlecht hingestellt wird. Dann kann man so etwas sagen wie »Ich bin ein schlechter Ersatz«. Manchmal kommen dann Erfahrungen im Umgang mit Ersatzeltern ins Gespräch. In einer ambulanten Gruppe gibt es in der Regel keine Vertretungen. Die Gruppenmitglieder bleiben während der Ferien des Therapeuten ihrem Arbeitsplatz und ihrer Familie nicht fern, wie das in einer Klinik der Fall ist, und die Kostenträger brauchen für die Zeit der ausgefallenen Gruppensitzungen nichts zu bezahlen.

Stationsgruppen, an denen die Patienten und das Team teilnehmen, haben meist deutlich mehr als 12 Teilnehmer. Da wird man mit Regeln arbeiten müssen, zum Beispiel mit den Regeln der themenzentrierten Interaktion (COHN 1984), die eine gewisse Strukturierung bringen und das Verhalten in der Gruppe ein Stück weit formalisieren. Wie an anderer Stelle in diesem Buch dargestellt, führen unstrukturierte Großgruppen zu starken Regressionen, mit denen oft schwer umzugehen ist. In den Stationsgruppen auf einer psychiatrischen Station spielen die Regeln des Zusammenlebens oft eine große Rolle, besonders wenn der Anteil von Patienten hoch ist, die Alltagskonventionen nicht einhalten. Hier erscheint es mir wichtig, festzuhalten, daß der Schutzcharakter aller Regeln und Vereinbarungen auf der einen Seite und die Einschränkung der Handlungsspielräume durch die Regeln auf der anderen Seite dem Stationsgruppenleiter immer präsent sein sollten. Zwischen dem Schützenden und dem Hemmenden sollte ein optimaler Kompromiß angestrebt werden. Auf die geltenden Regeln muß immer wieder hingewiesen werden. Sie werden »vergessen«, oder neu aufgenommene Patienten kennen sie noch nicht. In Sitzungen, die durch einen Supervisor geleitet werden, oder in Sitzungen, die der Stationsarzt oder ein Oberarzt leitet, geht es, besonders in der Psychiatrie, oft um Konsensbildung über die Regeln, wobei ein vollständiger Konsens in der Regel nicht erreicht werden kann. Hier ist es notwendig, deutlich zu machen, daß die Regeln zwar nicht völlig einheitlich vertreten und interpretiert werden können, daß aber ein Grundkonsens nötig ist, wenn es nicht dazu kommen soll, daß Patienten die Teammitglieder gegeneinander ausspielen oder Teammitglieder Patienten gegen andere Teammitglieder ausspielen.

Von Regeln, die über einen längeren Zeitraum gelten, sind Absprachen zu unterscheiden. Auch im Alltagsleben ist ja nicht alles durch Gesetze und Konventionen geregelt, manches muß von Fall zu Fall vereinbart werden, wobei Interessenkonflikte oft eine Rolle spielen. Die Patienten haben ein Interesse daran, gesund zu werden, aber auch ein Interesse daran, nicht zu viele Unannehmlichkeiten in Kauf nehmen zu müssen. Die Teammitglieder haben ebenfalls ein Interesse daran, daß es den Patienten besser geht, aber auch ein Interesse daran, selbst nicht allzu viele Unannehmlichkeiten in Kauf nehmen zu müssen. Die Ausübung der therapeutischen Arbeit erzeugt auch Funktionslust, und es ist gut, wenn die Patienten an der Freude am therapeutischen Arbeiten teilhaben können.

Während *schizophrene* Patienten, mit Ausnahme der paranoid-aggressiven Krankheitsbilder, in der Regel in Ruhe gelassen und wenig aktiv angesprochen werden, stellen *manische* Patienten natürlich ein großes Problem dar. Bei einer rückläufigen Manie kann Feedback nützlich sein. Bei *depressiven* Patienten kann es manchmal nötig sein, daß man sie in Ruhe läßt und schweigend da sein läßt. Patienten mit leichteren Depressionen sollten aber angesprochen werden, wenn sie sich habituell zurückhalten. Die Zurückhaltung Depressiver hat ihren Grund oft nicht nur in Initiativmangel, sondern auch in der Befürchtung, mit den eigenen Problemen den anderen lästig zu fallen. *Formale Denkstörungen* werden von den Mitpatienten in der Regel nicht angesprochen, sondern toleriert. Es hat auch wenig Sinn, wenn ein Mitglied des therapeutischen Teams sie anspricht.

Ein Arbeiten an den *Ich-Funktionen* (BELLAK et al. 1973) kann in den psychiatrischen Stationsgruppen versucht werden, man darf sich bezüglich der Ergebnisse während eines kurzen stationären Aufenthaltes aber nicht allzu hohe Ziele setzen. Unter den Ich-Funktionen, die in einer Stationsgruppe bearbeitet werden können, sind die Realitätsprüfung, die Antizipation und das Urteilen, Affekt- und Impulskontrolle, Frustrationstoleranz, das Aufnehmen und Aufrechterhalten von Beziehungen, und die Abwehrmechanismen, besonders die projektive Identifizierung zu nennen. Besonders beim Regulieren von Beziehungen kann es Aufgabe des Therapeuten sein, schützend einzugreifen, zum Beispiel indem er sagt, daß ihm an der Stelle eines Patienten das Verhalten eines anderen Patienten stören würde oder daß er an dessen Stelle jetzt einfach seine Ruhe haben möchte. Die Arbeit an den Ich-Funktionen muß sich nicht immer nur auf das Hier und Jetzt beziehen, man kann auch, zunächst meist substituierend, auf Ich-Funktionen eingehen, wenn Patienten über den Umgang mit Angehörigen oder Arbeitskollegen berichten. Dabei ist allerdings immer zu beachten, daß zwischen der Situation, in der ein Patient sich befindet, und dem persönlich gefärbten Reagieren in dieser Situation zu unterscheiden ist. Viele Patienten sind nicht in der Lage, so zu reagieren, wie ein Therapeut reagieren würde, und sind auch nicht in einer analogen sozialen Situation.

Zu Stationsgruppen gehört in der Regel eine Vorbesprechung, bei der sich das Team darüber austauscht, was auf der Station anliegt und was man vielleicht selbst ansprechen möchte. Ebenso gehört zur Stationsgruppe eine Nachbesprechung, bei der die Vorgänge in der Stationsgruppe ausgewertet werden. Dazu gehört, daß man versucht, sie noch besser zu verstehen und sich überlegt, welche Konsequenzen auf der Handlungsebene gezogen werden sollten. Auch hier geht es dann oft um die »Regeln« auf einer Station. Die Nachbesprechungen haben auch die Funktion, die Kompetenz der Teammitglieder im Verstehen der Patienten und im Umgang mit ihnen zu erhöhen, insofern dienen sie der Fortbildung und Weiterbildung der Teammitglieder in ihrem Beruf.

Hier wie überall gilt freilich, daß es leichter ist, von jemandem zu lernen, der bereits über Kompetenzen verfügt, als gewissermaßen das Rad neu zu erfinden. Durch die Teilnahme an Fortbildungs- und Weiterbildungsveranstaltungen in therapeutischen Gruppenverfahren können die Kompetenzen von Ausbildern außerhalb einer Klinik für die Klinik nutzbar gemacht werden.

Feedback

Unter Feedback verstehe ich hier, daß eine Person Beobachtungen, die sie an einer anderen Person macht, dieser anderen Person mitteilt. Das Feedback kann rein beschreibend sein; der Feedback-Geber beschreibt dann, was er wahrnimmt, und behält seine Reaktion auf das Wahrgenommene bei sich. In dieser Funktion kann die Feedback-gebende Person auch durch ein technisches Gerät ersetzt werden, z.B. durch eine Videokamera zusammen mit eine Registrier- und Abspielgerät.

Gibt eine Person das Feedback, wird sie meist ihre Bewertung dessen, was sie beobachtet und gehört hat, wenn nicht in Worten ausdrücken, so doch signalisieren: durch Mimik, Gestik und Ton der Stimme. Zum Training eines Psychotherapeuten gehört, daß er es lernt, Bewertungen aus einem Feedback herauszuhalten. Darin können ihn zum Beispiel Patienten in einer Gruppe nachahmen, was nicht immer erwünscht ist, da gerade die Bewertungen und auch die Gefühlsreaktionen des Feedback-Gebers für den Feedback-Empfänger wichtig sein können. Der Therapeut hält sich zurück, wenn er der Ansicht ist, daß eine nicht bewertende Einstellung und ein Nicht-Mitteilen der Gefühlsreaktion zu seiner Rolle gehört.

Diese Rollenvorschrift hat den Zweck, der Entwicklung von Übertragungen einen möglichst großen Spielraum zu geben. Man ist heute allerdings der Meinung, daß auch ein neutral wirkender Therapeut einen Übertragungsauslöser darstellt, zum Beispiel kann er an ein Elternteil erinnern, das sich gleichgültig verhielt. Patienten gehen aber meist davon aus, daß der Therapeut sich neutral *verhält*, und phantasieren dann unter dem neutralen Verhalten verborgene Gefühlsreaktionen.

Der Therapeut verhält sich auch deshalb meist neutral, weil eine negative oder positive Bewertung, eine aggressive oder freudige Gefühlsreaktion aus einer überhöhten Übertragungsposition heraus auf Patienten zu starke, von vornherein schwer abzuschätzende Auswirkungen haben könnte. Zum Beispiel kann sich ein Patient total abgelehnt fühlen, wenn der Therapeut zeigt, daß er auf ihn auch nur etwas ärgerlich ist. Etwas anderes ist es, wenn der Therapeut seine Gefühlsreaktionen *häufig* mitteilt, wie beim Arbeiten nach dem psychoanalytisch-interaktionellen Konzept.

In der psychoanalytischen Therapie nennt man ein Feedback durch den Therapeuten auch *Konfrontation*. Im Alltagsleben stellt man sich unter Konfrontation meist eine aggressive Gegenüberstellung vor, zum Beispiel zwischen zwei Ländern, die sich in einem Interessenkonflikt befinden. Eine solche Konfrontation beinhaltet die Möglichkeit einer aggressiven Auseinandersetzung, bis hin zum Krieg. Natürlich kann sich in der Konfrontation durch einen Therapeuten auch dessen Aggressivität ausdrücken. Im allgemeinen wird davor gewarnt, einen Patienten zu konfrontieren, wenn man sich ihm gegenüber aggressiv fühlt, sondern mit der Konfrontation zu warten, bis man die aggressiven Gefühle verstanden hat, worauf sie meist – freilich nicht immer – abklingen.

Eine therapeutische Konfrontation weist den Patienten auf bestimmte Verhaltensweisen hin, an denen er arbeiten soll. Er soll sich überlegen, warum er sich so verhalten hat, er soll nach den Motiven seines Verhaltens suchen. Oft ist es schon therapeutisch wirksam, daß jemand überhaupt erkennt, wie er sich verhält. Die meisten Menschen reagieren ja auf eine Videoaufnahme und schon auf eine Tonbandaufnahme mit Verwunderung, manchmal mit Erschrecken. Die eigene Stimme klingt anders, aber auch das Sprechtempo ist anders, als man es sich vorgestellt hat, und die Stimmung, die durch die eigene Stimme vermittelt wird, ist nicht immer diejenige, die man selbst wahrgenommen hat. Beim Video wundert sich der Aufgenommene über die Bewegungsabläufe, über die Körperhaltung und über die Mimik. Man kann grundsätzlich sagen, daß die meisten Menschen von Beobachtern in irgendeiner Weise anders gesehen und gehört werden, als sie sich selbst sehen und hören. Ein audiovisuelles Feedback dient in der Psychotherapie nicht einfach der Umerziehung, wie dies vielleicht beim Training von Verkäufern oder ähnlichem beabsichtigt ist. Vielmehr soll es zum Erforschen eigener Motive anregen.

Während ein Video-Feedback meist ohne weiteres als objektiv angesehen wird, vor allem, wenn die Kamera feststeht, so daß Einflüsse durch die Kameraführung entfallen, kann natürlich kein Mensch sicher sein, daß *eine andere Person* ihn objektiv sieht. Tatsächlich muß man von vornherein erwarten, daß die Wahrnehmung des anderen durch subjektive Faktoren beeinflußt ist. Das läßt sich gut in therapeutischen Gruppen beobachten, wenn mehrere Gruppenmitglieder oder einer Untergruppe Stellung nehmen. Auch die vielen Untersuchungen über Zeugenberichte weisen in diese Richtung. Ein Feedback wird nicht richtiger oder zutreffender, wenn sich mehrere darin einig sind. »Zeugen« können sich gegenseitig beeinflussen. Immer spielen bei der Einschätzung anderer eigene Gefühlsreaktionen eine Rolle, wie dies zum Beispiel in dem berühmten Film: »Die zwölf Geschworenen« gezeigt wird, wo ein einzelner Geschworener durch seine Überzeugungskraft und seinen Einsatz in den Diskussionen über ein Urteil die Meinung der anderen elf Geschworenen völlig umkehrt.

Ich halte es für gut, Patienten in einer Psychotherapie klar zu machen, daß ein Feedback niemals als »objektive Wahrheit« genommen werden sollte, sondern als eine Anregung zum Nachdenken darüber, wie und warum man sich so verhalten hat, daß ein bestimmtes anderes Individuum diese Beobachtungen machen konnte und gerade so auf einen reagierte.

Dabei kann der Patient davon ausgehen, daß sein Therapeut sich um Objektivität *bemüht*, nicht aber daß er sie erreicht. Immerhin wird der Patient beobachten können, daß Feedbacks des Therapeuten meist objektiver sind als Feedbacks von Gruppenmitgliedern.

Überlegungen zum Feedback in Gruppen sind für die Arbeit in der stationären Psychotherapie wichtig, weil die Gruppentherapie in fast allen stationären Einrichtungen eine herausragende Stellung unter den angewandten therapeutischen Verfahren einnimmt. Überlegungen zum Feedback sind aber auch deshalb wichtig, weil die Patienten im Unterschied zur ambulanten Gruppentherapie außerhalb der Sitzung miteinander reden, nicht nur nach der einen Gruppensitzung pro Woche bei einem Bier, sondern zwischen den drei- oder vierwöchentlichen Gruppensitzungen zu verschiedenen Zeiten des Tages. Sie leben ja in der gleichen Klinik. Da bleibt es nicht aus, und im Grunde ist es erwünscht, daß die Patienten auch außerhalb der Gruppensitzungen einander Feedback geben. Wie auch schon in den Gruppen, werden sie Objektivität dabei nicht immer anstreben. Manchmal hat ein Feedback ja auch die Funktion, den anderen klein zu machen, zu verunsichern, zu entwerten. Immerhin sollten die Patienten aber am Vorbild des Therapeuten gelernt haben, daß man Feedback auch geben kann, um anderen zu nützen, und andere um Feedback bitten kann, weil man erwartet, daß es einem nützen wird.

Im Krankenhaus Tiefenbrunn gab es früher einmal einen Passus in der Hausordnung, der den Patienten dringend davon abriet, miteinander über ihre Krankheit zu sprechen. Offenbar hatte man Angst davor, daß sich die Patienten gegenseitig überlasten. Zu jener Zeit rieten auch viele Psychoanalytiker den Patienten davon ab, mit irgend jemandem über ihre Krankheit zu sprechen, weil daraus eine sogenannte Nebenanalyse entstehen könnte. Man wünschte, alles Sprechen über die Krankheit in den Analysestunden zu konzentrieren. Heute ist man da lockerer geworden. Das hat sicher auch mit Veränderungen der gesellschaftlichen Verhältnisse zu tun, zum Beispiel mit den Veränderungen in Paarbeziehungen. Heute machen Partner sehr viel mehr miteinander, während sie noch zu FREUDS Zeiten jeder in seiner eigenen Welt lebten, der Welt der Männer und der Welt der Frauen, und in Gesprächen weniger Berührungspunkte hatten. Da erschien es natürlich, bestimmte Dinge aus diesen Gesprächen auszugrenzen, die in eine »andere Welt« gehörten. Heute überschneiden sich »die Welten« von Männern und Frauen; auch deshalb, weil sie mit der zunehmenden Berufstätigkeit der Frauen viel ähnlicher geworden sind.

In einer Klinik finden heute viele »Nebenanalysen« statt. Im Rahmen der stationären Psychotherapie erhalten sie eine Funktion, nämlich die Funktion des Durcharbeitens, worin ein Patient sich von einem anderen unterstützen lassen kann, mit dem er auch neue Verhaltensweisen ausprobiert, und das nicht nur während der therapeutischen Sitzungen. Das heißt nicht, daß die negativen Effekte bei einer »Nebenanalyse« nicht mehr auftreten. Man nimmt nur an, daß sie durch die positiven Effekte von Patientengesprächen aufgewogen werden.

In den therapeutischen Sitzungen lernen die Patienten auch, worauf es in der Therapie ankommt. Indem der Therapeut in den Erzählungen der Patienten das, was mit den Konflikten zu tun hat, auf dem ein

Symptom basiert, eher aufgreift als die Beschreibung des Symptoms selbst, richtet er die Aufmerksamkeit der Patienten auf die zugrunde liegende Psychodynamik. Gleichzeitig sollte ein Therapeut den Patienten aber während der diagnostischen Gespräche vermittelt haben, daß man die Symptome ernst nimmt und daran arbeiten will, sie zu mindern oder zum Verschwinden zu bringen, daß dies aber nicht durch eine direkte Beschäftigung mit dem Symptom selbst geschehen könne.

Bekanntlich erhalten Symptome oft eine Funktion im Sinne des sekundären Krankheitsgewinns. Dadurch werden sie stabilisiert. Systemische Formen der Psychotherapie beschäftigen sich fast ausschließlich mit der Funktion von Symptomen im sozialen Feld, nicht mit ihren psychodynamischen Ursachen, und erreichen dadurch erhebliche Besserungen. Seiner sekundären Funktion beraubt, trocknet ein Symptom oft gleichsam aus. Man muß sich darüber im klaren sein, daß die Situation, in der ein Symptom auftrat, sich inzwischen erheblich geändert haben kann, so daß das Symptom seine eigentliche Funktion, bezogen auf die auslösende Situation, nicht mehr besitzt. Die Versuchung, die den Triebdruck steigerte, die Versagung, die Triebabfuhr verhinderte und dadurch ebenfalls den Triebdruck steigerte, müssen nicht mehr bestehen. Ein Patient, der erkrankte, als er eine wesentliche Beziehungsperson verlor (zum Beispiel ein Angstkranker, der eine Schutzfigur verlor oder ein Depressiver, der einen wichtigen Menschen verlor, von dem er sich existentiell abhängig fühlte) kann neue Beziehungen eingegangen sein oder sich so weiterentwickelt haben, daß er von anderen Menschen nicht mehr in gleich hohem Maße abhängig ist. Es kommt aber oft nicht zur spontanen Remission, weil das Symptom eine neue Funktion übernommen hat; zum Beispiel die Funktion, einen Partner an sich zu binden, der als neue Schutzfigur fungiert, die Funktion, Angehörige dazu zu zwingen, sich um einen zu kümmern, oder schlicht die Funktion, zu bewirken, daß man für den Therapeuten interessanter ist als ein Mensch ohne Symptome, weshalb das Symptom beibehalten werden muß, um den Therapeuten nicht zu verlieren.

Andererseits machen Patienten sich oft Illusionen über positive Auswirkungen ihrer Symptome. Eine Frau kann der Meinung sein, ihr Mann begleite sie gern zum Einkaufen (weil sie sonst ja Angst bekommt und nicht einkaufen kann), obwohl es ihm in Wahrheit lästig ist, oder ein depressiver Mann kann glauben, jemand kümmere sich gern um ihn, obwohl die betreffende Person sich nur um ihn kümmert, weil er dann weniger klagt.

Natürlich ist es richtig, daß Therapien zu Ende gehen, wenn ein Patient seine Symptome verliert. Der Patient irrt sich aber meist, wenn er annimmt, daß der Therapeut sich für ihn nur wegen seiner Symptome und nicht auch für ihn als Person interessiert. Illusionen oder Befürchtungen über die Auswirkungen einer Symptomatik können dadurch in Frage gestellt werden, daß die Menschen, die mit dem Patienten umgehen, ihm sagen, was sie wirklich fühlen. Enge Familienangehörige halten sich oft mit der Wahrheit zurück, weil sie fürchten, daß es dem Patienten viel schlechter gehen könnte, wenn sie sagen würden, was sie ihm gegenüber wirklich empfinden. Im Unterschied dazu können Mitpatienten offener sein. Sie können schon eher einmal sagen, daß sie keine Lust haben, den Mitpatienten zu begleiten, wenn er in die Stadt fahren will, um etwas einzukaufen, oder daß ein Patient sie als Mensch interessiert, dieses Interesse aber eher eingeschränkt wird, wenn er initiativlos dasitzt und bei Unternehmungen nicht mitmachen mag. Das kann einem Patienten auch bezüglich der Auswirkungen seiner Symptome in den privaten Beziehungen außerhalb der Klinik zu denken geben.

Bei Menschen mit einem schlechten Selbstwertgefühl kann die Eröffnung, daß das Symptom sie eher weniger interessant macht, auch weniger anziehend, natürlich eine Selbstwertkrise auslösen, bis hin zum Suizid. In der Regel sind Patienten aber durch derlei Eröffnungen im Rahmen einer Klinik weniger gefährdet. Die Menschen, die ihnen die Eröffnung machen, werden sie nach einigen Wochen oder Monaten vielleicht nicht mehr sehen und sie auch nie in ihrem Leben wieder antreffen. Sie sind nicht durch eine gemeinsame Geschichte oder durch ökonomische Faktoren an sie gebunden. Schließlich hat ein Patient immer noch die Möglichkeit, ein Feedback nicht anzunehmen, das er nicht aushalten kann, indem er sagt, der andere werde schon seine eigenen Gründe haben, warum er dieses Feedback gibt – was ja auch richtig sein kann. Dagegen kann eine negative Äußerung von einer wichtigen Beziehungsperson im privaten Leben allein schon deshalb traumatisierend wirken, weil gerade sie die Äußerung getan hat.

Kommt es zu einer Selbstwertkrise, ist der Patient in der Klinik auf jeden Fall weniger gefährdet als außerhalb. Suizidale Zustände können erkannt und rechtzeitig angegangen werden. Eine Verschlimmerung der Symptomatik kann in der Therapie bearbeitet werden. Insgesamt läßt sich sagen, daß Feedback in der stationären Psychotherapie eher nützt als schadet und in der Therapie eines jeden Patienten eine wichtige Rolle spielen kann.

Träume

Es ist schwer, für den Umgang mit Träumen in der stationären Psychotherapie allgemeine Regeln aufzustellen. Im ambulanten Setting unterscheidet sich die Häufigkeit des Arbeitens mit Träumen nach der angewandten Methode. In der Psychoanalyse oder der ambulanten analytischen Pschotherapie wird mit Träumen häufig gearbeitet, in einer Psychotherapie mit ein bis zwei Wochenstunden eher selten. Je niedriger die Stundenfrequenz ist, desto mehr sind die Stunden mit aktuellen Ereignissen aus dem täglichen Leben des Patienten befaßt, je häufiger die Stunden, desto mehr Muße wird der Patient haben, einen Traum zu erzählen und zu bearbeiten. Auch die Erwartungen des Therapeuten können eine Rolle spielen: Bei der Psychoanalyse geht es »in die Tiefe«, man beschäftigt sich dann auch mit Phänomenen, die aus der Tiefe kommen, wie etwa ein Traum, der dem Unbewußten und Vorbewußten näher ist als zum Beispiel die Einfälle in der freien Assoziation. In der Analyse wird man einen Widerstand gegen das Bearbeiten von Träumen eher bearbeiten und Träume, die ein Patient bringt, bereitwilliger aufgreifen. Patienten, die mitbekommen, daß ein Traum wesentliche Aufschlüsse gibt, werden eher geneigt sein, Träume zu erinnern und in die Stunde einzubringen als solche, die den Eindruck haben, daß das Ergebnis der Traumarbeit die Therapie nicht wesentlich weiterbringt.

In niederfrequenten ambulanten Therapien hat es sich mir durchaus bewährt, den Patienten nach Träumen zu fragen, wenn die Situation unübersichtlich wurde. Ein Traum, der zur Orientierung des Therapeuten erfragt wird, muß nicht unbedingt mit dem Patienten zusammen ausführlich bearbeitet werden. Aussagen über den Traum sind sicherer, wenn man die Einfälle des Patienten hat, man kann aber auch versuchen, den Traum auf dem Hintergrund der Informationen zu deuten, die der Patient einem im Laufe der bisherigen Behandlung lieferte. Ich neige in niederfrequenten Therapien dazu, die Aufmerksamkeit des Patienten auf einen bestimmten Aspekt des Traumes zu richten, von dem ich glaube, daß der Patient ihn vielleicht verstehen kann; manchmal liefere ich auch eine Deutung mit, die mir gut assimilierbar erscheint. Äußert man sich zu dem Traum gar nicht, erweckt man leicht den Eindruck, ihn uninteressant zu finden oder sich aus dem Traum Wissen anzueignen, das man nicht mit dem Patienten teilen will, was dann Probleme bringt, wenn der Patient nicht sicher ist, daß der Therapeut die Informationen, die er über den Patienten hat, zu dessen Nutzen anwendet. Um diese Überzeugung zu erreichen, braucht ein Patient in der Regel Zeit; es sei denn, es handelt sich um einen besonders vertrauensseligen Menschen. Zu Beginn einer Therapie werden Patienten, die nicht alle Verantwortung von vornherein an den Analytiker abgeben, bezüglich der Intentionen des Therapeuten meist ein Stück weit skeptisch bleiben.

Der Umgang mit Träumen eignet sich wie kaum ein anderes therapeutisches Vorgehen zur mißbräuchlichen Benutzung. So kann ein Patient, der einige Träume zusammen mit dem Analytiker bearbeitet hat, anfangen, seine Freunde und Bekannten nach Träumen zu fragen und sie ihnen zu deuten versuchen. Gehen diese darauf ein, ist das für die Beziehungen des Patienten meist nicht günstig.

Die Neigung, Träume »wild zu analysieren«, sollte man nicht unterschätzen. Aus den FREUDschen Publikationen über Träume geht hervor, daß er in der Frühzeit der Psychoanalyse durchaus Freunde, Kollegen und Bekannte nach ihren Träumen gefragt und sie ihnen gedeutet hat, ohne einen therapeutischen Auftrag zu haben. Zum Teil ist das aus der aufklärerischen Einstellung FREUDS zu verstehen, der zunächst der Meinung war, die Wahrheit könne unter keinen Umständen schaden. Später hat sich seine Einstellung geändert.

Patienten, die es unternehmen, die FREUDschen Publikationen über Träume zu lesen, besonders sein Hauptwerk, die *Traumdeutung* aus dem Jahre 1900, stürzen sich oft auf die Bedeutung der Symbole und versuchen sich in direkten Symboldeutungen, von denen man inzwischen weiß, daß sie therapeutisch kaum etwas bringen; vor allem nicht demjenigen, der seine eigenen Träume zu analysieren versucht, weil der Träumer die Symbole natürlich so wählt, daß er sie im Wachzustand nicht versteht. Symboldeutungen, die er dennoch versucht, führen dann eher in die Irre.

Gruppensitzungen in einer Klinik verfolgen ebenso wie im ambulanten Setting meist in erster Linie das Ziel zu bearbeiten, was sich in den Stunden selbst ergibt. Dazu können auch Träume gehören. In dem Buch über psychoanalytische Gruppentherapie (KÖNIG u. LINDNER 1992) sind wir auf den Gebrauch von Träumen in der Gruppentherapie eingegangen. Wir nehmen hier eine Mittelposition ein: Träume haben oft etwas mit der Gruppe zu tun, und es hat Sinn, sie in der Gruppe ein Stück weit zu bearbeiten. Die Bearbeitung der Beziehungen in der Gruppe auf der Übertragungsebene und auf der Realebene steht für uns aber dennoch im Vordergrund. Trauminterpretationen sollten sich auf den Aspekt eines Traumes konzentrieren, der voraussichtlich etwas mit der Gruppe zu tun hat. Dafür werden in dem Buch auch Beispiele gebracht. Findet eine analytische Gruppe in einer Klinik statt, ist das Umfeld zu beachten. Durch das, was ein Therapeut aufgreift und was er beiseite läßt, signalisiert er den Patienten, was ihm in der Therapie wichtig ist. In der Regel werden die Patienten das zum Anlaß nehmen, ihre Aufmerksamkeit dem zuzuwenden, womit der Therapeut sich beschäftigt. Auf die Gespräche der Patienten miteinander, auch zwischen den Sitzungen, wird das einen Einfluß haben.

Ob man wünscht, daß Träume in der stationären Psychotherapie eine große Rolle spielen, hängt natürlich auch vom Gesamtkonzept ab, das letztlich vom Klinikleiter bestimmt und in der Zusammenarbeit mit seinen Mitarbeiterinnen und Mitarbeitern weiterentwickelt wird. Welchen Stellenwert Träume in der Klinik haben sollen, wäre in Konzeptdiskussionen zu besprechen. Ich meine, daß es vor allem dann einen Sinn hat, im klinischen Setting mit Träumen zu arbeiten, wenn die durchschnittlichen Behandlungszeiten lang sind. Die Bearbeitung von Träumen muß erlernt werden, nicht nur vom Therapeuten, sondern auch von seinen Patienten. Bei kurzen Therapiezeiten haben die Patienten nicht genügend Zeit dazu.

Wilde Analysen

Es gehört zu dem FOULKESschen Konzept der Gruppenanalyse, Gruppenmitglieder an der therapeutischen Arbeit zu beteiligen, was gelegentliches Deuten durch Patienten mit einschließt. Verlegt sich ein Patient aber einseitig auf das Deuten, ohne sich auch als jemand anzubieten, dem etwas gedeutet werden kann, werden die Gruppenmitglieder das meist nicht geschehen lassen. Sie werden ihn daraufhin ansprechen, daß er sich wohl als Hilfstherapeut etablieren möchte.

Freilich tun Patienten das nicht immer. Hält sich der Therapeut mit Deutungen und überhaupt mit Äußerungen sehr zurück, kann eine Gruppe es begrüßen, wenn ein Gruppenmitglied Aufgaben übernimmt, von denen die anderen Gruppenmitglieder den Eindruck haben, daß der Therapeut sie nicht in ausreichendem Maße erfüllt. Es kann dann notwendig werden, das anzusprechen.

Ich hatte in einer Gruppe einen Patienten, der eine Art psychoanalytisches Naturtalent war. Er rivalisierte mit mir und versuchte, mich durch seine Deutungen zu übertreffen. Dabei fehlten ihm die Kenntnisse und Erfahrungen eines Therapeuten. Er gab die Deutungen zu früh und »warf sie dem Patienten an den Kopf«, formulierte sie also kränkend. An sich war die Rivalität mit mir als Gruppentherapeut zu begrüßen. Vorher hatte der Patient mir gegenüber eine passiv-feminine Position eingenommen. Sein Verhalten behinderte aber die Arbeit in der Gruppe, weshalb ich ihn damit konfrontierte, daß er zwar kluge Deutungen finde, sie aber nicht richtig anwende (»Du hast zwar einen Penis, weißt ihn aber noch nicht richtig zu benutzen«). Ich hatte zunächst Bedenken gehabt, den Patienten darauf hinzuweisen, daß er sich in einer ödipalen Illusion befand: Er konnte zwar etwas, was ich konnte, aber er tat es nicht zur richtigen Zeit und auf die richtige Weise. Heute bin ich der Meinung, daß die Intervention notwendig war. Die ödipale Illusion, den Vater bei der Mutter (in diesem Falle bei der Gruppe) ersetzen zu können, ist realitätsfern, und der Junge muß erkennen, daß er dafür noch nicht die Voraussetzungen hat; er »kann noch nicht genug«. Zum Beispiel könnte er nicht wirklich mit der Mutter ins Bett gehen und auch sonst in vieler Hinsicht die Rolle eines Partners der Mutter nicht ausfüllen. Damit muß der Junge sich abfinden, und mit dem Entsprechenden muß auch ein Patient sich abfinden, wenn er aus einer ödipalen Position heraus überträgt. Daß er sich damit abfindet, ist eine wesentliche Voraussetzung seiner Weiterentwicklung.

In therapeutischen Teams kommt es nicht ganz selten zu ähnlichen Manifestationen ödipaler Rivalität. In den Gruppen des Essener Modells (JANSSEN 1987) wirkt eine Schwester in der Gruppe als Co-Therapeutin mit. Als Voraussetzung wird angegeben, daß sie Gruppenerfahrung hat.

Die Schwestern sind in der Regel nicht psychotherapeutisch ausgebildet, jedenfalls nicht so, daß sie selbst Therapie machen können und machen sollen. Das Deuten ist Aufgabe des Therapeuten. Andererseits dürfen ja auch Patienten deuten, warum dann nicht die Schwester? Ich bin der Meinung, daß, von besonderen »Naturtalenten« abgesehen, die Schwester das tun sollte, was sie gelernt hat und was sie deshalb kann. Hat sie an vielen Gruppen teilgenommen und ist sie für die analytische Arbeit gut begabt, kann sie in der Gruppe deuten. Natürlich ist die Tätigkeit einer Krankenschwester als Co-Therapeutin auch dann nicht unproblematisch. Kommt sie in die Rolle der Mutter, befindet sie sich in der Beziehung zum Therapeuten in einer hierarchisch niedriger angesiedelten Position. (In diesem Zusammenhang finde ich es interessant, daß ich bisher noch keinen Bericht über Gruppen gelesen und auch keinen Bericht von Kolleginnen und Kollegen gehört habe, wo ein Pfleger zusammen mit einer Ärztin eine Gruppe gemacht hat.)

Die Co-Therapeutin ist hierarchisch unter dem Psychologen oder Arzt angesiedelt, der die Gruppe »macht«, und reproduziert so natürlich die abhängige Position der Mutter in einer paternalistisch strukturierten Familie. Sucht die Schwester mit dem Therapeuten zu rivalisieren, kann das so erlebt werden, daß die Mutter versucht, dem Vater die Hosen wegzunehmen und sie anzuziehen, obwohl sie eigentlich nicht hineinpaßt. Macht die Schwester unpassende Interventionen, kann deren Auswirkungen vom Therapeuten in der Gruppe entgegengearbeitet werden. Der Therapeut kann die Schwester auch nach der Gruppensitzung darauf ansprechen.

Prekär kann die Situation natürlich werden, wenn auch der Arzt oder Psychologe in Psychotherapie noch wenig ausgebildet ist, die Schwester aber schon länger an der Klinik arbeitet und sich eine therapeutische Kompetenz erworben hat. Wenn die Patienten merken, daß die Schwester mehr kann als der Arzt, ist das problematisch für den Therapeuten, der in der Regel den Eindruck haben wird, daß er die notwendige Autorität gegenüber dem Patienten einbüßt, weil die Schwester seine Rolle besser ausfüllt als er selbst.

Anders liegen die Probleme, wenn die Schwester in einem mehr integrativen Modell in der Supervision den »Auftrag« erhält, dem Patienten eine bestimmte Deutung zu geben oder ihn auf bestimmte Dinge hin anzusprechen. Letzteres läßt sich meist noch gut machen. Mit Deuten im Auftrag ist es aber so eine Sache. Es kommt sehr auf den Zeitpunkt und auf die Formulierung an, wobei beides von der aktuellen Situation abhängig gemacht werden muß. Man erlebt ja auch als Supervisor von Anfängern in der psychoanalytischen Weiterbildung, daß Vorschläge bezüglich möglicher Interventionen, die man gemacht hat, vom Ausbildungskandidaten schon in der nächsten Sitzung angewandt werden, auch wenn sie vom Zeitpunkt her nicht passen und wenn die Formulierung, die der Kontrollanalytiker beispielhaft vorgeschlagen hat, nicht zu der Situation in der Stunde paßt.

Ich halte es für das Beste, wenn die Schwestern und Pfleger sich mit Deutungen zurückhalten und sich auf Konfrontieren und Klären begrenzen, damit sie nicht im Deuten nur Beauftragte oder Ausführende sind. Findet eine Schwester aber selbst eine Deutung, von der sie meint, daß sie sie dem Patienten einmal geben könnte, kann man sie durchaus dazu ermutigen, wenn damit zu rechnen ist, daß die Schwester sie zu einem passenden Zeitpunkt und in einer assimilierbaren Formulierung geben wird. Insgesamt sollte vermieden werden, daß die Schwester in eine gleichsam hochstaplerische Position gerät, in der sie sich nicht wohlfühlt und die von Patienten auch leicht durchschaut wird; entsprechendes gilt natürlich für den Pfleger.

JANSSEN betont in seinem Buch (1987), daß die Angehörigen verschiedener Berufsgruppen spezifisch in ihrem jeweiligen Bereich arbeiten sollen. Den Schwestern weist er eine haltende und betreuende Funktion zu. Gleichzeitig sollen die Schwestern aber auch Patienten konfrontieren und ihr Verhalten deuten. Wie sie das machen wollen, wird in Beratungssitzungen erörtert. Ich bin der Meinung, daß so etwas dann gehen kann, wenn man der Schwester hilft, zu einem Verständnis einer Beziehungssituation zu gelangen, in der sie einen Patienten oder eine Patientin auf etwas ansprechen und vielleicht eine Deutung geben könnte. Ehrgeizige Schwestern gehen gerne über solche Aufträge hinaus und legitimieren dies damit, daß es auch bisher mit dem Deuten gut gegangen sei. Dann kann es auch zu einem wilden Analysieren kommen, das dem Patienten eher schadet als nützt.

Eingangs habe ich ja schon erwähnt, daß Deutungen von Patienten in einer Gruppe durchaus sinnvoll sein können, obwohl sie es nicht *immer* sind. Ich gehe einmal davon aus, daß die Deutungen eines erfahrenen Therapeuten im Schnitt besser sind: inhaltlich, im Timing und in der Formulierung. Auch die Deutung eines noch unerfahrenen, aber ausreichend supervidierten Therapeuten, der sich in der Zusammenarbeit mit dem Supervisor ein Verständnis des Gruppenprozesses verschafft, werden im allgemeinen besser sein als die von Patienten. Wenn ein Patient in einer Gruppe eine Deutung gibt, die gar nicht paßt, wird der Therapeut das im allgemeinen auch ein Stück weit oder ganz ausgleichen können. Wie ist es aber, wenn der Therapeut gar nicht zugegen ist und sich die Patienten in dessen Abwesenheit »Deutungen an den Kopf werfen«? Ich meine, daß da eine Selektion durch die Patienten gemacht wird, denen die Deutungen gelten. Es ist eben ein Patient, der die Deutung gegeben hat, und nicht ein Therapeut, weshalb die Patienten von vornherein skeptischer sind. Sie sind auch deshalb skeptischer, weil der Therapeut nicht da ist und zu dem Gesagten nicht durch Schweigen oder Sprechen Stellung nehmen kann. Ausnahmen gibt es, zum Beispiel wenn ein bestimmter Patient von einem anderen idealisiert wird und von daher Autorität hat.

Eine andere Situation liegt vor, wenn ein Mitglied des therapeutischen Teams in Abwesenheit eines Therapeuten Deutungen gibt, zum Beispiel eine Schwester oder ein Pfleger. Der Patient setzt voraus, daß sie nichts tut, was nicht zu ihrer Rolle gehört und wozu sie nicht ausgebildet ist. Deshalb wird ein Patient die Intervention der Krankenschwester vielleicht aufmerksam anhören und sich, wenn die Intervention gut ist, dadurch helfen lassen. Ist sie aber schlecht, läßt er sich traumatisieren. Die Intervention hat die Schubkraft der Autorität des Teams. Natürlich ist es prinzipiell unerwünscht, daß Interventionen nicht aufgrund ihrer Plausibilität, sondern aufgrund der Autorität des Intervenierenden akzeptiert werden. Man kann aber nicht davon ausgehen, daß nicht sein kann was nicht sein darf. Die Autorität des Teams spielt eine Rolle, sie sollte nicht wegdiskutiert werden. Der Schaden läßt sich begrenzen, wenn Schwestern und Pfleger, aber natürlich auch Therapeuten, die sich ihrer Sache nicht so sicher sind, grundsätzlich bei jeder Intervention deutlich machen, daß es sich hier um eine Hypothese handelt, deren Wahrheitsgehalt zunächst einmal offen ist. Man kann etwa sagen: »Vielleicht ist es ja so ...« oder: »Ich könnte mir denken, daß ...«. Deutungen, die nicht assimiliert werden können oder die schlicht unzutreffend sind, stören die Arbeitsbeziehung zu der Person, die solche Deutungen gibt; per Generalisierung unter Umständen aber auch die Arbeitsbeziehungen zu weiteren Teammitgliedern oder zum ganzen Team.

Die Klinik als Großgruppe

JANSSEN (1987) legt dar, daß er die klinische Abteilung mit dreißig Betten, über die er berichtet, als Großgruppe ansieht. Die Klinik ist in zwei Stationen mit je 15 Betten aufgeteilt, die wiederum jeweils in zwei Teile aufgeteilt sind, so daß die Klinik aus insgesamt vier Patientengruppen mit vier Behandlungsteams besteht. Die Behandlungsteams werden jeweils von einem Psychoanalytiker beraten.

Natürlich haben die Patienten in einer solchen Einrichtung Kontakte miteinander, auch über die Patientengruppen hinaus. Insofern kann man von einer Großgruppe sprechen. Ob man hier aber die gleichen regressionsauslösenden Faktoren finden kann, wie sie von den Autoren des von KREEGER (1977) herausgegebenen Sammelbandes über minimal strukturierte Großgruppen gemeint sind, muß bezweifelt werden. Bei jenen Gruppen handelt es sich um solche, deren Mitglieder sich gleichzeitig in einem Raum befinden und unmittelbaren akustischen und visuellen Kontakt haben können. Sie werden von einem Therapeuten geleitet, der nur sehr wenig strukturiert.

Von unstrukturierten Großgruppen kann man auch bei den Zuschauern eines Fußballstadions sprechen. Dort ist es bekanntlich immer wieder zu irrationalen Verhaltensweisen gekommen, die man auf regressive Prozesse zurückführen kann. Bei den Zuschauern in einem Fußballstadion handelt es sich um eine leiterlose Großgruppe.

Zeigen die Menschen in einer Klinik, in der Patienten und Personal sich nie oder nur für relativ kurze Zeiten gemeinsam in einem Raum befinden und miteinander sprechen können, in ihrem Erleben und Verhalten Merkmale einer Großgruppe im KREEGERschen Sinne, wird man sich fragen müssen, ob nicht ein unbeabsichtigter Mangel an Strukturierung vorliegt; zum Beispiel in dem Sinne, daß ein großer Teil des Tagesablaufs wenig strukturiert wird, so daß viel unstrukturierte Zeit vorhanden ist, die dem Patienten angst macht. Die Angst führt dann zu regressiven Prozessen.

Solche regressiven Prozesse kann man therapeutisch nutzen, sie können aber auch lähmen. In den Workshops der Londoner Group Analytic Society und auch in den Workshops der Weiterbildungseinrichtung für Gruppenanalyse in Altaussee/Österreich sind Großgruppen eingeplant, die von Gruppenanalytikern geleitet werden. Was in den Großgruppen passiert, wird aber in Kleingruppen nachgearbeitet. Dabei stellen die Kleingruppen ein weniger regressionsförderndes Gegengewicht gegen die ausgeprägt regressionsfördernden Großgruppen dar. Großgruppen im Sinne einer wenig strukturierten Patientengruppe in einem festen zeitlichen Rahmen können dann nützlich sein, wenn sie ihre Mitglieder mit Reaktionsweisen vertraut machen, die sie sonst nicht erfahren.

Patienten, die selbst nicht als Borderline-Patienten anzusehen sind, geraten in der Regression in Zustände, die sie den Borderline-Patienten näherbringen. Das macht ihnen angst, erleichtert aber auch ihr Verständnis der Mitpatienten, wie ich das von Kleingruppen in Zuständen starker Regression andernorts (KÖNIG u. LINDNER 1992) beschrieben habe.

Ob es therapeutisch sinnvoll ist, bei neurotischen Patienten an den sogenannten primitiven Objektbeziehungen zu arbeiten, wird zur Zeit noch kontrovers diskutiert. Die Schüler und Nachfolger von MELANIE KLEIN halten es für unerläßlich, in der Therapie bis zum sogenannten psychotischen Kern der Persönlichkeit vorzudringen. Wir wissen aber nicht, ob es sich bei den von den KLEINianern so genannten psychotischen, primitiven Objektbeziehungen um etwas handelt, was im Kern der Persönlichkeit vorhanden ist, um Residuen aus der normalen Entwicklung, die von späteren Entwicklungsstadien abgelöst wurden, potentiell aber noch vorhanden sind, oder ob es sich um Phänomene handelt, die im Grunde Abwehrcharakter haben und in der normalen Entwicklung des Kindes keine direkte Entsprechung finden. Manche Ergebnisse der Baby-Watcher (z.B. DORNES 1993a, 1993b) könnten für letzteres sprechen. Der Nutzen von tiefer Regression wäre für Neurosekranke dann ähnlich wie für Psychotherapeuten, die während ihrer Ausbildung regressionsfördernde Selbsterfahrung machen. In einem räumlich und zeitlich begrenzten Setting lernen sie Phänomene kennen, die in tieferer Regression auftreten. Für die Patienten in einer Klinik ist es insofern nützlich, regressive Zustände kennenzulernen, als sie dann mehr Verständnis für Mitpatienten aufbringen, die sich in einem regressiven Zustand befinden oder leicht in solche Zustände geraten. Das ist wiederum jenen Patienten nützlich, die sich meist besser fühlen, wenn sie von den Mitpatienten verstanden werden. Da die Psychotherapie in der Klinik ein gemeinsames Unternehmen ist, ergibt sich auch ein Nutzen für solche Patienten, die im Prinzip behandelt werden könnten, ohne tiefere Regression zu erleben.

Entstehen Großgruppenphänomene aber dadurch, daß die Klinikregeln soziale Regeln in Frage stellen, nach denen die Patienten sich bisher gerichtet haben, zum Beispiel, indem sie besondere Offenheit fordern, und bleiben die Klinikregeln ansonsten unbestimmt, etwa was das Miteinander auf der Station angeht, oder sind sie zwar bestimmt, werden aber nicht durchgesetzt, entsteht ein Strukturierungsdefizit, das zu regressiven Phänomenen führt. Die regressiven Phänomene beschränken sich dann nicht auf bestimmte Zeiten, sondern sie bestimmen den gesamten Tagesablauf in der Klinik.

Besonders in solchen Kliniken, die nach dem Prinzip der therapeutischen Gemeinschaft nach MAXWELL JONES (1952) organisiert waren (einem Konzept, das viel Struktur nimmt und Freiräume für Kreativität schafft, die aber nicht immer durch kreatives Handeln ausgefüllt werden können), war zu beobachten, daß die Patienten, aber auch das Personal, in regressive Zustände verfielen. Das verantwortliche Füreinander schien zu verschwinden. Das therapeutische Personal beschäftigte sich vorwiegend mit sich selbst und wenig oder kaum noch mit den ihm anvertrauten Patienten, von denen man dann aber verlangte, sie sollten eigene Strukturen bilden und dabei Kreativität entwickeln.

Solche Konzepte und ihre Auswirkungen führten wiederum zu einer verallgemeinernden Kritik (z.B. REIMER 1975) und zu entsprechenden Reaktionen aus Kliniken, die eine festere und transparentere, damit auch funktionalere Struktur entwickelt hatten (z.B. KÖNIG 1976). Heute ist das MAXWELL JONESsche Konzept fast überall aufgegeben worden. Die Schwierigkeiten, die es in stationären Einrichtungen mit sich gebracht hat, hängen der stationären Psychotherapie aber immer noch an.

Fallsupervision und Teamsupervision

In Kliniken findet die Supervision von Einzel- und Gruppenbehandlungen meist in Gruppenform statt. Das hat ökonomische Gründe, es hat aber auch Vorteile für den Supervisionsprozeß, weil man den Leistungsvorteil einer Gruppe nutzen kann. Oft sieht eine Gruppe wenig Erfahrener mehr als ein erfahrener Supervisor hätte sehen können. Jedenfalls wird die Kompetenz eines Supervisors durch die Mitarbeiter einer Gruppe meist gesteigert. Außerdem lernen die Therapeuten bei Gruppensupervisionen auch die Arbeitsweise ihrer Kollegen kennen. Sie erweitern so ihr therapeutisches Spektrum.

Dennoch sollte für besonders schwierige Fälle auch die Möglichkeit einer Einzelsupervision bestehen. Die Gruppensupervisionssitzungen finden ja in aller Regel in festgelegten Abständen statt. Manchmal ist aber doch eine dichtere Supervision erforderlich, zum Beispiel, wenn es in einer Therapie zu Krisen kommt. Für die Einzelsupervision gelten die üblichen Regeln, wie ich sie in meinem Buch: »Praxis der psychoanalytischen Therapie« dargelegt habe. Hier möchte ich nur wiederholen, daß ich es für untunlichst halte, die von mir so genannte Lackmustheorie der Gegenübertragung (KÖNIG 1993b) einer Supervision zugrunde zu legen. Die »Lackmustheorie« besagt, daß, in Anlehnung an PAULA HEIMANN (1950), alle Gefühle, die im Therapeuten auftreten, als Schöpfungen des Patienten aufgefaßt werden. Ich finde es wichtig, daß ein Therapeut mit der Zeit auch seine eigenen habituellen Gegenübertragungsreaktionen kennenlernt, ebenso seine Übertragungsbereitschaften im therapeutischen Setting.

Diese kann man in einer Einzelsupervision leichter ansprechen als in einer Gruppensupervision, wo die Gefahr besteht, daß man den einzelnen mit seiner Gegenübertragung bloßstellt. In Gruppensupervisionen benenne ich meist das Gegenübertragungsproblem und lasse es im Einzelfall offen, ob hier auch eine individuelle Disposition des Therapeuten mit im Spiel ist. Der Therapeut wird es oft selbst merken, wenn ihm immer wieder ähnliche Gegenübertragungsreaktionen unterlaufen. Der Gruppe versuche ich zu vermitteln, daß wir alle habituelle Gegenübertragungsdispositionen führen, daß wir sie aber im Laufe unserer beruflichen Entwicklung mehr und mehr in den Griff bekommen können. Dazu ist natürlich auch die eigene Selbsterfahrung wichtig, entweder im Einzel- oder im Gruppensetting. Im Setting einer Selbsterfahrungsgruppe geht es explizit um Selbsterfahrung, was dazu beiträgt, daß man es dort meist besser verträgt, auf eigene Charaktereigentümlichkeiten hingewiesen zu werden als in einer Supervisionsgruppe, wo es zunächst einmal um die Behandlung des Patienten geht und erst in zweiter Linie um den Therapeuten als Behandler. Der Kontrakt mit dem Gruppenleiter ist ein anderer.

Ich würde dem Supervisor aber empfehlen, daß er mit den supervidierten Kolleginnen und Kollegen bespricht, inwieweit er es doch für wichtig hält, über Gegenübertragung zu sprechen, ohne zu diskutieren, ob es sich hier um eine habituelle Gegenübertragungsproblematik handele oder gar, wie sie auf die Genese des Therapeuten zurückgeführt werden könnte. Das ist dann wieder Aufgabe der Selbsterfahrung und der Selbstanalyse (KÖNIG 1994).

Ein weiterer Unterschied zwischen einer Selbsterfahrungsgruppe und einer Supervisionsgruppe an einer Klinik besteht auch darin, daß die Teilnehmer an der Supervisionsgruppe an der gleichen Klinik arbeiten, was in Selbsterfahrungsgruppen eher die Ausnahme ist. Schon deshalb ist es untunlich, daß eine Supervisionsgruppe zu stark den Charakter einer Selbsterfahrungsgruppe erhält.

Andererseits halte ich die BALINTsche Technik, immer nur davon zu sprechen, daß Probleme in der Arzt-Patient-Beziehung vom Patienten verursacht werden, für obsolet. Wir wissen heute viel mehr über die Probleme auch der Ärzte beziehungsweise der Psychologen und deren Auswirkungen auf die Therapien. Das hat auch dazu geführt, daß man mehr Probleme bei sich und bei anderen akzeptiert, als das zu Zeiten von BALINT noch üblich war. Außerdem darf man nicht vergessen, daß BALINT ja zunächst mit praktischen Ärzten gearbeitet hat, die neben den BALINT-Gruppen keine Selbsterfahrung machten und zum Teil wohl auch nicht motiviert waren, das zu tun. Andere versuchten vielleicht, das Setting einer BALINT-Gruppe zur Selbsterfahrung zu nutzen.

Zusammenfassend könnte man sagen, daß man als Teilnehmer in einer Supervisionsgruppe über die Persönlichkeit anderer und über die eigene Persönlichkeit viel erfährt. Man erfährt auch einiges über die Persönlichkeit des Supervisionsgruppenleiters.

Mir hat es sich bewährt, viel von eigenen Phantasien und Gegenübertragungsgefühlen mitzuteilen. Ich habe gefunden, daß ein solches

Vorgehen dem Konzept einer Supervision als kollegialem Unternehmen entspricht und es den Teilnehmern erleichtert, eigene Phantasien und Gefühle einzubringen. Natürlich riskieren die Teilnehmer dennoch mehr als ich, weil sie meist noch nicht so gut wissen wie ich, was bestimmte Phantasien und Gefühle zu bedeuten haben könnten, eine wesentliche Entspannung und Lockerung tritt aber ein.

Fallbesprechungen mit auswärtigen Supervisoren können eine wertvolle Ergänzung der klinischen Tätigkeit darstellen. Sie sollten aber nur der Diagnostik dienen, Behandlungspläne sollten in der auswärtigen Supervision nicht entwickelt werden. Das ist die Sache der in der Klinik angestellten Therapeuten, Oberärzte und leitenden Psychologen.

Die Oberärzte und, so weit er beteiligt sein will, auch der Chefarzt, sollten sich die Diagnostik nicht durch einen auswärtigen Supervisor aus der Hand nehmen lassen. Dem auswärtigen Supervisor sollten nur einzelne Fälle vorgestellt werden. Auswärtige Supervision ist in erster Linie eine Lehrveranstaltung. Natürlich kann ein auswärtiger Supervisor bei einem besonders problematischen Fall, bei dem auch der Oberarzt »auf dem Schlauch steht«, wertvolle Gesichtspunkte einbringen oder auch eine Diagnose finden, auf die man vorher nicht gekommen ist und die sich für die Therapie des Patienten als wichtig erweist.

Selbstverständlich erfährt ein Oberarzt, wenn er eine Supervisionsgruppe leitet oder wenn er Einzelsupervision anbietet, auch eine Menge über die berufliche Kompetenz der supervidierten Kolleginnen und Kollegen. Solche Informationen erhält er aber auch von anderen Seiten. Zur Kompetenz eines Psychotherapeuten gehört es meines Erachtens, daß er mehr als andere das Risiko einzugehen in der Lage ist, sich persönlich zu decouvrieren, wenn es für seine Arbeit zweckmäßig ist. Mißtrauische Therapeuten, die ungern Fälle vorstellen, weil man dabei etwas über sie persönlich erfahren könnte, haben sich in meiner Erfahrung meist als problematisch herausgestellt. Dagegen habe ich bei Psychotherapeuten, die sich beruflich gut entwickelten, in der Regel gefunden, daß sie bereit und in der Lage waren, in Supervisionsgruppen wie auch in Selbsterfahrungsgruppen ein dosiertes Risiko einzugehen.

In einer Supervisionsgruppe finden Gruppenprozesse statt. Passivität oder Hyperaktivität können ihre Ursache in den Beziehungen innerhalb der Gruppe haben, aber auch durch Außeneinflüsse induziert sein: durch die Patienten selbst oder durch »Konfliktpartner«, die Kostenträger, der Chef der Klinik, der unerwünschte Anordnungen getroffen hat oder die Klinikverwaltung.

Sind die Prozesse durch Patienten induziert, sollte ausführlicher darüber gesprochen werden. Meiner Erfahrung nach hat es sich nicht bewährt, bei Supervisionen in der eigenen Klinik *ausführlich* auf alle anderen Möglichkeiten einzugehen, ich stelle sie aber als potentielle Ursachen fest. Ist das einmal ausgesprochen, kann in der Regel wieder direkt an den Patientenbehandlungen gearbeitet werden.

Bei externernen Fallsupervisionen werde ich öfter einmal zur Bearbeitung des Problems aufgefordert, daß Konflikte im Team »laufen« und dessen Arbeitsfähigkeit einschränken. Da hat es sich mir oft bewährt, die Konflikte in einer Sitzung zu bearbeiten. Soweit es sich um Reaktionen auf reale Vorkommnisse handelt, die deren Realität nicht voll entsprechen, kann in der Regel eine bessere Verarbeitung eingeleitet werden. In der nächsten Sitzung geht es dann meist wieder um »Fälle«.

Bringt eine Teamgruppe in der externen Fallsupervision aber immer wieder Teamkonflikte ein, kann das damit zusammenhängen, daß in der Klinik ein »Dauerbrenner« schwelt. Ich ermuntere die Teammitglieder in solchem Fall, das Problem mit denjenigen zu besprechen, die es angeht und die Konfliktpartner sind. Sonst weise ich darauf hin, daß hier offenbar ein Problem sci, das man nicht beeinflussen kann und mit dem man leben müsse. Ich jedenfalls könne nichts daran ändern und sei daran interessiert, wieder Fälle vorgestellt zu bekommen. Das wird in der Regel akzeptiert.

Das Einbringen von Teamkonflikten kann aber auch einen Widerstand gegen das Arbeiten mit Fällen darstellen, weil man sich mit seiner Arbeit nicht exponieren möchte. Da betreibt man lieber Konfliktbearbeitung im Team. Ich finde es problematisch, das zu deuten; allenfalls in einer Bemerkung am Rande oder »über die Bande«, indem ich einen Scherz mache, der sich auf die Situation bezieht. Sonst sage ich einfach, ich sei daran interessiert, jetzt an Fällen zu arbeiten, und man möge sich vor der nächsten Sitzung untereinander absprechen, wer Fälle vorstellen will. Hat eine Gruppe erst einmal eine längere Zeit mit Fällen gearbeitet, empfindet sie die Möglichkeit der externen Supervision im Umgang mit der täglichen Arbeit in der Regel als nützlich und will dann meist nicht mehr darauf verzichten.

Neu hinzugekommene Mitglieder einer Supervisionsgruppe schweigen oft einige Zeit, beobachten, wie es läuft, und stellen dann selbst Fälle vor. Wenn ein neues Gruppenmitglied in der ersten Supervisionssitzung, an der es teilnimmt, einen Fall vorstellt, kann es sein, daß die Gruppe Schwierigkeiten hatte, sich darauf zu einigen, wer den Fall vorstellt – dann soll es eben der Jüngste machen. Häufiger liegt es aber an dem »Jüngsten« selbst. Er möchte vielleicht zeigen, was er kann, oder es handelt sich um einen »ganz unbeleckten« Kollegen, der innere Widerstände dagegen überrennt, sich in seiner Arbeit als Person zu exponieren. Es gibt auch schizoid strukturierte Kolleginnen und Kollegen, denen eine gewisse Naivität eigen ist. Sie nehmen das Problematische an der Situation nicht wahr. Jedenfalls bin ich mit Kolleginnen und Kollegen, die als Neulinge gleich in der ersten Sitzung einen Fall vorstellen, immer sehr vorsichtig.

An sich ist es verständlich, daß jemand, der in der Therapeutenrolle neu in eine psychotherapeutische Klinik kommt, so viel Hilfe haben möchte wie möglich. Das sollte ebenfalls bedacht werden. Kennt der neue Teil-nehmer den Supervisor schon aus vorher eingegangenen persönlichen Kontakten oder aus seinen Publikationen, hat sich vielleicht schon eine idealisierende Übertragung entwickelt, mit der vorsichtig umzugehen ist. Der neue Teilnehmer kann auch die Erwartung haben, der Supervisor stelle besonders hohe Ansprüche, und den ersten Kontakt, bei dem er ihm seine Arbeit zeigt, möglichst bald hinter sich bringen wollen.

Als auswärtiger Supervisor greife ich in die Verteilung der Fallberichte nicht ein. Es ist Aufgabe der Supervisionsgruppe, das zu regulieren. Wenn jemand aber lange keinen Fall vorgestellt hat, kann es schon sein, daß ich eine Bemerkung mache wie: »Von Ihnen habe ich schon lange keinen Fall vorgestellt bekommen«. Auch wenn jemand in der Supervisionsgruppe längere Zeit schweigt, spreche ich das an, in der Regel nach zwei bis vier Sitzungen. Ich sage etwa: »Und was meinen Sie dazu?«

Oft stellt sich heraus, daß der Schweigende eine Meinung vertritt, die vom Rest der Gruppe abweicht und das habituell. Oft sind solche abweichenden Standpunkte erhellend, und es nützt der ganzen Gruppe, sie zu integrieren. Natürlich kann es auch sein, daß das Bedürfnis, sich von den anderen abzugrenzen, extreme Formen annimmt, so daß der Betreffende *irgendeinen* Standpunkt vertritt, wenn der nur von denen der übrigen Gruppe abweicht. Als externer Supervisor sehe ich es nicht als meine Aufgabe an, daraus Konsequenzen zu ziehen. Als Supervisor in der eigenen Klinik habe ich mir natürlich meine Gedanken gemacht und die Tatsache konstatiert, daß der Betreffende immer abweichende Standpunkte vertritt, die sich dann nicht als haltbar erweisen. Mehr war in der Regel nicht nötig. Nun befanden sich die Kolleginnen und Kollegen, mit denen ich es in der eigenen Klinik zu tun hatte, aber immer in

Selbsterfahrung. In einer Klinik, in der sich nicht alle Kolleginnen und Kollegen in Selbsterfahrung befinden, ist die Chance, daß sich nach einer Konfrontation etwas ändert, natürlich geringer. Ich sehe es dann als eine Aufgabe des klinikinternen Supervisors an, auf die Wichtigkeit einer Selbsterfahrung hinzuweisen, wenn man glaubt, daß Selbsterfahrung etwas ändern wird.

Nehmen an der Supervision nicht nur Therapeutinnen und Therapeuten, sondern auch Krankenschwestern und Pfleger teil, hat sie andere Aufgaben. Bei einem sogenannten bipolaren Konzept dient die Supervision dann meist dem Umgang mit den Patienten im Realitätsraum. Dabei geht es oft um projektive Identifizierungen durch die Patienten, die den Umgang mit ihnen schwierig machen und Konflikte im Team hervorrufen. In einer solchen Supervision müssen alle Konflikte im Team behandelt werden können, weil nicht von vornherein gesagt werden kann, ob es sich um einen Konflikt des Teams handelt und zwar aus Gründen, die im Team liegen, oder um einen Konflikt, der durch Patienten induziert ist. Man kann sich aber auch darauf beschränken, in der Supervision den Umgang mit bestimmten Patienten zu behandeln. Die Konflikte im Team stellen sich dann in der Supervisionsstunde dar; zum Beispiel dadurch, daß verschiedene Mitglieder des Teams unterschiedliche Positionen vertreten. Häufig spaltet sich dabei das Team in die Schwestern und Pfleger, die mehr Realität vertreten müssen, und die Therapeuten, die im allgemeinen mehr für Spielraum plädieren, in dem sich die Pathologie eines Patienten entfalten und darstellen kann. Es kommt aber auch vor, daß eine Spaltung quer durch die Berufsgruppen geht. Unter Therapeuten gibt es dann zum Beispiel Vertreter von mehr Strukturen auf der einen Seite, mehr Freiraum auf der anderen Seite, und das gleiche kann man unter den Schwestern und Pflegern beobachten.

Wird die Supervision von einem Angestellten der Klinik durchgeführt, zum Beispiel von einem Oberarzt, findet sie meist nach einer Visite statt. Der Oberarzt hat dann den betreffenden Patienten gesehen und mit ihm interagiert, so daß auch diese Interaktion zum Gegenstand des Gesprächs gemacht werden kann und der Oberarzt eigene Beobachtungen und Gefühlsreaktionen einzubringen in der Lage ist. Im Prinzip ist es möglich, auch einen umschriebenen Zeitraum vor der Visite für eine Teambesprechung zu reservieren. Diese Möglichkeit wird aber selten gewählt. Das heißt nicht, daß sie nichts taugt. Meist hat es organisatorische Gründe, wenn die Visite gleich beginnt, sobald der Oberarzt da ist. Manche Oberärzte möchten sich auch erst einmal ein direktes Bild verschaffen und dann erst weitere Informationen vom Team einholen.

Bei einer Supervision mit dem ganzen Team, Therapeuten und Krankenschwestern, gelegentlich auch Sozialarbeitern und Beschäftigungstherapeuten, manchmal auch den Sportlehrern und Bewegungstherapeuten, muß man auf den unterschiedlichen Ausbildungsstand Rücksicht nehmen und auch darauf, daß die Schwestern und Pfleger in der Regel nicht an Selbsterfahrungsgruppen teilnehmen. Das hat oft ökonomische Gründe. Therapeuten investieren in ihre Selbsterfahrung nicht nur, weil das ihre Arbeit in der Klinik erleichtert, sondern auch deshalb, weil Selbsterfahrung ihnen eine Weiterqualifikation ermöglicht, die sie dann später in einer eigenen Praxis einsetzen können, während die Schwestern und Pfleger ja im Krankenhaus bleiben. Selbsterfahrung muß in der Regel bezahlt werden. Wegen der höheren Gehälter sind Therapeuten dazu eher imstande als Schwestern und Pfleger. Wenn man will, daß Schwestern und Pfleger an einer Selbsterfahrung teilnehmen, muß die Klinik Mittel dafür bereitstellen, was oft auf Schwierigkeiten stößt. Bei Supervisionsgruppen, die aus Therapeutinnen und Therapeuten, aus Schwestern und Pflegern und eventuell aus noch weiteren therapeutischen Tätigkeiten oder an der Therapie beteiligten Personen zusammengesetzt sind, empfiehlt es sich mehr als in Supervisionsgruppen, an denen nur Therapeutinnen und Therapeuten teilnehmen, die Bearbeitung von Übertragungen der Patienten in den Vordergrund zu stellen. Habituelle Gegenübertragungsreaktionen kann man oft weniger ansprechen. Neben der fehlenden Selbsterfahrung des Pflegepersonals sind auch Rivalitäten der Berufsgruppen zu beachten. Die Therapeuten haben Schwierigkeiten, über ihre Gegenübertragungsreaktionen zu sprechen, wenn Schwestern und Pfleger, denen sie Anweisungen geben müssen, zuhören, und Schwestern und Pfleger haben dabei Schwierigkeiten, weil sie fürchten, daß ihre hierarchisch untergeordnete Position dadurch akzentuiert wird, daß sich bei ihnen mehr Gegenübertragungsschwierigkeiten herausstellen.

Bei alledem ist auch noch zu beachten, daß die Schwestern und Pfleger bei der Anwendung eines bipolaren Konzepts ihre Patienten zwar verstehen sollen, um mit ihnen aus einer neutraleren, gegenübertragungsbereinigteren Position umzugehen, sie aber nicht die Aufgabe haben zu deuten. Auf den ersten Blick könnte man übrigens meinen, daß es den Schwestern und Pflegern leichter fällt, sich nach dem Prinzip »Antwort« zu verhalten, als zu deuten. In Wahrheit ist es aber gar nicht einfach, seine Gefühlsreaktionen zu erkennen, dann diejenigen auszusuchen, die man dem Patienten mitteilen möchte, und sie schließlich in Worte zu fassen. *Die Position des Deutenden ist eine geschütztere Position als die des Anwortenden.* Nimmt man ein mehr integratives Konzept an, ist die Skala der Interventionsmöglichkeiten für die Schwestern und Pfleger breiter, gleichzeitig ist die Gefahr aber größer, daß sie infolge ihrer weniger ausgedehnten und intensiven theoretischen und praktischen Ausbildung Psychotherapiefehler machen. Ganz schwierig wird es, wenn es sich um eine Abteilung an einer psychiatrischen Klinik handelt, wo die Schwestern und Pfleger rotieren. Man hat dann immer wieder neues Personal, das angelernt werden muß. All diese Schwierigkeiten gilt es zu berücksichtigen. Man kann nicht so tun, als gäbe es sie nicht, und sich so verhalten, als lägen die Verhältnisse so, wie man sie sich wünscht.

Die Arbeit mit Schwestern und Pflegern auf einer psychotherapeutischen Station ist ähnlich spezialisiert wie die Arbeit des Pflegepersonals auf einer Intensivstation. In somatischen Kliniken wird man kaum auf den Gedanken kommen, irgendeine Schwester und irgendeinen Pfleger als Ersatz für jemanden, der dafür ausgebildet ist, auf einer Intensivstation einzusetzen, ohne sich Gedanken darüber zu machen, ob die Arbeit dann noch geleistet werden kann.

In einer psychotherapeutischen Abteilung in einer psychiatrischen Klinik und in einem Stadt- oder Universitätsklinikum macht man sich solche Gedanken oft nicht. Wahrscheinlich hat das mit der Vorstellung zu tun, auf einer psychotherapeutischen Station würde eine Luxustätigkeit betrieben, die Leute seien nicht wirklich krank; im Extremfall heißt es, dort seien doch alles eingebildete Kranke. Daß sich eine psychogene Erkrankung auf Arbeitsfähigkeit und Lebensgenuß gravierender auswirken kann als viele somatische Krankheiten, die als schwer gelten, wird nicht zur Kenntnis genommen.

In einer Publikation über Gruppenarbeit in der Psychiatrie (KREISCHE und KÖNIG 1990) haben wir hervorgehoben, daß *gruppendynamische* Kenntnisse nicht nur für den Umgang mit Patienten und für den Umgang des Teams mit der Klinikleitung nützlich sind, sondern auch für den Umgang mit Institutionen, die indirekt an der Therapie beteiligt sind. Gruppendynamische Kenntnisse können natürlich auch im Umgang mit einzelnen oder mit mehreren Familienmitgliedern eines Patienten von Bedeutung sein. Ebenso wie ein einzelner Patient kann auch ein Familienmitglied auf das gesamte Team einer Station einwirken, während Institutionen in der Regel mehr als Ganzes gesehen werden und einzelne Personen dabei eher in den Hintergrund treten, man spricht von »dem Arbeitsamt« oder »dem Sozialamt«. Gruppendynamische Kenntnisse ermöglichen es schließlich, Phänomene, die in der Therapie sonst nur stören, therapeutisch zu nutzen. BATTEGAY (1973) hat schon früh darauf hingewiesen, daß die Einführung von Gruppenpsychotherapie in einem psychiatrischen Krankenhaus nicht nur die Kommunikation des Pflegepersonals mit den Patienten, sondern auch die Kommunikation *der Patienten untereinander* verbessert.

Aufgabe des Supervisors ist es oft, die Verantwortlichkeiten zu klären. Dabei kann er mit der Ideologie eines Teams (STAATS o.J.) konfrontiert sein, das die Unterschiede in Kompetenz und Verantwortlichkeit leugnet, so daß »jeder alles kann« und »jeder für alles verantwortlich ist«, was dazu führt, daß die Arbeit schlecht gemacht wird und sich keiner so recht verantwortlich fühlt. Obsolete Konzepte wie das von MAXWELL JONES (1953) werden oft als Begründung für eine solche Einstellung herangezogen, auch wenn sie wegen ihrer Inpraktikabilität dort, wo sie tatsächlich angewandt wurden, längst aufgegeben worden sind.

Ein Unterschied zu den Balintgruppen mit ambulant tätigen Ärzten oder Psychologen liegt darin, daß nicht nur mehrere Teammitglieder an der Therapie eines Patienten beteiligt sind, sondern auch, daß sie Kontakte miteinander haben, wenn der Patient nicht anwesend ist. Schließlich arbeitet man auf einer Station den ganzen Tag zusammen. Gerade in diesem Bereich des Zusammenarbeitens entstehen nun interpersonelle Spannungen, die mit den Interessen der Teammitglieder, aber auch mit dem Einfluß der Patienten etwas zu tun haben. Es ist oft nicht leicht, beides voneinander zu unterscheiden. Bei der Aufteilung von Diensten oder beim Festlegen von Urlauben, aber auch wenn es um Beförderungen oder Vertragsverlängerungen geht, gibt es oft auch ganz reale Interessengegensätze, die man nicht durch ein Zurückführen auf eine pathogene Psychodynamik zum Verschwinden bringen kann. Daß dies aber möglich sei, ist oft eine Illusion der Teammitglieder und auch der Klinikleitung.

Nimmt die Selbsterfahrung in einer Teamsupervision zu viel Raum ein, gerät nicht nur die Arbeit mit dem Patienten aus dem Blickfeld. Es entstehen auch psychosoziale Abwehrmanöver, die den Zweck haben, den Fortgang des Selbsterfahrungsprozesses zu hemmen; mit dem Nebeneffekt, daß es schwerer wird, die Beziehungen zu den Patienten zu klären.

Selbsterfahrung ist ja ein Unternehmen, das sich mittel- und langfristig auswirkt. Ein Maß an Selbsterfahrung, das für die Persönlichkeitsentwicklung am günstigsten ist, ist in der Regel nicht am günstigsten für die Klärung der aktuellen Probleme. Der Teamleiter wird darauf achten müssen, daß die meist vorhandenen Tendenzen eines Teams, die übersteigerte Selbstentblößungstendenz eines Teammitglieds zu bremsen oder zu stoppen, wirksam werden und das betreffende Teammitglied sich nicht darauf berufen kann, das, was es tue, sei vom Supervisor gewollt.

Ich habe bereits darauf hingewiesen, daß *frühgestörte* Patienten besonders stark projektiv identifizieren. Die stärksten projektiven Identifizierungen kommen meist von *Borderline-Patienten* und von Patienten mit einer *paranoiden Schizophrenie*. Auch *suizidale* Patienten identifizieren projektiv in einem Ausmaß, mit dem oft schwer umzugehen ist, ebenso die Patienten mit *selbstverletzenden Tendenzen* (SACHSSE 1994).

In psychiatrischen Kliniken muß der Supervisor besonders viel Zeit darauf verwenden, mit den Teammitgliedern die projektiven Identifizierungen durch Patienten zu bearbeiten. Natürlich kommen aber auch projektive Identifizierungen durch die Teammitglieder selbst vor. Sie betreffen andere Teammitglieder, aber auch Patienten.

Bei jeder Gruppenarbeit ist es wichtig, sich klarzumachen, daß unterschiedliche Gruppengrößen ein unterschiedliches Maß an Strukturierung notwendig machen (KÖNIG 1978). Teamsupervisionsgruppen auf einer psychotherapeutischen Station sind in der Regel Kleingruppen, selten haben sie mehr als 12 Teilnehmer. Wird die Gruppengröße 12 überschritten, teilt sich die Gruppe meist in aktive und schweigende Teilnehmer auf. Es ist dann oft notwendig, die schweigenden Teammitglieder anzusprechen. Der Zeitpunkt und die Art des Ansprechens müssen sorgfältig gewählt werden.

Psychotherapie und Psychopharmaka

Viele Psychotherapeuten haben eine skeptische Einstellung zur Pharmakotherapie, nicht wenige lehnen sie ab. Das hat nicht nur mit dem Wunsch zu tun, unter Einsatz der therapeutischen Mittel, die man als die seinen betrachtet und die man beherrscht, gute Ergebnisse zu erzielen, und auch nicht nur mit der Auffassung, daß die Psychotherapie kausal wirkt, die Pharmakotherapie symptomatisch.

Zu vielen Psychotherapeuten kommen Patienten, die lange und ergebnislos mit Psychopharmaka behandelt worden sind; also Patienten, für die eine Pharmakotherapie, zumindest eine Pharmakotherapie allein, nicht die richtige Behandlungsform war. Die Patienten müssen von den Psychopharmaka oft erst entwöhnt werden. Manche Psychopharmaka sind suchtbildend, zum Beispiel Anxiolytika, so daß sich das Absetzen der Medikamente schwierig gestaltet.

Tatsächlich gibt es aber Untersuchungen, die zeigen, daß bei manchen psychischen Erkrankungen, zum Beispiel bei manchen psychodynamisch verstehbaren Depressionen, eine Kombination von Psychotherapie und psychopharmakologischer Behandlung am wirksamsten ist (z.B. MENTZOS 1995, RÜGER 1979).

Nun ist eine therapeutisch zweckmäßige Auswahl und Dosierung von Psychopharmaka nicht einfach. Sie erfordert eine gründliche Kenntnis der Wirkungen und der Nebenwirkungen einer Reihe von Präparaten, wobei die Wirkungen und Nebenwirkungen sich in komplexen Formen äußern können. Ein Psychotherapeut, der Psychopharmaka selten anwendet, ist selten ein guter Pharmakotherapeut. Umgekehrt verfügen Pharmakotherapeuten meist nicht über eine psychotherapeutische Ausbildung, die es ihnen gestatten würde, den Patienten in einer optimalen Kombination von Pharmakotherapie und Psychotherapie zu behandeln. Wahrscheinlich wäre es am günstigsten, wenn bei einer kombinierten Behandlung Psychotherapie und Pharmakologie von zwei Spezialisten durchgeführt würden, die sich miteinander beraten. Dazu wäre es nötig, daß ein jeder Grundkenntnisse des anderen Faches hat.

Eine solche Kooperation läßt sich in der freien Praxis schwer organisieren, an Polikliniken und Kliniken ist sie eher möglich. Ärzte, die reine Pharmakotherapie betreiben wollen, gehen aber selten an psychotherapeutische Kliniken. Dagegen stehen sie in einem Klinikum zur Verfügung, wo es eine psychiatrische Abteilung gibt. Die Zusammenarbeit hängt dann vor allem davon ab, wie die psychotherapeutische und die psychiatrische Abteilung auch sonst kooperieren, zum Beispiel davon, wie die beiden Leiter sich verstehen. Psychiater, die an ein isoliert gelegenes psychotherapeutisches Krankenhaus gehen, wollen in der Regel Psychotherapie lernen; entweder als Zusatzausbildung oder im Sinne eines Wechsels ihres Faches. Psychiater, die lediglich eine Zusatzausbildung machen wollen, sind als Pharmakotherapeuten meist gut geeignet, weil sie sich in erster Linie als Psychiater verstehen und deshalb motiviert sind, ihre psychopharmakologischen Kenntnisse zu erhalten und laufend auf den neuesten Stand zu bringen. Psychiater, die Therapeuten werden wollen, weil sie mit psychisch kranken Menschen umgehen möchten, die Behandlung Psychosekranker und Kranker mit organischen Hirnveränderungen aber weniger interessant finden, als sie ursprünglich gedacht hatten, konzentrieren oft ihr gesamtes Interesse auf die Psychotherapie. Das kann so weit gehen, daß sie sich bei Patienten, bei denen es um eine Differentialdiagnose zwischen Psychose und Neurose geht, zum Beispiel bei bestimmten Formen der Depression, mit einer gewissen Regelmäßigkeit irren. Sie können endogene Psychosen nicht mehr als endogen erkennen. Mit den Mitteln der Psychotherapie hoffen und erwarten sie alles verstehen und heilen zu können.

Solche Ärzte eignen sich als Pharmakotherapeuten natürlich wenig. Sie sind auch nicht motiviert, bei der Anwendung von Psychopharmaka psychotherapeutische Kenntnisse einzusetzen. SCHWAB (1993) weist darauf hin, wie wichtig es sei, den Patienten zu fragen, wie es für ihn ist, daß er Medikamente einnehmen soll.»Es ist immer notwendig, im Sinn zu behalten, daß die Erkrankung selbst bereits für den Patienten einen Kontrollverlust bedeuten kann. Die Medikation kann bedeuten, daß der Patient seine Sinne nicht zu kontrollieren vermag, daß der Patient ›verrückt‹ oder daß er hilflos ist. Während der Arzt dem Patienten die Bedeutung der Medikation darlegt, kann er einige psychodynamische Aspekte, die den Behandlungserfolg zu beeinflussen vermögen, erkennen« (S. 21). Wichtig ist sicher auch, den Patienten zu fragen, welche Erfahrungen er bisher mit Medikamenten gemacht hat oder welche Erfahrungen in seiner Familie gemacht wurden. SCHWAB betont auch das. Ich selbst erinnere mich an eine Patientin mit einer bipolaren Störung, die eine Lithium-Medikation ablehnte, weil ihre Mutter auch schon mit Lithium behandelt wurde und dabei schwere Nebenwirkungen aufgetreten waren. Es handelte sich dabei um eine Lithium-Therapie in der Zeit, als man mit dem Medikament noch wenig Erfahrungen hatte.

Wendet ein Psychotherapeut mit einer psychiatrischen Vorbildung, wie sie in den Ärztekammern zur Erteilung des Psychotherapie- und des Psychoanalysetitels verlangt wird, in seinen Therapien Psychopharmaka an, sollte er das nicht nur tun, wenn er sich sonst nicht mehr zu helfen weiß. Viele Patienten kann man leichter in eine Psychotherapie bringen, wenn sie initial mit Psychopharmaka behandelt werden, die ihre Angst dämpfen, ihre Schlaflosigkeit mindern und ihren Reizschutz durch eine sedierende Wirkungskomponente verstärken. Die Kombination von Psychotherapie und Psychopharmaka sollte dem Psychotherapeuten kein schlechtes Gewissen machen. Vielmehr wäre es günstig, wenn der Psychotherapeut Freude daran gewinnen könnte, Patienten, bei denen dies angezeigt ist, durch die Kombination von Psychotherapie und Psychopharmaka eine bessere Behandlung zukommen zu lassen als bei Anwendung nur eines der beiden Verfahren. Andererseits sollte die Anwendung von Psychopharmaka nicht zum leichten Ausweg werden, wenn initial oder im Verlauf einer Behandlung Schwierigkeiten auftreten. Die kombinierte psychotherapeutische und psychopharmakologische Behandlungsform ist noch wenig erforscht und wird noch wenig gelehrt.

Die Frage, ob ein Psychopharmakon gegeben werden soll oder nicht, berührt unsere Gefühlseinstellung zum Patienten. Die Gegenübertragung kann unübersichtlicher werden. Es ist aber auch möglich, daß die Gegenübertragungsgefühle des Therapeuten durch die Dämpfung des Patienten geringer werden, ohne zu verschwinden, so daß er sich im Umgang mit den Patienten insgesamt zweckmäßiger verhalten kann.

Eine besondere Schwierigkeit ergibt sich bei der kombinierten psychotherapeutischen und pharmakotherapeutischen Behandlung neurotisch Kranker durch einen Psychologen. Hat der Psychologe vorher in einer psychiatrischen Klinik gearbeitet, konnte er, wenn er wollte, Grundkenntnisse der Pharmakotherapie erwerben. Vielleicht wurden sogar die meisten seiner Patienten medikamentös behandelt. Natürlich ist es durchaus möglich, daß ein Psychologe im Rahmen einer längeren Kliniktätigkeit gute psychopharmakologische Kenntnisse erwirbt, so daß er Pharmakotherapie im Prinzip ausüben könnte. Aus juristischen Gründen kann er aber nicht eigenverantwortlich Medikamente verordnen. Er wird, was die Pharmakotherapie angeht, mit einem Mediziner zusammenarbeiten und sich mit ihm austauschen müssen.

Die Tatsache, daß er die Pharmakotherapie niemals eigenverantwortlich wird ausüben können, kann ein Lernhindernis beim Erlernen der Pharmakotherapie darstellen. Es ist immer mißlich, wenn man nicht tun darf, was man eigentlich könnte. Lernt man erst gar nicht, was man doch nicht tun darf, entlastet einen das innerlich. Die Qualität der Behandlung von Patienten, die eine kombinierte Therapie brauchen, wird durch eine solche Einstellung natürlich nicht verbessert. Es kommt zu Problemen in der Gegenübertragung. Der Psychologe arbeitet weniger gern mit Patienten, die nicht nur im körperlichen Bereich, sondern auch im psychischen Bereich von einem Arzt mitbehandelt werden.

Andererseits erleichtern die psychologischen Kenntnisse im Bereich der Kognitionspsychologie und der Affektpsychologie, wie ein Psychologe sie aus seinem Studium mitbringt, das Erkennen psychischer Veränderungen, die durch Psychopharmaka hervorgerufen werden. Hierfür ist der Psychologe sogar besser vorgebildet als der Mediziner. Andererseits ist das Geben von Medikamenten aus guten Gründen, auch wegen der möglichen körperlichen Nebenwirkungen, Sache des Arztes. Das Problem läßt sich nicht wegschaffen, es kann aber durch offene Gespräche besser in den Griff bekommen werden.

An anderem Ort (KÖNIG 1984) habe ich dargelegt, daß eine auf das Körperliche gerichtete und eine auf das Psychische gerichtete Einstellung sehr verschieden voneinander sind und daß beim Umstellen von der einen auf die andere Sichtweise eine psychische Anstrengung nötig ist; etwa wie beim Betrachten eines sogenannten Kippbildes, auf dem man entweder zwei Gesichter oder zwei Vasen erkennen kann. Die Umstellung von einer diagnostischen Sicht, die etwa vorhandene Möglichkeiten einer pharmakologischen Behandlung, die Wahl des Mittels und seine Dosierung klären will, auf eine Sichtweise, die letztlich die Beeinflussung durch das Wort zum Ziel hat, ist mit einer ähnlichen Anstrengung verbunden. Wahrscheinlich ist sie sogar größer, weil der Gegenstand, das, was der Patient mitteilt, der gleiche ist. Es ist für Psychiater ja auch nicht immer leicht, sich von einer phänomenologischen Sichtweise, die vor allem nach Zielsymptomen sucht, auf eine psychodynamische Sichtweise umzustellen, die nach Funktionszusammenhängen sucht. Zwar ist die Abstimmung von Psychotherapie und Pharmakotherapie leichter, wenn dazu nicht erst die Kommunikation zwischen zwei Personen, dem Pharmakotherapeuten und dem Psychotherapeuten, notwendig ist; auf der anderen Seite fordert sie aber beim Therapeuten immer wieder diese Umstellungsprozesse. Vielleicht ist das mit ein Grund, warum erfahrene Psychiater und Psychoanalytiker, wie zum Beispiel KERNBERG (KERNBERG et al. 1989), eine personale Trennung von Psychotherapeut und Pharmakotherapeut empfehlen. Sie scheinen damit gute Erfahrungen gemacht zu haben.

Viele Psychiater tun sich mit der Kombination von Psychotherapie und Pharmakotherapie deshalb leichter, als Psychotherapeuten es tun, weil sie eine ganz andere Auffassung von Psychotherapie haben. Psychotherapie ist für sie das ärztliche Gespräch mit einem psychisch Kranken. Das ist natürlich etwas grundlegend anderes als eine psychoanalytisch orientierte Therapie, auch etwas anderes als eine Verhaltenstherapie. Bei ärztlichen Gesprächen dieser Art geht es in erster Linie um die Einstellung des Patienten zu seiner Krankheit und zur Behandlung, wobei dem Patienten Mut gemacht wird. Die Problematik solcher »unterstützenden« Gespräche kann man sich deutlich machen, wenn man an die Tendenz vieler Depressiver denkt, Aggression gegen die eigene Person zu richten. Man kann die Aggression gegen eine tröstende Figur schlecht nach außen ablassen. Eine Tendenz, Aggression gegen sich selbst zu richten, wird durch ein tröstendes Verhalten des Therapeuten verstärkt. In solchen Fällen wird man schlechte Erfahrungen mit »Psychotherapie« machen, was dann motiviert, sich wieder mehr auf die Pharmakotherapie zu verlassen.

Ich habe oben dargelegt, daß Psychotherapeuten Patienten in Behandlung bekommen, die lange Zeit von verschiedenen Ärzten ohne Erfolg psychopharmakologisch behandelt worden sind. Die Pharmaka wurden entweder nicht richtig ausgewählt und angewandt, oder sie waren gar nicht indiziert. Umgekehrt erhalten viele Psychiater Patienten zur Weiterbehandlung, die jahrelang mit Psychotherapie behandelt worden sind, ohne daß es ihnen am Ende besser ging. Manchen ging es sogar schlechter. Ebenso wie die Psychotherapeuten jene Patienten, die ohne Effekt psychopharmakologisch behandelt wurden, als Beleg dafür nehmen, daß Psychopharmakologie nicht viel bringe, verwenden Psychiater die erfolglos psychotherapeutisch behandelten Patienten als Beleg dafür, daß Psychotherapie, so wie sie von Psychotherapeuten angewendet wird, nichts taugt.

Eine optimale Therapie kommt dann zustande, wenn Pharmakotherapeuten und Psychotherapeuten zusammenarbeiten und ihre Ressourcen in sinnvoller Kombination einsetzen, wo eine solche Kombination angezeigt erscheint. Die Frage der Indikation für eine kombinierte Behandlung sollte dazu führen, daß der Psychiater oder der Psychotherapeut sich an den Kollegen des anderen Fachgebietes wendet. Die Indikationsstellung für Art und Dosierung einer psychopharmakologischen Behandlung und für die Art und das zeitliche Angebot einer Psychotherapie erfordern jeweils nicht die volle Fachkompetenz des anderen Faches, wohl aber Kenntnisse von dem anderen Fach. Sie erfordern gelegentliche Gespräche zwischen den Fachleuten, um Mißverständnisse, Ärgernisse und Aversionen zu reduzieren oder auszuräumen.

Schmerz (s.a. EGLE u. HOFFMANN 1993) kann, wie beim Konversionssymptom, rein psychogen erklärbar sein. Er kann aber auch eine somatische Disposition voraussetzen, wie das zum Beispiel bei der Migräne der Fall ist. Eine erbgenetisch bedingte somatische Disposition läßt sich mit heutigen Mitteln noch nicht beeinflussen. Man kann nicht ausschließen, daß das einmal möglich sein wird. Psychotherapie allein ist aber in der Lage, das Auftreten von Migräneanfällen seltener zu machen und die Intensität zu vermindern. Bei einigen Patienten treten die Migräneanfälle nach einer Psychotherapie überhaupt nicht mehr auf. Diese »geheilten« Patienten können aber die somatische Disposition zur Migräne, die ja unbeeinflußt geblieben ist, an ihre Kinder vererben. Ist der Umgang mit den Kindern so, daß die psychogenen Faktoren in ihnen nicht entstehen, brauchen sie aber nicht zu erkranken. Dennoch bleiben sie Träger der erblichen Disposition.

In den siebziger Jahren kam es vor, daß man Migränekranken in psychotherapeutischen Kliniken keine Schmerzmittel gab, weil man der Meinung war, das würde eine Psychotherapie behindern. Im Rückblick erscheint diese Befürchtung nicht nur übertrieben, sondern unzutreffend. Eine Psychotherapie richtet sich ja nicht auf das Symptom, sondern auf die Psychodynamik, die dem Symptom zugrunde liegt. Äußert sich die Psychodynamik nur im Symptom und nicht auch im Erleben und Verhalten, oder äußert sie sich dort nur in einer Art und Weise, die keinen Leidensdruck hervorruft, ist eine psychodynamische Psychotherapie ohnehin nicht möglich. Ein Symptomleidensdruck führt den Patienten zunächst in die Therapie. Einschränkungen im Erleben und Verhalten nimmt er als solche vielleicht gar nicht wahr, und deshalb leidet er nicht darunter. Es ist Aufgabe der Psychotherapie, dem Patienten dabei zu helfen, sich seines Leidens in Beziehungen und seiner Einschränkungen im Lebensgenuß bewußt zu werden. Damit erzeugt sie einen Leidensdruck, der den Patienten dazu veranlaßt, seine Aufmerksamkeit nicht mehr nur auf das Symptom zu richten. Nimmt man ihm seine Schmerzmittel, bewirkt das, daß er seine Aufmerksamkeit wieder dem Symptom zuwendet. Das Vorenthalten von Schmerzmitteln ist also kontraproduktiv und deshalb kontraindiziert.

Andererseits muß ein Patient mit einem Schmerzmittelabusus, der ihn gesundheitlich schädigt, auf geringere Dosen oder ein anderes Mittel zurückgeführt werden. Allerdings ist zu überlegen, wann dies geschehen soll: zu Beginn einer Behandlung oder dann, wenn die Therapie schon ein Stück weit fortgeschritten ist und für den Patienten ein Leidensdruck bezüglich der Einschränkungen entstanden ist, auf die er seine Aufmerksamkeit zunächst nicht gerichtet hatte. Es muß nicht immer sinnvoll sein, alles, was eine Psychotherapie behindern und was der Gesundheit eines Patienten schaden könnte, gleichzeitig anzugehen – in der Hoffnung, dann werde die Psychotherapie besonders gut laufen. Es kann sein, daß sie überhaupt nicht läuft, wenn die Symptome des Patienten seine ganze Aufmerksamkeit beanspruchen.

Beschäftigungs- oder Gestaltungstherapie

Für die *Beschäftigungstherapie*, in psychotherapeutischen Kliniken auch *Gestaltungstherapie* genannt, gibt es kein einheitliches Konzept. Vor allem herrscht keine Einigkeit darüber, wie diese diese Therapieform in den Gesamtbehandlungsplan zu integrieren sei. Oft werkelt der Beschäftigungstherapeut vor sich hin, ohne daß den übrigen Therapeuten klar ist, was da eigentlich gemacht wird; ob die Arbeitsweise der Beschäftigungstherapeuten mit dem übrigen Konzept der Klinik kompatibel ist, ob sie die übrige Arbeit ergänzt oder ob sie Überflüssiges hinzufügt. Man könnte sagen, daß die Einstellung der Psychotherapeuten gegenüber der Beschäftigungstherapie an vielen Kliniken ähnlich ist wie die Einstellung der Somatiker an einem Klinikum gegenüber der Psychotherapie. Man hat zwar eine Vorstellung davon, was die Indikationen für Beschäftigungstherapie sein können, sie werden aber nur ungefähr gestellt, weil die Informationen über die Tätigkeit der Beschäftigungs- oder Gestaltungstherapie lückenhaft sind. Manchmal will man dem Patienten einfach nur etwas Gutes tun, wenn man ihn zum Beschäftigungstherapeuten schickt. Das Ganze erinnert mich an einen Skiunfall, nach dem ich krankengymnastische Übungen machen mußte. Der befreundete Chirurg wies die Krankengymnastin an, auch meinen Musculus Trapezius zu massieren, das sei etwas Nettes. Die Krankengymnastin war verärgert, weil sie feststellte, daß diese Musculus locker war und keiner krankengymnastischen Behandlung bedurfte.

Die in der Gestaltungstherapie erstellten Produkte stellen Stimmungen, Affekte und Konflikte in Bildern (SEIFFERT 1979) dar. Erst wenn bildlich Dargestelltes in eine beschreibende Sprache übersetzt und mit Worten interpretiert wird, kann man es als ausgewertet betrachten. Der Umgang mit dem Bild kann weiteres Material zutage fördern, das dann wieder interpretationsfähig ist. Bei Patienten, die wenig Zugang zu ihrer Gefühls- und Phantasiewelt haben, wie viele *psychosomatische* Patienten, aber auch *zwangsneurotisch* strukturierte Patienten, die vom Gefühl isolieren und beim Sprechen rationalisieren, aber auch *schizoide* Patienten, die intellektualisieren, können in Bildern ausdrücken, was sie abwehren, wenn sie sich der Sprache bedienen. Der Umweg über das Bild erschließt dann Material, das sonst nicht zugänglich wäre.

Eine Auswertungsgruppe kann sich mit dem Produkt selbst befassen, aber auch mit dem Produktionsprozeß und seinen Störungen. Bei den von WEIDENKAMM und mir (KÖNIG u. WEIDENKAMM 1981) in Tiefenbrunn eingerichteten Auswertungsgruppen nahmen neben den Patienten ein Beschäftigungstherapeut, ein Stationsarzt und meist auch eine Krankenschwester teil. Die Gruppen wurden nach dem Konzept von RUTH COHN geleitet, Thema war jeweils das Produkt. Der Gruppenleiter, meist ein Stationsarzt, trug eigene Phantasien, Einfälle und Gefühle bei. Wenn er deutete, zielten seine Deutungen meist auf Vorbewußtes. Der Autor des Produktes erfuhr aber auch von den Patienten in der Auswertungsgruppe deren Meinungen, Eindrücke und Gefühle. Der Beschäftigungstherapeut brachte Beobachtungen aus dem Verlauf des Produktionsprozesses ein. Auch die Schwester beteiligte sich mit eigenen Beobachtungen und Eindrücken. Für die Teilnehmer der Gruppe, die nicht Autoren des Produktes waren, wirkte das Produkt wie ein projektiver Test. Sie konnten sich zu eigenen Phantasien anregen lassen. In der Gesamtheit der Bilder zeigten sich oft Bezüge zu gruppendynamischen Vorgängen auf der Station. Das war besonders dann der Fall, wenn die Patienten von nur einer Station stammten.

Die Einfälle von Nicht-Autoren haben Feedback-Charakter. Unter einem Feedback werden hier subjektive Äußerungen auf eine Person oder deren Produkt verstanden. Die Äußerungen der Gruppenmitglieder regen den Autor des Produkts zu weiterem Nachdenken und Phantasieren an, gleichzeitig kann ein jeder sich fragen, warum er auf das Produkt gerade so reagiert hat, und nicht so wie ein anderes Gruppenmitglied. Zum Beispiel kann ein Patient ein Bild traurig finden, das von einem anderen eher als heiter erlebt wird. Ein relativ eindeutiges Produkt kommt aus einem relativ bewußtseinsnahen Impuls und wird uniformere Reaktionen hervorrufen als ein mehrdeutiges Produkt, in dem sich verschiedene Aspekte eines inneren Konfliktes des Autors darstellen. Aus den Reaktionen kann sich der Autor das heraussuchen, von dem er glaubt, daß es auf ihn zutrifft und was er assimilieren kann.

Wer sein Produkt zeigt, kann entweder gleich etwas dazu sagen oder zunächst schweigen und die anderen sprechen lassen. Sagt der Autor gleich etwas, kann es geschehen, daß die Gruppe über seine Äußerungen spricht und das Produkt ausspart, worauf der Therapeut dann aufmerksam machen sollte. Sprechen zuerst die übrigen Gruppenmitglieder und nicht der Urheber des Produkts, sind die Einfälle zum Produkt unbeeinflußbar, reicher und lebendiger. Ein Nachteil kann darin bestehen, daß der Urheber des Produkts eigene Intentionen und Gefühle nicht mehr äußert, weil er den Eindruck hat, daß sie von den Reaktionen der Gruppenmitglieder stark abweichen.

Manchen Patienten ist es wichtig, gleich etwas zu sagen, um die Einfälle der Gruppenmitglieder zu beeinflussen. Das gilt besonders für *zwanghafte* Patienten, aber auch für *schizoide* Patienten, die eine Scheu davor haben, andere mit Gedanken oder Gefühlen in ihr Produkt, und damit indirekt auch in sie selbst, eindringen zu lassen. Die kommentierenden Äußerungen dieser zwanghaften oder schizoiden Patienten lenken von Zentralem ab.

Der Therapeut kann den Gruppenprozeß dadurch steuern, daß er den Autor auffordert, etwas zu dem Produkt zu sagen, wenn er den Eindruck hat, daß die Gruppe in ihren Einfällen ein bestimmtes Thema vermeidet, das der Autor des Produkts mit seinem Produkt in die Gruppe einbringt, er kann aber auch den Eindruck haben, daß jenes Thema besser nicht Gruppengespräch würde, weil das den Autor des Produkts überfordern könnte.

In einem Bild oder einer Plastik kann der Autor entweder sich selbst oder ein Objekt darstellen. Es kann aber auch ein Gegenstand dargestellt werden, der die Interessenlage eines Patienten ausdrückt. Eine Patientin, die dadurch aufgefallen war, daß sie besonders gern ihre Mitpatienten auf der Station oral versorgte, indem sie für sie Kaffee kochte oder ihnen Kuchen brachte, wurde bei einem Fingermalbild, das ein Klavier darstellte, durch das aufgeschlagene Notenblatt an einen leeren, geöffneten Kühlschrank erinnert und stand mit diesem Einfall in der Gruppe allein da. Sie reagierte verunsichert, verwundert und nachdenklich. In der Einzeltherapie gewann sie, anknüpfend an diesen Einfall, zunehmend Einblick in ihre orale Problematik.

Übrigens bringen Patienten ja Produkte ihrer bildnerischen Tätigkeit in die Einzelsitzungen mit, wenn sie den Eindruck haben, daß sich der Therapeut dafür interessiert; das gilt für Einzelsitzungen in der Klinik ebenso wie für Einzeltherapie im ambulanten Setting. Dagegen kommt es selten vor, daß Patienten Bildnereien in eine Gruppe mitbringen, wenn sie nicht ausdrücklich dazu aufgefordert werden.

Die meisten Therapeuten haben wohl Angst, das Gruppensetting könnte in eine Art Gestaltungstherapiegruppe »umfunktioniert« werden. Die verbale Ebene könnte in der Gruppeninteraktion zu kurz kommen.

Natürlich besteht bei den Patienten oft eine Exibitionshemmung. Wer als einziger eine Bildnerei mitbringt, macht sich dadurch automatisch zum Mittelpunkt der Gruppe. Das wird meist weder von den Gruppenmitgliedern noch vom Therapeuten gerne gesehen; besonders dann, wenn es sich sowieso um einen Patienten handelt, der gerne Mittelpunkt der Gruppe ist. Werden die bildnerischen Produkte aber in einer dafür vorgesehenen Gruppe besprochen, wird die Verbindung zu den verbalen Verfahren dort hergestellt, und der Patient kann darüber in der sprechenden Gruppe berichten.

JANSSEN (1987) weist darauf hin, daß in einem Bildwerk oder einem Musikstück Verschiedenes und auch Konträres gleichzeitig dargestellt werden kann, während beim Sprechen die Symbole (die Wörter) einander folgen. Damit wird durch Bildnerei und Musik eine grundsätzlich andere Darstellungsform möglich. Bildnerische oder musikalische Produkte bezeichnet JANSSEN auch als Übergangsobjekte (WINNICOTT 1971). Der Phantasiebereich ist bei vielen Patienten, zum Beispiel bei nicht wenigen psychosomatisch Kranken, eingeschränkt. Er kann durch bildnerische und musikalische Gestaltung erweitert und intensiviert werden. Im Bild werden als gefährlich erlebte Impulse umgesetzt, wobei gegenläufige Strebungen Darstellung finden können, und zwar in einer erträglichen Form.

Wegen ihres metaphorischen Charakters können Bilder unbewußte Inhalte darstellen, die noch nicht in Worte gefaßt werden könnten und unbewußt bleiben, wenn ihnen dieser Weg, dargestellt zu werden, nicht zur Verfügung steht. Über Einfälle zu den Bildern kann dann der Weg in die Sprache gefunden werden. In der Musiktherapie findet der Dialog über die Musik statt, wobei der Dialogpartner entweder stumm zuhört oder aber selbst Töne erzeugt, die eine Antwort darstellen. JANSSEN spricht vom »Übergangsobjekt Ton« oder »Übergangsobjekt Tongestaltung«.

Bewegungstherapie

Während Gestaltungstherapie und Musiktherapie die Symbolisierungsfähigkeit fördern und auch die Übergänge zwischen dem Gebrauch von Symbolen und den Gebrauch einer beschreibenden Sprache üben lassen, geht es in der Bewegungstherapie um einen unmittelbaren Bezug zum Körper; um ein unmittelbares Erleben dessen, was sonst in Sprache, Bildern oder Musik ausgedrückt wird. Manche Formen der Körpertherapie konzentrieren sich auf die Körperwahrnehmung. Wahrnehmbare periodische Körperfunktionen wie Atmung und Herzschlag werden erfühlt, Muskeln werden angespannt und entspannt. Auch dabei werden unterschiedliche Körpergefühle wahrgenommen. Übungen, die Körperhaltung, Gleichgewichtssinn und Geschicklichkeit, aber auch Kraft und Ausdauer verbessern wollen, gehen in Gymnastik über oder haben eine breite Verbindung dazu.

Manche Formen der Bewegungstherapie benutzen Elemente der Encounterübungen, wie sie in den siebziger Jahren auch in Deutschland verbreitet waren, zum Beispiel Führen und Geführt-Werden, Vertrauensübungen, etwa, sich rücklings in die Arme eines anderen fallen lassen. Gleichzeitig können aber auch wieder Symbole gestaltet werden, zum Beispiel kann, wie JANSSEN (1987) beschreibt, mit Decken und durch Verdunkeln des Raumes ein Uterus dargestellt werden, in dem die Patienten sich aufhalten. Ängste vor Nähe können durch formalisierte Bewegungsübungen erfüllt werden, so können zum Beispiel zwei Patienten die für sie erträgliche oder angenehme Distanz herauszufinden versuchen.

JANSSEN schreibt, daß in den Gruppen, über die er Informationen bekam, öfter von Erfahrungen in der Bewegungstherapie die Rede war. Das entspricht meinen Supervisionserfahrungen nicht. Sicher hängt es aber von der Organisation einer Klinik ab, wie breit die Kommunikation zwischen den einzelnen Settings ist. Die Gefahr, daß Bewegungstherapie für Psychoanalytiker ein exotisches Behandlungsverfahren bleibt, ist nicht klein. Man denke auch an die Kontroverse zwischen Körpertherapeuten und Nicht-Körpertherapeuten (z.B. MOSER 1989; BITTNER 1988, 1989). Bezüglich der Bewegungstherapie in stationären psychotherapeutischen Einrichtungen sei hier auch auf das Buch von BECKER (1980) verwiesen.

Bewegungstherapie in verschiedenen Formen, unter anderem in Formen der konzentrativen Bewegungstherapie (STOLZE 1988) wird gerne bei *psychosomatischen Erkrankungen* mit Körperschemastörungen angewandt, bei *Körperschemastörungen* ohne psychosomatische Erkrankungen, zum Beispiel im Rahmen von schizoiden Neurosen, bei *schizoiden Nähe- und Abgrenzungsproblemen* und bei *diffusen Schmerzzuständen*.

Über Auswirkungen einer Körperschemastörung oder über Abgrenzungsprobleme im Kontakt mit anderen Menschen sprechen Patienten auch in der Einzeltherapie und gelegentlich in der Gruppentherapie; im Unterschied zu ihren Erfahrungen in der Bewegungstherapie, die sie häufig nicht aus dem beschäftigungs- beziehungsweise gestaltungstherapeutischen Setting heraustragen.

Interessanterweise haben Psychotherapeuten mit der Grundausbildung Psychologie oft ein stärkeres Interesse an Körperlichem, so als ob sie da etwas Ergänzendes erwerben wollten.

In der seinerzeit von BRÄUTIGAM geleiteten Heidelberger Psychosomatischen Klinik wurde ein Konzept erarbeitet, das psychoanalytische Gruppentherapie und konzentrative Bewegungstherapie verbindet. In dem Buch von BECKER und SENF (1988) werden die Vorgehensweisen dieser Therapieform und ihre möglichen Verbindungen zu anderen Therapieverfahren, wie auch ihre Abgrenzung von ihnen, überzeugend dargelegt. Meines Erachtens eignet sich die Konzeptualisierung von BECKER gut für eine Anwendung der konzentrativen Bewegungstherapie, die diese nicht als einziges Therapieverfahren sieht, sondern körperliches Erleben, seine Auswertung auf der verbalen Ebene und primär verbale Therapieverfahren, wie zum Beispiel die analytisch orientierte Gruppentherapie, kombiniert. Dagegen habe ich den Eindruck, daß die von MOSER (1989) propagierte Körpertherapie einen Absolutheitsanspruch stellt. In dem oben genannten Buch von BECKER seien die Kapitel:»KBT-Elemente in psychoanalytisch orientierter Diagnostik und Therapie«,»KBT und analytische Gruppensitzung«,»Phasen im Gesamttherapieverlauf« und »Indikation sowie Erweiterte Indikation und Kontraindikationen« zur Lektüre empfohlen.

Wahrscheinlich kann man mit konzentrativen Bewegungstherapeuten schwer zusammenarbeiten, wenn man keine Selbsterfahrung in konzentrativer Bewegungstherapie hat. Über Selbsterfahrung verfüge ich begrenzt, und zwar in Form von Encounter-Workshops, die Anfang der siebziger Jahre an der Klinik Tiefenbrunn durchgeführt wurden. Sie brachten mir wichtige Erfahrungen, die ich ohne Mühe in meine Lehranalyse integrieren konnte. Beeindruckt hat mich damals zum Beispiel eine Körperübung, bei der jeweils ein Mann und eine Frau sich gegenseitig betasten sollten, um die Unterschiede zwischen ihren Körpern festzustellen. Ich war damals der Meinung, diese Übung sei für mich überflüssig, weil ich schließlich wüßte, wie Frauen sich anfühlten. Die Übung brachte mir aber neue Erfahrungen, weil sie von einem spezifischen Erkenntnisinteresse geleitet war und in einem Setting stattfand, das die Konzentration auf dieses Erkenntnisinteresse leitete. In einer privaten Situation leitet einen nicht ein Erkenntnisinteresse, in der professionellen Situation des somatisch tätigen Arztes ist das Erkenntnisinteresse auf das Erkennen pathologischer Veränderungen ausgerichtet.

Ein Umgang mit dem Körper anderer, aber auch mit dem eigenen Körper, der durch spezifische, vom Gruppenleiter genannte Erkenntnisinteressen bestimmt wird, bringt Neues in Bereichen, die auch in der Psychoanalyse eine wesentliche Rolle spielen: Identitätsgefühl, in diesem Zusammenhang das Körperschema, auch viele Aspekte der Objektbeziehungen.

In seinem Vorwort zu dem Buch von BECKER schreibt STOLZE, daß der Bezug zur psychoanalytischen Therapie nur eine von verschiedenen Möglichkeiten sei. Mir ist aber keine Therapieform bekannt, bei der es, auf einer anderen Ebene, so sehr um das gleiche geht wie bei der psychoanalytischen Therapie. Das gilt zum Beispiel für die Bearbeitung von Widerständen, wobei in der konzentrativen Bewegungstherapie und in der verbalen psychoanalytischen Therapie das gleiche Befürchtete auf verschiedene Arten und Weisen abgewehrt wird. Die Bearbeitung des Widerstandes in der Körpertherapie mobilisiert dann anscheinend oft Angstbesetztes, das in einem verbalen Setting verarbeitet und integriert werden kann.

Die Anwendung der konzentrativen Bewegungstherapie dürfte besonders in Kurkliniken als nützlich empfunden werden, wo man mit Therapiezeiten von sechs bis acht Wochen rechnet und mehrere Therapieverfahren kombinieren möchte, um in der begrenzten Zeit etwas zu verändern. Dabei ist es natürlich wichtig, daß die psychoanalytischen Therapeuten, mit denen die konzentrativen Bewegungstherapeuten kooperieren, gut ausgebildet sind. Sonst besteht die Gefahr, daß die konzentrative Bewegungstherapie Konflikte mobilisiert, die auf verbaler Ebene nicht oder schlecht bearbeitet werden können, so daß die Kombination sich dann weniger günstig auswirkt als eines der beiden Verfahren allein. Entsprechendes gilt für die Kompetenz des konzentrativen Bewegungstherapeuten. Vermutlich ist für das kombinierte Vorgehen mehr Kompetenz erforderlich als für das Arbeiten mit dem eigenen Verfahren allein.

Natürlich ist es gut, wenn an der Klinik mindestens ein Psychoanalytiker arbeitet, der selbst Erfahrungen mit der Durchführung konzentrativer Bewegungstherapie hat und sie supervidierend und diskutierend begleiten kann. Das scheint an der Heidelberger psychosomatischen Klinik mit BECKER der Fall gewesen zu sein. Sonst genügen, vermute ich, auch ein Stück Selbsterfahrung in konzentrativer Bewegungstherapie und das, was man im Angelsächsischen als »open mind« bezeichnet, neben der eigenen gründlichen psychoanalytischen Ausbildung und Supervision. Fehlt die Selbsterfahrung, kommt es nach meinen Beobachtungen oft dazu, daß die konzentrative Bewegungstherapie durchgeführt, aber nicht integriert wird. Sie ist dann weniger effektiv und wird auch weniger geschätzt.

Bei einer Einführung der konzentrativen Bewegungstherapie würde ich als ein Klinikleiter darauf achten, daß Diskussions- und Kooperationsbereitschaft von beiden Seiten gefördert und ein Diskussionsforum etabliert wird.

Was die Indikation anlangt, erscheint mir die Annahme von BECKER (1989, S. 115) wichtig, daß man mit der konzentrativen Bewegungstherapie über »... so etwas wie eine *schichtunabhängige Kollektivsprache, die soziale Barrieren überwinden hilft* ...« [verfügt] (Hervorhebung von BECKER). Eine Klinik, die Patienten aus verschiedenen Sozialschichten aufnimmt und behandelt, sollte an diesem Aspekt interessiert sein, was nicht zu heißen braucht, daß deshalb die sozialen Unterschiede auf anderen Ebenen, zum Beispiel die unterschiedlichen Normen und Werte, unter den Teppich gekehrt werden müssen; im Gegenteil, es ist wichtig, sie zu beachten, um beim Durcharbeiten die unterschiedliche soziale Situation der verschiedenen Patienten zu berücksichtigen.

Musiktherapie

Die Musik eignet sich zur Darstellung von Stimmungen; auch Erlebnisse, Erfahrungen, erinnerte Szenen können in die musikalische Gestaltung eingehen. Im Sprechen über die Musik kann der Übergang ins Sprachliche gefunden werden.

Zu Beginn einer Musiktherapie kann der Musiktherapeut nach JANSSEN durch Vorspielen ermuntern und eigene, vielleicht zunächst tastende und unbeholfene Versuche des Patienten bestätigen, später hört er vielleicht nur zu oder antwortet durch eigene Musik.

Zwischenmenschliche Beziehungsformen wie Dependenz, Counterdependenz, Harmonie können musikalisch ausgedrückt werden. Die musikalischen Beziehungsmodalitäten haben ihre Wurzel im Charakter des Patienten und in seiner Übertragung auf den Musiktherapeuten oder die Musiktherapeutin. Beim Versuch, Musik in Worte zu übersetzen, können Widerstände auftreten. Es muß aber auch die sprachliche Ausdrucksfähigkeit des Patienten in Rechnung gestellt werden.

Es ist mein Eindruck, daß Musiktherapie weniger als die Gestaltungstherapie und auch weniger als die konzentrative Bewegungstherapie im Erfahrungsaustausch mit psychoanalytischen Verfahren steht. Daß man durch Musik Affekte und Stimmungen ausdrücken kann, und daß Musik Affekte und Stimmungen hervorruft, ist eine Binsenweisheit. Doch läßt sich das, was in der Musik ausgedrückt wird, mit psychoanalytischen Konzepten schwerer verbinden als das, was in der Gestaltungstherapie und in der konzentrativen Bewegungstherapie geschieht. In einer Darstellung von MECHTILD LANGENBERG (1986) wird in erster Linie auf WINNICOTT Bezug genommen, der sich mit – nichtmusikalischem – Spielen aus psychoanalytischer Sicht beschäftigt hat.

Ich finde es charakteristisch, daß die Art der Zusammenarbeit mit dem Einzeltherapeuten in diesem Beitrag nicht deutlich wird. Natürlich zweifle ich nicht daran, daß Musiktherapie es einem Patienten ermöglicht, etwas auszudrücken, und daß man den Patienten mit der Art und Weise des musikalischen Sich-Ausdrückens konfrontieren kann, zum Beispiel durch Beschreibung oder durch ein Tonband. Die in dem Beitrag referierten Interpretationen sind auch nicht beliebig, sie leuchten ein. Dennoch hat man den Eindruck, daß auch ganz andere, ebenso einleuchtende Interpretationen gefunden werden könnten. Das gilt natürlich auch für Interpretationen der Gestaltungstherapie; begrenzter für die Interpretation dessen, was der Patient in einer verbalen psychoanalytischen Therapie sagt (z.B. STREECK 1985, 1986).

Daß Therapeuten, die von ihren Patienten sprechen, sich in der Supervision seltener auf die Vorgänge und Ergebnisse in der Musiktherapie beziehen, jedenfalls in meiner Erfahrung, könnte ein Hinweis darauf sein, daß die Verständigung zwischen Musiktherapeuten und den Therapeuten, die sich mit dem gesprochenen Wort beschäftigen, noch nicht sehr gut ist. Ich meine, daß sie verbessert werden kann.

Der Prozentsatz analytischer Psychotherapeuten, die sich für Musik interessieren, ist relativ hoch. Das Interesse an Musik muß aber noch kein Interesse an Musiktherapie bedingen. Manchem Psychotherapeuten mag hier auch sein ästhetischer Anspruch an Musik im Wege stehen. Während im Bereich der bildenden Kunst formal anspruchslose Formen der Malerei durchaus Interesse finden – primär durch das, was sie technisch unvollkommen ausrücken –, tut vielen musikinteressierten Therapeuten ungekonnt produzierte Musik »weh«. Dabei sind manche in der Musiktherapie verwendete Instrumente wie zum Beispiel das Orffsche Instrumentarium sehr geeignet, »kunstlos« gespielt zu werden und doch zu ermöglichen, daß man etwas ausdrückt. Ich würde empfehlen, daß an Kliniken, in denen Musiktherapie gemacht wird, sich die neu hinzukommenden Therapeuten Musiktherapie mehrmals demonstrieren lassen. Das erscheint mir auch deshalb angebracht, weil man in psychotherapeutischen Publikationen immer wieder Beispiele aus der Gestaltungstherapie findet, die technischen Möglichkeiten der Print-Medien eine direkte Wiedergabe dessen, was in der Musiktherapie geschieht, aber weniger zulassen. Hier könnte das Anhören helfen: das Anhören von Demonstrationen durch die Musiktherapeuten, aber auch das Anhören von Registrierungen musikalischer Produktionen ihrer Patienten und der Kommentare des Therapeuten.

Die zeitliche Limitierung

Nicht in allen Kliniken wird der voraussichtliche stationäre Aufenthalt von vornherein zeitlich festgelegt. Seine Dauer richtet sich nach dem Verlauf der Therapie. Ich habe den Eindruck, daß Patienten in der Regel stärkere Widerstände aufbauen müssen, wenn ein Behandlungsangebot zeitlich unbestimmt ist. Besonders trifft das zu, wenn die Behandlungszeit in einer Klinik in weiten Grenzen variiert. Andererseits gibt es Patienten, die sich ungern auf ein Behandlungsangebot einlassen, das von vornherein zeitlich limitiert ist. Das gilt besonders für depressiv strukturierte Patienten, denen Trennungen jeder Art schwerfallen.

Wenn die Aufenthaltsdauer nicht zu Beginn einer Therapie festgelegt wird, kann man mit Zeitblöcken arbeiten, um dem regressionsfördernden Einfluß eines zeitlich offenen Angebots entgegenzuwirken (KÖNIG u. SACHSSE 1981). Im Krankenhaus Tiefenbrunn wurde früher (KÖNIG 1974) mit *mehreren* Blöcken von Gruppentherapie gearbeitet, die jeweils 24 Sitzungen umfaßten. Weil heutzutage mehr Patienten als früher aufgenommen werden, die nicht von vornherein gruppenfähig sind, hat sich die Zeit der Gruppentherapie verringert, zugunsten einer längeren Vorbereitungszeit in Einzelsitzungen.

Natürlich lassen sich geschlossene Gruppen nur in einer größeren Klinik durchführen, in der viele Gruppen laufen, so daß die Wartezeit auf eine neue Gruppe kurz ist. Sonst arbeitet man meist mit halboffenen Gruppen. Geschlossene Gruppen haben den Vorteil, daß sie in der Regel eine Entwicklung durchlaufen, die den psychosexuellen Entwicklungsstadien der ersten fünf Lebensjahre entspricht (KÖNIG 1976a; KÖNIG u. LINDNER 1992), so daß alle Fixierungen auf psychosexuelle Entwicklungsstufen jener Jahre während des Gruppenverlaufs erfaßt werden.

In halboffenen Gruppen kann man eine bestimmte Sitzungszahl anbieten, nach der die Therapie zu Ende ist oder ein Bilanzgespräch gemacht wird. Das gilt für alle therapeutischen Angebote; auch für Einzelsitzungen, für Gestaltungstherapie, konzentrative Bewegungstherapie, Musiktherapie und so weiter.

Es ist wichtig, zwischen dem Angebot einer Behandlungszeit und dem Angebot einer Sitzungszahl zu unterscheiden. Natürlich macht es einen großen Unterschied, ob man einem Patienten mitteilt, daß er drei Wochen lang an zwei Sitzungen wöchentlich teilnehmen soll, oder ob man ihm mitteilt, er werde innerhalb der nächsten drei Wochen sechs Sitzungen haben. Die Angabe einer Frequenz über einen bestimmten Zeitraum oder gar über eine unbestimmte Zeit hin hat, verglichen mit der Angabe einer absoluten Zahl, andere Konnotationen (KÖNIG u. SACHSSE 1981). Die Angabe einer Frequenz erweckt beim Patienten Vorstellungen wie gefüttert werden, drei Mahlzeiten täglich haben oder drei Tabletten täglich einnehmen. Wird lediglich eine bestimmte Anzahl genannt, stellt sich dagegen die Konnotation einer begrenzten Zeitmenge ein, mit der ein Patient auskommen muß.

Arbeitet man mit mehreren Zeitblöcken hintereinander, ist es zweckmäßig, am Ende eines jeden Zeitblocks mit dem Patienten darüber zu sprechen, was er erfahren und erlebt hat und wie er das Erfahrene und Erlebte verwerten konnte.

Visiten und Sprechstunden in einer Klinik gehören zum Grundangebot, ebenso wie die Stationsgruppe. Sie erstrecken sich über die gesamte Aufenthaltsdauer. Die Teilnahme an der Visite ist meist für alle Patienten Pflicht, auch die Teilnahme an der Stationsgruppe; doch kann bei Patienten, die zunächst durch eine Stationsgruppe überfordert sind, auf die Teilnahme verzichtet werden. Ob der Patient den Therapeuten in Sprechstunden in Anspruch nimmt, bleibt ihm in der Regel überlassen. Der Therapeut kann aber auch Patienten, die er allein sprechen möchte, in seine Sprechstunde bestellen.

Die Kombination zeitlich begrenzter und zeitlich nicht begrenzter oder nur in der Frequenz, nicht aber in der Gesamtzahl von vornherein klar begrenzter Angebote entspricht in etwa den Lebensverhältnissen im Alltag, wo man es aber in der Regel weniger als in einer Klinik, die Zeitblöcke anbietet, mit absoluten Mengen zu tun hat. Man geht eben fünfmal die Woche arbeiten, hat drei Mahlzeiten täglich etc. In der Klinik wirkt das Angebot von Zeitblöcken dem regressionsfördernden Angebot eines Schutzraumes entgegen. Sind die Zeitblöcke länger, wird die Regression weniger gehemmt, als wenn sie kurz sind.

Natürlich hängt der Einfluß einer Klinik auf das Regressionsniveau der Patienten nicht nur von den zeitlichen Strukturierungen ab. Die Regression wird auch durch den Inhalt des therapeutischen Angebots und die angewandten Techniken beeinflußt. Durch die zeitliche Limitierung der einzelnen Angebote hat man aber ein wirksames Mittel in der Hand, die Illusion der Zeitlosigkeit zu begrenzen und damit das sekundärprozeßhafte Erleben zu stärken, wo dies angebracht erscheint. Neben der zeitlichen Struktur an sich ist auch der Umgang mit ihr wichtig. So kann man am Ende einer jeden Sitzung auf die verbleibende Zahl der Sitzungen hinweisen, oder eben darauf nicht Bezug nehmen. Auch Bilanzgespräche am Ende eines Zeitblockes kann man unterschiedlich handhaben und den Zeitfaktor dabei mehr oder weniger in den Vordergrund stellen.

Die freie Zeit der Patienten

Selbst in Kliniken mit einem vielfältigen Therapieangebot bleibt dem Patienten viel freie Zeit. Je nach Persönlichkeit, aber auch je nach der sozialen Schicht, aus der ein Patient stammt, und je nach den bisherigen Lebensgewohnheiten wird das sehr unterschiedlich erlebt. Sind die Aufenthaltszeiten nur kurz, wie das in den meisten Kurkliniken der Fall ist, wird die Freizeit von vielen Patienten als Erholungszeit empfunden. Es gibt Patienten, die darauf gewartet haben, wieder zu sich selbst zu finden; besonders sind das Frauen mit der Doppelbelastung Beruf und Familie. Andere wieder kommen nun dazu, zu lesen, was sie schon lange einmal lesen wollten, wieder andere gehen spazieren.

Seit die Interaktionen der Patienten untereinander nicht mehr als störend, sondern als positiv beurteilt werden, erwartet man vielfach, daß die Patienten in der freien Zeit viel miteinander interagieren, und das tun sie oft auch. Den Lebensgewohnheiten vieler Menschen entspricht es aber nicht, jeden Tag stundenlang mit anderen zu sprechen. Sind persönliche und interpersonelle Probleme das vorherrschende Gesprächsthema, kann das auch zu einer Überstimulierung und damit zu einer Übermobilisierung führen. Es kommt zu Symptomverstärkungen oder zum Auftreten neuer Symptome. Auch variieren die Menschen bezüglich ihres Gesprächsbedürfnisses je nach ihrer Struktur. Ferner gibt es Geschlechtsunterschiede. Im Durchschnitt sprechen Frauen lieber miteinander als Männer. Sie sind auch von vornherein mehr an Beziehungen interessiert und finden in der Klinik ein positiv erlebtes Gesprächsfeld, während Männer im Durchschnitt lieber mit Dingen umgehen, in ihrem Beruf oder in Gestalt eines Hobbys, zum Beispiel in einer Hobbywerkstatt. Die Interessen der Angehörigen psychosozialer Berufe darf man da nicht generalisieren.

Zum Umgang mit Dingen finden solche Patienten in der Klinik wenig Gelegenheit. Spiele miteinander spielen, zum Beispiel Kartenspiele, bietet einen Umgang mit Gegenständen an, den Spielkarten, und stellt eine konkrete Aufgabe: im Spielergebnis gut abzuschneiden. Dabei geht man auch miteinander um und kann zum Beispiel erleben, wie Gewinnen und Verlieren von einem selbst und von anderen erlebt werden und wie das Erlebte ausgedrückt wird.

Da in den meisten Kliniken die Frauen zahlenmäßig überwiegen, berücksichtigen viele Klinikkonzepte von Anfang an mehr die Freizeitbedürfnisse von Frauen, oder sie entwickeln sich mit der Zeit in dieser Richtung. Nicht alle Kliniken bieten den Männern – und natürlich auch den daran interessierten Frauen – genug Freizeitangebote, in denen man etwas miteinander *tun* kann, wobei man dann auch etwas übereinander erfährt.

Wegen der vielerorts anzutreffenden Tendenz, mehr das Gemeinsame zwischen Männern und Frauen zu sehen (zum Beispiel die Tatsache, daß heute viele Frauen Berufe erlernen, die früher den Männern vorbehalten waren, und auch die Zahl der Männer zugenommen hat, die sich für Berufe interessieren, in denen früher sehr viel mehr Frauen als Männer tätig waren; zum Beispiel gilt das für einige soziale Berufe), geraten die bestehenden Unterschiede in Interessen und Gewohnheiten von Männern und Frauen in den Hintergrund. Bezüglich der Geschlechtsunterschiede im Gesprächsverhalten verweise ich auf das Buch von DEBORAH TANNEN (1993). Im alltäglichen Interaktionsverhalten kommt das überwiegende Interesse der Männer am Umgang mit Dingen zum Ausdruck; wenn etwas kaputt ist, denken Männer häufig gleich an die Reparatur, während Frauen zunächst einmal darüber sprechen möchten, wie es für sie ist, daß das Ding kaputtgegangen ist. In einer Psychotherapie wird erwartet, daß jemand darüber spricht, wie etwas für ihn ist, statt nur sachlich über äußere Faktoren zu berichten. Damit tun sich Frauen im Durchschnitt leichter als Männer. Männer müssen das Interesse an ihren eigenen Gefühlen oft erst entwickeln. Man kann nicht erwarten, daß es von vornherein da ist. Auch das Freizeitangebot sollte dies berücksichtigen und Angebote im Umgang mit Dingen machen, über die Beschäftigungstherapie oder die Gestaltungstherapie hinaus. Patienten und auch Patientinnen, die sich dann *nur* mit Dingen beschäftigen, sollten darauf angesprochen werden. Dies Problem wird aber im Hier und Jetzt der Klinik nicht deutlich, wenn es keine Wahlmöglichkeiten gibt.

Im Umgang der Patienten und Patientinnen untereinander zeigen sich viele Eigenschaften der Persönlichkeitsstruktur, die wiederum einen Einfluß auf die Ich-Funktionen hat. Eine Beziehung aufnehmen und unterhalten zu können, aber auch sich aus einem Gespräch zurückziehen zu können, wenn es einen zu belasten droht, diese Fähigkeiten sind bei *schizoiden* und bei *depressiven* Patienten oft eingeschränkt. *Hysterische* Patienten sind große Kontakthersteller, oft aber weniger gut im Unterhalten von Beziehungen. *Zwanghafte* Patienten sind oft an Dingen viel interessierter als an ihren eigenen Gefühlen und den Gefühlen anderer, projizieren aber oft in ihre Bezüge zu Dingen innere Konflikte und tragen auch interpersonelle Konflikte über Sachfragen aus; ein Verhalten, das man auch aus Teamsitzungen kennt. *Phobische* Menschen neigen aus anderen Gründen als depressive zum Klammern an Objekte. Ihr Aktivitätsniveau hängt stark davon ab, ob sie ein verläßliches Objekt haben, das sie in ihren Aktivitäten begleitet. Auf die Unterschiede im Freizeitverhalten bin ich unter anderem in dem Buch »Kleine psychoanalytische Charakterkunde« (1992) eingegangen. Hier sei nur erwähnt, daß depressive Patienten schwer von sich aus in Gang kommen. Sie brauchen äußere Anregung. Depressive Menschen fürchten auch die Pausen, weil sie depressive Stimmungen oft durch Aktivität überdecken. Man denke an die sogenannten Wochenenddepressionen. Depressive Patienten zeigen andererseits oft ein rastloses Verhalten, mit dem sie ihre depressive Stimmung überspielen und das ein Hineinsinken in die Depression verhindern soll.

Weil das Freizeitverhalten in vielen Kliniken unter einem Mangel an Freizeitangeboten leidet, oft begründet durch die Auffassung, die Patienten sollten zu sich kommen und miteinander reden, was für verschiedene Menschen aber Unterschiedliches bedeutet, herrscht in der Freizeit vieler Klinikpatienten ein ausgesprochener Strukturmangel. Manche leiden unter quälender Langeweile, andere gehen mit ihrer Überaktivität den Mitpatienten auf die Nerven. Viele Patienten wiederum empfinden die Kontaktangebote in einer Klinik als angenehm und haben große Schwierigkeiten bei der Umstellung auf ihre Alltagssituation, wo sie soziale Kontakte erst herstellen müssen. Andere wieder haben Schwierigkeiten, sich so abzugrenzen, wie das ihren Bedürfnissen entspricht. Sie verbrauchen in interpersonellen Freizeitkontakten zu viel von ihrer individuellen »Kontaktzeit« und nehmen in therapeutischen Settings, in denen man sich in ein Schweigen zurückziehen kann, zum Beispiel in einer therapeutischen Gruppe, ihre »Auszeit«. Daran, daß Patienten, die in Gruppen passiv sind, in ihrer Freizeit überstimuliert sein können, wird oft nicht gedacht. Menschen mit einer primären Kontaktschwäche fehlt es an Gelegenheit, das Dosieren von Kontakten zu lernen. Im überreichlichen Kontaktangebot einer Klinik sind sie dann überfordert. Oft ziehen sie sich auch in der Freizeit ganz zurück, weil sie das üppige Kontaktangebot nicht in einem dosierten Umfang nutzen können, der ihnen gemäß ist.

Krankheitsbilder und Indikationen

Entwicklungspathologie und Konfliktpathologie – diagnostische Einordnung und ihre Auswirkungen auf die klinische Arbeit

FREUD beschäftigte sich zu Beginn mit den Auswirkungen von Traumen auf die psychische Entwicklung – mit der Verführungstheorie. Später begann er seinen »Neurotikern« nicht mehr zu glauben (MASSON 1986, S. 283). An die Stelle von pathogenen Traumen trat in seiner Theorie die pathogene Wunschphantasie. Daß es sogenannte traumatische Neurosen gibt, hat FREUD freilich nie bestritten. Tatsächlich gibt es beides, sexuelle Traumatisierungen und sexuelle Wunschphantasien. Man weiß noch nichts sicheres über die zahlenmäßigen Verhältnisse.

Eine ähnliche Entwicklung scheint sich für die Dichotomie *Entwicklungs- und Konfliktpathologie* abzuzeichnen. Zu FREUDS Zeiten hat FERENCZI (z.B. 1988) angenommen, daß Patienten in der Beziehung zum Analytiker *Entwicklung* nachholen müssen, während FREUD noch ganz überwiegend konflikterzeugende *Wünsche* als krankmachend ansah; eine Sicht, die MELANIE KLEIN mit FREUD teilte und schließlich auf die Spitze trieb, während BALINT in der Nachfolge von FERENCZI die heilende Beziehung in den Vordergrund stellte, ohne deshalb die aufklärenden Aspekte einer Beziehung zum Therapeuten für unwichtig zu halten. Die Beschäftigung mit sogenannten narzißtischen Störungen wurde durch die Arbeiten von KOHUT (1971) intensiviert. Plötzlich sah man überall narzißtische Pathologie und kaum noch ödipale Krankheitsbilder. Auch heute noch ist unklar, ob die narzißtischen Störungen tatsächlich zugenommen haben, zum Beispiel als Folge einer Verunsicherung der Eltern bezüglich des Umgangs mit ihren Kindern und eines daraus resultierenden inneren und äußeren Rückzugs von ihnen, oder ob sich die Ausrichtung unserer diagnostischen Wahrnehmungen verändert hat.

Daß Krankheitsbilder sich mit der Zeit ändern, wird keiner leugnen. Im Zweiten Weltkrieg gab es keine Kriegszitterer mehr wie im Ersten, die großen hysterischen Anfälle sind selten geworden und kommen in Deutschland fast nur noch bei Gastarbeitern vor, die aus solchen Ländern stammen, in die die Psychoanalyse keinen Eingang gefunden hat. Daß die Psychoanalyse im Westen die gesamte Kultur durchtränkt – auch heute noch, da sie von vielen Seiten unter Beschuß steht – hat sich sicher darauf ausgewirkt, daß sich Unbewußtes nicht mehr in der gleichen, relativ direkten Weise im Symptom zeigen kann, wie das früher einmal der Fall war und in den Ländern ohne Psychoanalyse heute noch vorkommt.

Ich gehöre zu den ersten, die am Göttinger Psychoanalytischen Institut die KOHUTschen und später die KERNBERGschen Ideen einführten und diskutierten, und jetzt gehöre ich wieder zu den ersten, die meinen, daß man jetzt die Aufmerksamkeit zu einseitig auf die sogenannten Frühstörungen ausrichtet, daß man Konfliktpathologien übersieht, wo sie eindeutig diagnostizierbar sind, und daß es nützlich sei, die Auswirkungen der Entwicklungsstörungen auf den Verlauf der ödipalen Entwicklung genauer zu betrachten (vgl. z.B. auch ROHDE-DACHSER 1987). STREECK (1991) vertritt den Standpunkt, daß sich die Psychotherapie auf die Entwicklungs- und Konfliktlage des einzelnen Patienten in einer Klinik fokal ausrichten müsse. Es genüge nicht, sich darauf zu verlassen, daß der Patient seine Probleme schon inszenieren werde und daß es dann ausreichen werde, sich mit den Inszenierungen zu beschäftigen. Vielmehr plädiert er für eine Fokaldiagnostik zu Beginn der Behandlung. Der Fokus soll die Aufmerksamkeit des therapeutischen Teams dann auf bestimmte Aspekte der Psychopathologie des Patienten ausrichten, was bewirken soll, daß man dann nach Inszenierungen Ausschau hält, die zum Fokus passen und Widerstände bearbeitet, die sich dem Manifestwerden der im Fokus beschriebenen Konflikte des Patienten entgegenstellen, zum Beispiel Vermeidung oder Rückzug.

Natürlich kann nicht jeder Fokus in einer stationären Therapie »ausbehandelt« werden. Es ist zum Beispiel eine schwierige Aufgabe einzuschätzen, ob eine weitere Besserung der Krankheit des Patienten seine Aussichten auf dem Arbeitsmarkt steigert oder ob die mit mehr Therapie verbundene längere Behandlungszeit Nachteile bringt, die größer sind als die Auswirkungen der erreichten Besserung.

Das Konzept einer Fokussierung der Therapie mit dem Ziel, deren Effizienz zu steigern und die Behandlung damit abzukürzen, läßt auch an die Argumente denken, mit denen GILL (1979, 1987) einen aktiveren

Umgang mit der Übertragung vorschlägt, besonders ein aktives Umgehen mit den Widerständen, die sich dem Manifestwerden einer Übertragung entgegenstellen. In der Übertragung werden Konflikte inszeniert, innere Konflikte werden zu interpersonellen gemacht. Ebenso wie es einen Widerstand gegen das Manifestwerden der Übertragung gibt, gibt es auch einen Widerstand gegen das Inszenieren.

Natürlich gibt es Patienten, die massiv und scheinbar unbekümmert inszenieren. Fast alle Borderline-Patienten tun das. Hier ist das Problem nicht zu viel Widerstand, sondern zu wenig Ich-Struktur. Die Grenzen des Inszenierens, die sonst durch den Widerstand des Patienten bedingt werden und oft enger gesetzt sind, als es für die Therapie gut ist, weshalb man die Widerstände dann bearbeiten muß, sollten bei massiv inszenierenden Patienten durch ein eindeutiges und wirksam begrenzendes Setting ersetzt werden, wie zum Beispiel KERNBERG (KERNBERG et al. 1989) es schon seit vielen Jahren zu praktizieren scheint; eine Praxis, die mit der unserer Suchtkliniken zu vergleichen ist, in denen der Umgang mit der Hausordnung ja auch immer einen wesentlichen Bestandteil der Therapie darstellt, einen wesentlicheren als in Kliniken, in denen Patienten mit Konfliktpathologie oder leichter Entwicklungspathologie behandelt werden.

Für die Zukunft würde ich voraussagen, daß sich ein allgemein gefaßtes Konzept der Triangulierung gerade in der stationären Psychotherapie als wichtig erweisen könnte, ein Konzept, das die verschiedenen Formen der Dreierbeziehungen berücksichtigt: von einer vorwiegend auf die Mutter ausgerichteten Beziehung mit einer schemenhaften Beziehung zum Vater und vor allem auch einer schemenhaften Beziehung des Vaters zur Mutter, bis hin zur ödipalen Dreiecksbeziehung, wo Phantasien über die Beziehungen des Vaters zur Mutter und der Mutter zum Vater einen breiten Raum einnehmen und die Voraussetzungen für den Wunsch sind, einen Elternteil beim anderen als Partner zu ersetzen; ein Konzept, das dann auch alle defensiven Formen der Dreierbeziehung mit einschließt, sowohl frühe Sexualisierungen als auch das Ergebnis regressiver Prozesse mit einem Rückzug aus der gefährlichen ödipalen Konstellation. Die Arbeiten von ABELIN (1971, 1975) ERMANN (1985), ROTMANN (1978, 1985), auch eigene Überlegungen (KÖNIG 1992, 1993a) haben Beachtung gefunden. Auswirkungen auf die therapeutische Praxis sind aber noch kaum erkennbar. Meines Erachtens müßte eine Beschreibung der aktuell vorherrschenden Triangulierungsform und der bisher vermutlich maximal erreichten Reife der Triangulierung Bestandteil einer jeden psychodynamischen Diagnose sein.

Ein Wissen um die Art der Triangulierung kann dann eine Basis abgeben von der ein Verständnis der interpersonell inszenierten, oder eben nicht inszenierten, Konfliktdynamik ausgehen würde.
Man kann Fragen stellen wie: Warum sucht der Patient eine Zweierbeziehung? Warum zieht er sich aus Mehrpersonenbeziehungen zurück? Warum sucht der Patient wechselnde Zweierbeziehungen oder: Warum sucht der Patient mehrere gleichzeitige Zweierbeziehungen? Warum sind für diese Patientin nur Männer interessant, die schon gebunden sind? Warum löst sich dieser Mann immer aus Beziehungen zu Frauen, wenn er in den Beziehungen Verantwortung übernehmen soll? Warum hat diese Frau Angst, ein Kind nicht richtig betreuen zu können? Warum kündigt dieser Mann seine Stellungen oder fängt Streit an, so daß ihm gekündigt wird, wenn in dem Betrieb, in dem er arbeitet, ein beruflicher Aufstieg bevorsteht? Warum inszeniert dieser Patient seinen Konflikt nicht, obwohl entscheidende Übertragungsauslöser vorhanden sind? Handelt es sich hier um ein Vermeiden progressiver Bewegungen oder um Regression, oder sind progressiv anmutende Inszenierungen in Wahrheit defensiv, weil sie von früheren problematischeren Beziehungsformen ablenken sollen? Solche Fragen können Anlaß geben, nach Entsprechungen im Beziehungsfeld der Klinik zu suchen – oder sich eben klar zu machen, daß die Klinik für eine bestimmte Inszenierung zur Zeit oder auf Dauer keine Übertragungsauslöser bietet, so daß der Patient Beziehungsformen inszeniert, die nichts mit seinen zentralen Problemen zu tun haben.
Daß Fortschritte in der Theorie lange brauchen können, ehe sie sich in der therapeutischen Praxis auswirken, kann man ja schon an FREUD beobachten, der Übertragungsdeutungen wenig anwandte, obwohl er gleichzeitig in technischen Schriften ihre Wichtigkeit betonte.

Zur Depression

Sprechen Psychoanalytiker mit Psychiatern, die nicht psychoanalytisch ausgebildet sind, über den Umgang mit Depressiven, kommt es oft zu Mißverständnissen. Manche Psychiater haben die Erfahrung gemacht, daß Patienten mit einer endogenen Depression durch Deutungen nicht zu erreichen sind. Während der Phase einer endogenen Depression ist der Zeitpunkt zu einem Vorgehen, das sich auf Deuten einschränkt, falsch gewählt, worauf unter anderem BRÄUTIGAM (1979) hingewiesen hat. Im Zustand der »major depression« ist die Präsenz des Arztes wichtig, sie sollte sich aber eher nonverbal als verbal äußern (LANG 1990). Sonst ist die Behandlung im wesentlichen thymoleptisch. Kommt der Patient aus seiner schweren Depression heraus, steigt die Suizidgefährdung. Hier ist wieder eine stabile Beziehung zu einem nicht überfordernden Therapeuten wichtig. Sowohl im Zustand der »major depression« als auch in der Phase des Übergangs aus der depressiven Phase in ein Zwischenstadium wirken Deutungen überfordernd. Der Patient kann mit ihnen nichts anfangen und wirft sich das oft vor. Die Präsenz des Arztes sollte durch kurze, aber häufig und regelmäßig stattfindende Kontakte signalisiert werden. Aufgabe des Arztes ist es auch, für ein nicht überforderndes Umfeld zu sorgen und zu verhindern, daß man ein depressives Verhalten als hysterisch mißversteht (LANG 1990). Später soll sich nach LANG eine Psychotherapie endogen Depressiver auf das Bearbeiten der auslösenden Situation konzentrieren. STAATS (1992b) hat ein darauf abzielendes gruppentherapeutisches Vorgehen bei manisch-depressiven Patienten im Intervall beschrieben. Es wird dann im Sinne einer Phasenprophylaxe gearbeitet. Die Psychotherapie kann dem Patienten auch helfen, den Verlust wichtiger Beziehungspersonen oder deren Distanzierung, aber auch Veränderungen in der Umgebung, zum Beispiel in einer Institution, für die er tätig war, oder einen Verlust seiner beruflichen Arbeit zu betrauern, statt depressiv zu werden.

Dagegen kann nach LANG eine neurotische Depression oder, phänomenologisch betrachtet, eine Depression, die nicht so schwer wird, daß sie zu einer vollständigen Initiativelähmung des Patienten führt (und das bei anscheinend ubiquitären auslösenden Faktoren), wie eine Übertragungsneurose behandelt werden, auch unter Benutzung der Couch. Letzteres kommt in der Klinik natürlich nicht in Betracht, dieser Hinweis will aber wohl deutlich machen, daß die Abhängigkeit neurotisch Depressiver vom Objekt geringer ist als beim sogenannten endogen Depressiven, der einen unmittelbaren Kontakt zum Therapeuten braucht.

Ein sogenannter endogen Depressiver ist zwischen den Phasen meist ein angenehmer Mensch, der allenfalls durch das Fehlen aggressiver Regungen auffällt. Aber auch bei den sogenannten endogen Depressiven kann es wichtig sein, sie auf versteckt geäußerte Vorwürfe anzusprechen, damit sie erleben, daß die Beziehung zu einem Menschen das aushalten kann.

Die Darstellung von LANG macht auch deutlich, wie sehr sich ein

Patient mit »major depression« zwischen den Phasen von einem neurotisch Depressiven unterscheidet. Der neurotisch Depressive ist mehr oder weniger depressiv, aber nie mit sich zufrieden. Ein endogen Depressiver kann in einer ihm angepaßten Umwelt durchaus ein Gefühl der Gesundheit erreichen. Die Therapie eines endogen Depressiven zwischen den Phasen muß das berücksichtigen und unterscheidet sich auch deshalb erheblich von der Therapie eines neurotisch Depressiven, wie LANG eindrücklich darlegt (vgl. auch MENTZOS 1995).

Psychiater und Psychoanalytiker bauen die Prinzipien ihres Umgangs mit Depressiven auf verschiedenen Patientengruppen auf, zwischen denen es natürlich Übergänge gibt. Ein therapeutisches Vorgehen, das schwerpunktmäßig im Umgang mit endogen Depressiven erworben wurde, eignet sich aber kaum für die Behandlung neurotisch Depressiver und umgekehrt. Endogen Depressive sind in einer psychotherapeutischen Klinik meist auch zwischen den Phasen schlecht aufgehoben. Es herrscht ein konfliktmobilisierendes Stationsklima. Die Patienten verhalten sich im allgemeinen bezüglich ihrer aggressiven Impulse freier, als es den endogen Depressiven gut tut. Umgekehrt reicht es bei den neurotisch Depressiven nicht, während einer medikamentösen Therapie und in der Zeit danach als Objekt präsent zu bleiben. Die Therapie muß hier konfliktorientiert sein, wozu der neurotisch Depressive viel leichter motivierbar ist als der endogen Depressive zwischen den Phasen. Die Klassifikation des DSM III R (1991) verzichtet auf diese ätiologiebezogene Unterscheidung und spricht von »Minor Depression« oder »Major Depression«, teilt also nach dem Schweregrad ein.

Psychosomatische Patienten

Von den großen Psychosomatosen nach ALEXANDER (1977), also Asthma bronchiale, Ulcus pepticum, Colitis ulcerosa, essentielle Hypertonie, Neurodermitis (heute fraglich geworden sind die primär chronische Polyarthritis und die Hyperthyreose) werden wohl nur noch Asthma bronchiale, Colitis ulcerosa (auch Morbus Crohn), essentielle Hypertonie und Neurodermitis in nennenswerter Häufigkeit psychotherapeutisch behandelt. Man ist auch nicht mehr der Ansicht, daß alle diese Erkrankungen immer unter Beteiligung psychischer Faktoren zustandekommen müssen.

Andererseits hat man erkannt, daß Infektionskrankheiten, nicht nur die Tuberkulose, sondern zum Beispiel sogenannte Erkältungsinfekte, und die koronare Herzerkrankung psychisch mitverursacht sein können (z.B. v. RAD 1993). Bei diesen Erkrankungen finden aber kaum stationäre psychotherapeutische Behandlungen statt. Die *Spezifitätstheorie* im Sinne von ALEXANDER wird in der ursprünglichen Form nicht mehr vertreten, zumindest nicht in dem Sinne, daß bestimmte Konflikte sich regelhaft in bestimmten körperlichen Erkrankungen äußern. Psychosomatische Erkrankungen werden heute als multifaktoriell bedingt angesehen. Manche dieser Faktoren können psychisch sein, andere gehen auf erbgenetische Einflüsse oder auf direkte Umwelteinflüsse im Sinne von Streßwirkungen zurück und nicht auf Konflikte, die sekundär freilich auch Streßfolgen haben können.

Die von NEMIAH und SIFNEOS so genannte *Alexithymie*, auch Pensée opératoire (NEMIAH 1973; MARTY u. M'USAN 1978) wird bei psychosomatisch Kranken vermehrt gefunden, kommt aber auch bei Menschen vor, die nicht psychosomatisch erkranken. Umgekehrt gibt es psychosomatisch Kranke ohne Alexithymie. In psychosomatischen stationären Einrichtungen werden heute am häufigsten solche Patienten mit körperlichen Erscheinungen aufgenommen, bei denen eigentlich eine Psychoneurose vorliegt, wie bei der sogenannten Herzneurose oder Patienten mit Magersucht oder Bulimie. In beiden Fällen handelt es sich um Verhaltensstörungen, die körperliche Auswirkungen haben.

Auch *Suchtkrankheiten* haben körperliche Auswirkungen. Die Krankheit besteht in dem Drang, sich das Suchtmittel zuzuführen, deshalb ist zum Beispiel Abstinenz beim Alkoholiker noch kein Zeichen der Gesundung, weil der Drang bestehen bleiben kann und nur durch Willensanstrengung niedergehalten wird.

Viele Patienten mit körperlichen Symptomen verhalten sich so, als ob sie eine Alexithymie hätten, ohne daß das wirklich der Fall ist. Es handelt sich um einen iatrogenen Artefakt. Bisher haben sich die Ärzte nur für die körperlichen Symptome interessiert, die Patienten präsentieren sich deshalb ausschließlich mit körperlichen Symptomen. Die Probleme, die sie haben und die oft schon bei der Eingangsuntersuchung herauskommen, zum Beispiel wenn man eine Selbstschilderung vom Patienten verlangt, bringen sie spontan erst vor, wenn sie erfahren haben, daß der Untersucher etwas darüber wissen will. Oft müssen sie dann erst ausprobieren, ob der Untersucher dieses Interesse aufrechterhält. Das sollte man wissen und sich nicht durch eine anfängliche Zurückhaltung des Patienten bezüglich psychischer Probleme entmutigen lassen.

Generell kann man sagen, daß Frauen eher über psychische Probleme sprechen als Männer, weil es dem gesellschaftlich vertretenen Weiblichkeitsstereotyp eher entspricht, Beziehungen und Probleme in Beziehungen für wichtig zu halten, als dem Männlichkeitsstereotyp. Auch heute gilt das noch, obwohl in den Medien viel von den »neuen Männern« die Rede ist und der Wunsch nach einem gefühlsbetonteren Mann von sehr vielen Frauen, vorwiegend aus dem Akademikermilieu, vertreten wird.

Ein hoher Prozentsatz von Patienten mit psychoneurotischen Erkrankungen zeigen Zeichen *vegetativer Labilität*. Zum Teil ist die sicher durch Auswirkungen von Konflikten auf das vegetative Nervensystem zu erklären, zu einem Teil aber auch durch den Trainingsverlust von Patienten, die sich vor körperlicher Betätigung zurückhalten; etwa weil sie fürchten, das Herz könnte versagen, wenn sie sich anstrengen. Auch von daher ist es sinnvoll, wenn zur Psychotherapie körperliche Belastungen im Sinne einer körperlichen Übungstherapie angeboten werden. Ebenso sind balneologische Maßnahmen oft hilfreich. Das gilt gerade auch für kurzdauernde Behandlungen in Rehabilitationskliniken.

Ein dankbares Arbeitsfeld der psychosomatischen Medizin dürfte in Zukunft die psychotherapeutische Hilfe bei der *Verarbeitung somatischer Krankheiten (Coping)* (z.B. SCHÜßLER 1993) sein. Hier liegt sicher ein wichtiges Betätigungsfeld von Psychotherapeuten an Kliniken, die in der Hauptsache somatisch orientiert sind. Freilich muß die psychotherapeutische Beeinflussung der Aufgabe angepaßt werden. Man kann nicht einfach psychotherapeutische Maßnahmen anwenden, die eigentlich für die Behandlung von Psychoneurosen gedacht sind. Probleme wie die Labilisierung der Identität durch eine körperliche Erkrankung müssen in ihren neurotischen, aber auch in ihren realen Aspekten verstanden werden, wenn man sie beeinflussen will. Wünschenswert wäre ein Lehrbuch, das die bis jetzt gewonnenen Kenntnisse über die Verarbeitung somatischer Krankheiten in Abhängigkeit von der primären Persönlichkeitsstruktur zusammenträgt und die bislang erprobten therapeutischen Beeinflussungsverfahren darlegt.

Die Rehabilitationskliniken, in denen eine psychotherapeutische Beeinflussung des Coping versucht wird, sind meist auf bestimmte Krankheitsbilder spezialisiert, was gute Voraussetzungen dafür schafft, daß Psychotherapeuten sich rasch einarbeiten. Vielerorts wird da schon gute Arbeit geleistet. Es sollte aber zur Ausbildung von Psychotherapeuten gehören, die Konsiliardienst an einem Klinikum anbieten, daß sie Kenntnisse aus der Coping-Forschung besitzen und gezielt Erfahrungen in der Coping-Beratung sammeln. An vielen Kliniken wird indirekte Hilfe über die Beratung der behandelnden Ärzte angeboten, die dann ihrerseits Gespräche mit den Patienten führen. Die Gestaltung der Konsiliardienste, auf die in diesem Buch sonst nicht ausführlich eingegangen wird, sollte die Probleme des Coping berücksichtigen; auch deshalb weil Psychotherapeuten, die etwas vom Coping verstehen, von den somatisch tätigen Medizinern am ehesten akzeptiert und auch wegen anderer Probleme gefragt werden, wenn sie ihre Kompetenz in diesem einen Bereich erwiesen haben. Bis jetzt wird der psychosomatische Konsiliarius ja oft nur dann gerufen, wenn kein somatischer Befund erhoben werden konnte oder wenn abzusehen ist, daß bei der körperlichen Untersuchung voraussichtlich kein konkretes Ergebnis herauskommen wird. Man ruft dann den psychosomatischen Konsiliarius parallel zur Ausschlußdiagnostik im somatischen Bereich. Daß der psychosomatische Konsiliarius aber auch nützlich sein kann, wenn ein somatischer Befund vorliegt, und dies selbst dann, wenn der Patient in der Krankheitsverarbeitung keine ins Auge springenden Auffälligkeiten zeigt, muß den somatisch tätigen Medizinern erst vermittelt werden. In der nötigen Aufklärungsarbeit werden die psychosomatischen Konsiliarien allerdings oft auch dadurch gebremst, daß nur wenige Stellen für den Konsiliardienst da sind und zusätzliche Arbeit gar nicht mehr bewältigt werden könnte.

An Universitätskliniken kommt eine Zusammenarbeit von Somatikern und Psychotherapeuten am ehesten bei gemeinsamen Projekten zustande, zum Beispiel bei Untersuchungen bestimmter Krankheitsbilder und ihrer Verarbeitung. Ist der Konsiliardienst nicht ausreichend mit Stellen versehen, kann die Zusammenarbeit allerdings enden, wenn das Projekt mit seinen Drittmitteln ausläuft. Sind aber genügend Stellen für den Konsiliardienst vorhanden, kann eine Zusammenarbeit in Forschungsprojekten die Chance erhöhen, daß in einem Klinikum ein sachgerechter Konsiliardienst ausgestaltet wird.

Leider muß bei der heutigen Geldmittelknappheit an einem Klinikum oft mit einer Überlastung der bereits tätigen Mitarbeiter argumentiert werden, um neue Stellen zu bekommen. Selbst wenn die Mitarbeiter bereit sind, Mehrarbeit auf sich zu nehmen, bedeutet die Überlastung mit klinischer Arbeit aber nicht nur längere Arbeitszeiten, sondern meist auch weniger Zeit für die Forschung und damit für eigenes Fortkommen, das von der Forschung abhängig ist.

Für die Behandlung psychosomatisch Kranker, die eine internistische Mitbehandlung brauchen, ist die psychosomatische Abteilung in einem Klinikum besonders geeignet. Da psychosomatisch Kranke im engeren Sinne heute selten zur Psychotherapie überwiesen werden, sondern, wie schon erwähnt, meist über den Konsiliardienst einer psychosomatischen Abteilung zur stationären Aufnahme gelangen, kommen sie in anderen stationären psychotherapeutischen Einrichtungen seltener vor. Meist weist ein Arzt Patienten ein, bei denen er keinen organischen Befund erhebt und deshalb etwas psychisch Bedingtes annimmt oder die ihm »psychisch auffällig« erscheinen. Patienten mit großen Psychosomatosen werden wohl vor allem dann zur ambulanten oder auch stationären Psychotherapie überwiesen, wenn bekannt ist, daß der betreffende Psychotherapeut oder die betreffende Abteilung sich für die Behandlung dieser Patienten besonders interessiert, oder wenn der Umgang des Patienten mit der Krankheit auffällig erscheint. Man nimmt dann »eine erhebliche psychogene Komponente« an. Dabei handelt es sich aber oft um ein Coping-Problem. An der Entstehung der Krankheit mögen psychische Faktoren beteiligt sein. Was auffällt, ist ein problematisches Coping-Verhalten, wie es auch im Umgang mit einer somatischen Krankheit möglich wäre. So kann im Umgang mit einer psychosomatischen Krankheit eine Charakterneurose deutlich werden. Bei derlei Verhaltensauffälligkeiten kommt es dann gelegentlich zu Fehldiagnosen: eine somatische Krankheit wird als psychogen aufgefaßt, weil der Diagnostiker annimmt, ein Mensch mit so auffälligem Verhalten könne keine organische Krankheit haben, es müsse etwas Psychogenes sein. Somatische Krankheiten, die zwar schon Beschwerden machen, bei denen Organveränderungen aber erst im Entstehen sind, können so übersehen werden, weil es unterlassen wird, somatische Befunde nach einiger Zeit zu kontrollieren, was man gemacht hätte, wenn der Patient psychisch unauffällig gewesen wäre. Nun ist er aber beim Psychotherapeuten untergebracht. Der wieder verläßt sich auf die bisher negativen Befunde.

Leider geschieht das nicht nur in der ambulanten Praxis, sondern auch in stationären psychotherapeutischen Einrichtungen. Selbst internistisch gut ausgebildete Psychotherapeuten können etwas Somatisches übersehen oder eine Zunahme der Körperbeschwerden als psychogen bedingt deuten. Ich habe bereits auf die Schwierigkeit hingewiesen, von einer auf das Somatische gerichteten Wahrnehmungseinstellung auf eine Wahrnehmungseinstellung umzuschalten, die sich auf Psychisches richtet. Die Umstellungsschwierigkeit verhindert die Umstellung. Entsprechendes gibt es übrigens auch bei analytisch weitergebildeten Kollegen, die durch die phänomenologische Oberfläche »hindurchsehen« und so somatische Krankheitszeichen übersehen oder bagatellisieren.

Patienten ohne initiale Motivation zu einer psychotherapeutischen Behandlung werden in Kliniken durch den Umgang mit dem Therapeuten, aber auch und ganz besonders durch den Umgang mit den anderen Patienten, viel leichter zu einer Psychotherapie motiviert, als das im ambulanten Setting möglich wäre. Daraus ergibt sich eine berechtigte Indikation für die stationäre Einleitung einer Therapie. Bei den psychosomatischen Krankheiten mit schwerer organischer Symptomatik ist der Leidensdruck wichtig, der sich aus der meist langen Dauer der Symptomatik ergibt. Für sie stellt Psychotherapie oft eine Art letzte Hoffnung auf Heilung dar. Wirkt die Psychotherapie nicht, müssen die Patienten sich mit dem Schicksal eines chronisch Kranken abfinden, wobei Psychotherapeuten ihnen helfen können. Ich halte es für wichtig, den Patienten keine falschen Hoffnungen zu machen, weil Hilfe vom Patienten oft nicht mehr angenommen wird, wenn die überhöhten Erwartungen sich als falsch erweisen. Der Patient ist ja dann nicht nur vom einzelnen Psychotherapeuten enttäuscht. Meist überträgt er die Enttäuschung auf die gesamte Psychotherapie. Psychotherapeuten können dann als Coping-Berater nicht mehr viel bewirken.

Bei schweren psychosomatischen Krankheiten ist die Qualität des Coping besonders wichtig. Neben den psychosomatischen Symptomen finden sich ja häufig große narzißtische Kränkungen, die mit dem »Funktionieren« zu tun haben.

Neben der Funktion geht es auch um die anatomische Intaktheit des Körpers. Man denke daran, wie sehr manche Menschen unter Entstellungen, zum Beispiel nach einem Unfall, leiden; andere wieder kaum. Man kann sagen, daß Frauen im Durchschnitt durch Entstellungen stärker belastet werden als Männer. Aber auch Männer können auf Veränderungen an ihrem Körper, die sie als Entstellung empfinden, mit großer Kränkung reagieren.

Eine besondere Schwierigkeit ergibt sich für psychosomatische Patienten bei der *Entlassung*, weil viele Psychotherapeuten die Behandlung solcher Patienten scheuen. Die notwendige somatische Mitbehandlung ist oft schwer zu organisieren. Der kollegiale Austausch ist nicht leicht zu bewerkstelligen, wenn man nicht an der gleichen Institution arbeitet. So haben psychotherapeutische Kliniken oft auch an Orten, an denen die psychotherapeutische Versorgung gut ist, Schwierigkeiten, psychosomatisch Kranke für die ambulante Weiterbehandlung unterzubringen.

Alter

Menschen über fünfzig werden heute noch relativ selten in psychotherapeutischen Kliniken aufgenommen. Vor zwanzig Jahren war es sogar eine große Ausnahme, wenn jemand über fünfzig zur Aufnahme vorgeschlagen wurde. Psychotherapie von Patienten im Greisenalter (siebzig und darüber) wird in psychotherapeutischen stationären Einrichtungen heute in der Regel nur von Therapeuten durchgeführt, die an universitären Einrichtungen arbeiten und sich speziell für Gerontopsychotherapie interessieren (RADEBOLD 1985, 1992; RADEBOLD u. SCHLESINGER 1982). Für solche Patienten müßten, wenn man mit ihnen eine stationäre Psychotherapie durchführen wollte, eigene Einrichtungen geschaffen werden. Das Problem, daß das gesamte therapeutische Personal jünger wäre als die Patienten, wäre zu untersuchen und zu bearbeiten.

In der ambulanten Psychotherapie werden zunehmend Patienten zwischen Mitte fünfzig und Mitte sechzig behandelt, ganz gelegentlich auch ältere, und das mit gutem Erfolg, wenn die therapeutischen Ziele realistisch gesetzt werden. Da ältere Menschen wissen, daß sie nicht mehr viel Zeit haben, neigen sie weniger als andere dazu, eine Lösung ihrer Probleme aufzuschieben.

Sicher sind ältere Menschen im Durchschnitt konservativer als junge. Das Gefühl, wenig Zeit zu haben, scheint aber die Widerstände aufzuwiegen, die aus einer konservativen, das Bekannte bewahrenwollenden Einstellung resultieren. Wenn ein alter Mensch sich überhaupt zur Psychotherapie entschließt, ist die Prognose für eine wesentliche Änderung nicht schlecht.

In den therapeutischen Angeboten sind die meisten therapeutischen Kliniken noch auf Leute unter fünfzig Jahren ausgerichtet, zum Beispiel in den Sport- und Freizeitangeboten oder in der Beschäftigungstherapie. In therapeutischen Gruppen geraten alte Menschen, wenn sie in einer Minderheit sind, leicht in die Position von Elternfiguren. Die übrigen Gruppenmitglieder hindern sie aktiv daran, sich »kindisch« zu benehmen; das heißt, eigene infantile Wünsche und Bedürfnisse zu artikulieren, um sich im Umgang mit anderen damit auseinanderzusetzen. Die Jüngeren möchten die Alten als »fröhliche Alte«, die keine Probleme haben oder, wenn sie Probleme haben, die Jüngeren damit in Ruhe lassen. Das gilt oft auch für junge Leute mit alten Eltern. Das Älter- und Schwachwerden der eigenen Eltern wird oft so ängstigend erlebt, daß die Jungen sich damit nicht auch noch in einer Gruppe konfrontiert sehen möchten.

Mit ubiquitären Problemen, wie zum Beispiel der nachlassenden erotischen Attraktivität im Alter sollen die Alten die Jungen verschonen. Schließlich gehöre es, meinen die Jungen, im Leben dazu, daß man alt wird. Damit müsse man sich abfinden. Auch die deutlich gewordene Endlichkeit ihres Lebens sollten alte Menschen nach Möglichkeit nicht erwähnen, weil sie die Jungen an den eigenen Tod erinnert, von dem sie noch nichts wissen wollen.

Obwohl wir bis jetzt von extremen Formen des Jugendkults verschont geblieben sind, die in den Vereinigten Staaten alte Menschen dazu zwingen, sich wie junge zu geben und so zu tun, als ob das Altern ein großer Spaß sei, sind alte Menschen heute doch viel weniger angesehen als vor fünfzig oder gar hundert Jahren, als sich die Gesellschaft langsamer veränderte und Lebenserfahrungen anwendbarer blieben.

Besonders Frauen, aber auch Männer, stehen bekanntlich unter dem Druck der Werbung, Mittel anzuwenden, die sie jung erhalten, was impliziert, daß jemand, der alt aussieht, daran selbst schuld sein könnte. Obwohl die Alten in jenen Ländern das wahrscheinlich abstreiten würden, meine ich, daß alte Menschen in England und auch in Österreich und in der Schweiz noch etwas angesehener und geschätzter sind als in Deutschland oder gar in den USA.

All das macht die gemeinsame Psychotherapie von Jungen und Alten nicht einfacher. Kennt man aber die Schwierigkeiten, die junge Menschen mit alten und alte Menschen mit jungen haben, kann man das ansprechen und gegenseitiges Verstehen fördern.

Daß es besser wäre, psychotherapeutische Kliniken für alte Leute einzurichten, möchte ich bezweifeln. Viele alte Leute sind nicht gern ausschließlich unter alten, obwohl das Personal an solchen Kliniken ja wahrscheinlich zu einem großen Teil jung wäre, wie es der allgemeinen Arbeitsmarktsituation entspricht.

Jedenfalls ist die Aussage von FREUD (1904), Leute im fünften Lebensjahrzehnt seien für eine psychoanalytische Therapie nicht geeignet, längst widerlegt. In Selbsterfahrungsgruppen habe ich gesehen, daß sich Kolleginnen und Kollegen über fünfundfünfzig durchaus noch ändern können. Allerdings handelte es sich dabei um Psychoanalytiker oder analytische Psychotherapeuten, denen die analytische Denkweise vertraut war und die bisher schon mit analytischen Verfahren in Selbsterfahrung Bekanntschaft gemacht hatten.

Im stationären Setting scheint es günstig zu sein, wenn die Menschen über fünfzig nicht als einzige ihrer Altersgruppe an einer Gruppe teilnehmen; zwei sollten es schon sein. Für die Gruppenleitung ist zu beachten, daß die Tatsache des höheren Alters nicht geleugnet oder schweigend übergangen werden sollte. Sprechen die Gruppenmitglieder das Problem nicht an, muß der Therapeut das tun, wobei es wiederum darauf ankommt, die alten Menschen nicht zu kränken und sich mit aversiven Reaktionen der Jungen nicht gleich zufrieden zu geben.

Der Umgang mit idealisierenden und mit enttäuschten Patienten

Bei einem Patienten, der eine frühere Person, etwa einen ehemaligen Therapeuten, in einer Art und Weise lobt, die an eine Idealisierung denken läßt, ist zu beachten, daß eine Idealisierung auch des neuen Therapeuten zu erwarten ist, aber ihre Zeit braucht – unter Umständen länger, als seine stationäre Therapie dauern kann. Ein solcher Patient verläßt die Klinik möglicherweise, ohne eine Arbeitsbeziehung entwickelt zu haben, für die eine initiale Idealisierung bei ihm die Voraussetzung wäre, und zieht deshalb keinen Nutzen aus dem stationären Aufenthalt; es sei denn, daß er aus den Gesprächen mit den Mitpatienten etwas für sich gewinnen konnte. Der Platz eines idealisierten Therapeuten blieb aber durch den bisherigen Therapeuten besetzt.

Bei der Entlassung kann es Patienten, die ihren Therapeuten in der Klinik idealisieren, sehr kränken, daß er sich von ihnen trennen will, oder es kann sie enttäuschen. Kränkung und Enttäuschung gehen oft mit einem Gefühl der Entwertung des eigenen Selbst einher. Narzißtische Patienten werfen sich vor, daß sie den Therapeuten nicht beeinflussen konnten, die Therapie weiter fortzuführen, und depressive Patienten nehmen die Beendigung ihrer Therapie als Bestätigung für ihre habituelle negative Selbsteinschätzung, auch wenn sie scheinbar die Gründe einsehen, die für eine Beendigung der Therapie sprechen.

Wird dagegen der ambulante Therapeut entwertet, kann der Patient für die Idealisierung des jetzigen Therapeuten offen sein. Es kommt aber auch vor, daß die Entwertung generalisiert ist und sich auf alle Therapeuten bezieht, also auch auf den, der jetzt eine Arbeitsbeziehung mit ihm herstellen möchte. Wird der Therapeut schließlich doch idealisiert, ist mit einer Entwertung zu rechnen, wenn die Therapie beendet wird. Kommt es zu mehreren Therapien, kann sich der Zyklus wiederholen. Durch die Entwertung des Therapeuten wird das in der Therapie Erreichte jeweils mit entwertet. Für einen dauernden Erfolg der Therapie fehlt das positiv besetzte innere Therapeutenobjekt. Der Therapieerfolg verfliegt rasch, er kann nicht im Durcharbeiten ausgewertet werden. Soweit er bestehen bleibt, wird er zusammen mit dem Therapeuten entwertet oder bagatellisiert.

Ein besseres Ergebnis kann erreicht werden, wenn man die Idealisierung in Frage stellt und ihre defensiven Funktionen zu bearbeiten sucht. Dafür hat man in der Klinik aber oft nicht die Zeit.

Manchen Patienten gelingt es auch, die negativen Aspekte des Therapeuten, die sie antizipieren, auf andere Personen in der Klinik oder auf die Institution Klinik als ganze zu verschieben. Es wird die Phantasie entwickelt, der Therapeut, der ganz anders täte, wenn man ihn ließe, müsse in einer schlechten Klinik arbeiten, wo die Räume unfreundlich möbliert sind und das Essen schlecht schmeckt.

Aus dieser Phantasie kann sich dann eine weitere Phantasie entwickeln: Die Phantasie einer Rettung des Therapeuten, wobei auf weibliche, aber auch auf männliche Therapeuten oft die ödipale Mutter übertragen wird, bei frühgestörten Patienten die ödipale Mutter in einer ins Positive karikierten Form, entweder in der Form »verfolgte Unschuld« oder in der Form »Madonna«, der das Böse eigentlich nichts anhaben kann. Positiv gefärbte Gegenübertragungsgefühle, die dann beim Therapeuten oder bei der Therapeutin auftreten, besonders wenn die Institution wirklich gravierende Nachteile hat (aus der Sicht des Therapeuten meist andere als die vom Patienten angeführten) und der Therapeut oder die Therapeutin mit ihr real unzufrieden ist, können eine Bearbeitung solcher Idealisierungen verhindern. Der Patient beschäftigt sich dann mehr mit seinen Rettungsphantasien als mit seinen Problemen. Die Rettungsphantasie wirkt sich als Widerstand in der Behandlung aus und verhindert Fortschritte, wenn sie nicht aktiv angegangen wird. Dazu gehört, daß die Therapeutin oder der Therapeut darauf verzichtet, im Patienten einen »Bundesgenossen« zu haben.

Ob eine vom bösen Vater unterdrückte Mutter oder ein von der bösen Mutter unterdrückter Vater phantasiert wird, hängt von der Übertragungsdisposition des Patienten und von den Übertragungsauslösern ab, die Institution und Therapeut liefern. Solche Übertragungen brauchen nicht geschlechtsgebunden zu sein, das Geschlecht des Therapeuten ist hier nur *ein* Faktor, der die Wahl des übertragenen Objekts bestimmt. Mehr kommt es oft auf das Verhalten an. Während ödipale Übertragungs*liebe* in der Regel geschlechtsgebunden ist, gilt das nicht für andere Aspekte der ödipalen Beziehungen, zum Beispiel für manche sado-masochistische Aspekte einer ödipalen Konstellation.

Das Ende der stationären Therapie und der Übergang nach draußen

Behandlungsabbruch

In der stationären Psychotherapie entschließen sich Patienten meist nicht leicht zu einem Behandlungsabbruch. In Kliniken, in die hauptsächlich schwer gestörte Patienten aufgenommen werden (z.b. in der von Janssen 1987 beschriebenen Klinik der Universität Essen) ist der durchschnittliche Leidensdruck meist groß. Ein Patient, der unter seinen Beschwerden sehr leidet, gibt meist nicht schnell die Hoffnung auf, daß ihm die Klinik doch helfen könnte. In Kurkliniken mit sehr begrenzter Behandlungszeit (vier bis acht Wochen) gehen Patienten eher in die »innere Emigration«, als daß sie die Klinik verlassen. Sie befürchten Nachteile, zum Beispiel bei einem späteren Antrag auf eine weitere Kur.

Bricht ein Patient doch ab, kann man meist spezifische Ursachen erkennen. *Angstpatienten* brechen ab, weil sie von einem unerträglichen Heimweh erfaßt werden. Damit bezeichnen sie meist eine nicht erträgliche Angst, die in der Klinik, fern vom Heimatort, auftritt und von der sie hoffen, daß sie verschwinden wird, wenn sie wieder zu Hause sind. Die Patienten haben ihre Schutzfiguren (steuernde Objekte, König 1981) am Heimatort verlassen und in der Klinik noch niemanden zu einer Schutzfigur machen können. Ist das erst einmal geschehen, wird die Gefahr eines Therapieabbruchs meist vorüber sein. Bei Patienten, die eine gesamte Klinik als Schutzfigur erleben, kann es zu einem Angstrezidiv kommen, wenn sie wieder auf der Reise nach Hause sind. Die Symptomatik hat in der Klinik nachgelassen und tritt auf, wenn die Klinik als Schutzfigur verlassen worden ist und der Patient sich noch nicht in Gegenwart einer heimischen Schutzfigur befindet.

Überhaupt ist das Auftreten unerträglicher Affekte oder Stimmungen eine häufige Ursache dafür, daß ein Patient daran denkt, abzubrechen. Der häufigste Affekt, der zum Abbruch führt, scheint tatsächlich Angst zu sein. Aber auch *Schuldgefühle* können einen Abbruch bewirken; zum Beispiel bei einer Mutter, die ihre Kinder in Pflege gegeben hat. Manche Patienten befinden sich in der Klinik während der Eingewöhnungsphase auch in einer dysphorisch-gereizten Stimmung, weil sie alles nicht so vorfinden, wie sie es sich ausgemalt haben. Das gilt für *zwanghaft* strukturierte Patienten, aber auch *depressive* Patienten, die vielleicht mit diffusen Hoffnungen in die Klinik gekommen sind und das erwartete Paradies nicht vorfinden.

Ursache für einen Abbruch kann es auch sein, daß ein Patient auf die Psychotherapie *nicht ausreichend vorbereitet* ist. Viele Patienten werden mit dem Ziel in eine Klinik eingewiesen, daß sie dort »ein bißchen Psychotherapie machen« und so eine Motivation für eine ambulante Psychotherapie entwickeln. In einer Klinik, die ganz auf Psychotherapie ausgerichtet ist, werden solche Patienten oft stark beunruhigt. Tatsächlich kann eine Klinik, die vorwiegend schwer gestörte Patienten aufnimmt, nicht gut mit der Aufgabe betraut werden, einen mittelschwer gestörten Patienten zur Therapie zu motivieren, der vor allem deshalb keine Psychotherapie machen möchte, weil er sich für normal (nicht für gesund) hält. Da sind die Kurkliniken besser geeignet. Der Patient kommt vielleicht nicht so weit, als wenn er sich in einer intensiv arbeitenden psychotherapeutischen Klinik auf eine Therapie eingelassen hätte, aber er findet den initialen Zugang zur Psychotherapie leichter.

Ein Teil der Ärzte, die Patienten in psychotherapeutische Kliniken einweisen, wissen wenig über das, was dort geschieht. Das gilt auch für Psychotherapeuten, und ein Ziel dieses Buches ist es ja, ambulant tätigen Psychotherapeuten Informationen über die Tätigkeit von stationären psychotherapeutischen Einrichtungen zu geben.

Da sich die psychotherapeutischen Kliniken und Abteilungen in ihren Konzepten stark unterscheiden, wird der einweisende Arzt, auch wenn er Psychotherapeut ist, in der Regel nur dann zutreffende Informationen über die ersten Tage in einer bestimmten Klinik geben können, wenn er schon mehrere Patienten dorthin eingewiesen hat, die ihm nach der Entlassung von der Klinik berichtet haben, oder wenn er, etwa an einem »Tag der offenen Tür«, dort war und sich informiert hat.

Bei den Kuren ist es nicht selten so, daß ein Arzt eine Erholungskur beantragt und die Versicherungsanstalt nach Aktenlage für eine psychotherapeutisch orientierte Klinik entscheidet. Dann ist der beantragende Arzt oft noch weniger in der Lage, dem Patienten hilfreiche Informationen zu geben.

Natürlich können auch *negative Übertragungsentwicklungen* Ursache eines Abbruchs sein. Übertragungen entstehen einmal aus dem entsprechenden Übertragungsbedürfnis, zum anderen werden sie durch bestimmte Verhaltensweisen eines Therapeuten ausgelöst, der diese Auswirkungen nicht vorhersehen konnte oder auch nicht anders handeln konnte – zum Beispiel dann, wenn der Patient bestimmte Privilegien verlangt, die der Therapeut ihm aus Gründen der Realität des Klinikalltags nicht gewähren kann.

Schließlich inszenieren manche Patienten immer wieder Abbrüche, sie fühlen sich einfach fehl am Platze und haben nicht selten schon mehrmals abgebrochen, zum Beispiel an Arbeitsstellen. Andere wieder *provozieren* die Entlassung aus disziplinarischen Gründen. Auch bei solchen Patienten kann man dann oft ähnliche Vorkommnisse in der Vergangenheit finden.

Wahrscheinlich ist der wichtigste Faktor, der bewirkt, daß der Patient in einer Klinik bleibt, eine gute *Haltefunktion* der Klinik. Diese Haltefunktion besteht meines Erachtens in der Hauptsache darin, daß der Therapeut den Patienten versteht und ihm von diesem Verständnis etwas übermitteln kann. Der Patient muß den Eindruck haben, daß der Stationsarzt oder die Schwester weiß, wie es ihm geht und was er möchte. Ist das gewährleistet, halten es die meisten Patienten gut aus, daß man ihnen nicht alles gewährt, was sie verlangen. Man muß sich vorstellen, daß ein Kind sich existentiell bedroht fühlt, das den Eltern- oder Pflegepersonen seine Bedürfnisse nicht verständlich machen kann. Hat es aber das Gefühl, daß die Eltern verstehen, was das Kind braucht, kann es die Hoffnung haben, daß ihm in Zeiten der Gefahr geholfen wird, auch wenn man ihm im Alltag einiges abschlägt.

Es kommt selten vor, daß Patienten in eine psychotherapeutische Klinik eingewiesen werden, die in Wahrheit an einer organischen Erkrankung leiden und keiner Psychotherapie, sondern in erster Linie oder ausschließlich somatisch orientierter Maßnahmen bedürfen. Man könnte erwarten, daß solche Patienten sich fehl am Platze fühlen und darauf drängen, entlassen zu werden.

Das ist aber nicht immer der Fall. Weil bei solchen Patienten meist schon somatische Untersuchungen vorausgegangen sind, die zunächst kein positives Ergebnis gebracht haben, setzten sie ihre Hoffnung gerade auf die Psychotherapie.

Überhaupt habe ich im Laufe meiner ziemlich langen ärztlichen, auch körperärztlichen Tätigkeit den Eindruck gewonnen, daß Patienten mit schweren somatischen Erkrankungen nicht selten eine Psychotherapie wünschen, weil sie hoffen, ihnen könnte damit doch noch geholfen werden, gerade weil andere Behandlungsverfahren keine Besserung gebracht haben. Solche Patienten wenden sich dann einer Psychotherapie aus ähnlichen Gründen zu wie vielleicht einem Heilpraktiker, der mit unkonventionellen Methoden Hilfe verspricht. Umgekehrt erhoffen sich viele Patienten mit psychisch verursachter Symptomatik eine leichte und für sie wenig aufwendige Besserung durch einfache somatische Maßnahmen, zum Beispiel durch ein Medikament oder vielleicht auch durch eine Operation, die das Leiden ein für allemal beseitigt. Das gilt natürlich auch für solche Patienten mit psychogener Symptomatik, die zwischen »psychogen« und »eingebildet« nicht unterscheiden. Sie meinen, daß man ihre Symptome nur dann ernst nimmt, wenn man eine somatische Behandlungsform anbietet.

So kann es wichtig sein, einem Patienten, der bisher eine an sich nicht sinnvolle Medikation erhalten hat, diese nach Eintritt in die Klinik noch eine Zeitlang zu geben. Daß ihm die Medikamente als Placebo geholfen haben, hat er erfahren. Daß ihm Psychotherapie helfen könnte, davon muß er erst noch überzeugt werden.

Jeder Abbruch einer Behandlung ist ein Trauma für das therapeutische Team, ein geringes oder ein großes. Bei der Verarbeitung von Patientenabbrüchen scheint es mir wichtig, die Anforderungen, die ein therapeutisches Team an seine Möglichkeiten stellt, Patienten zu beeinflussen, ebenso in Betracht zu ziehen wie die gelegentlich anzutreffende Tendenz, dem Patienten jede Schuld für den Abbruch zuzuschieben. Manche Patienten sind nicht zu halten, andere können gehalten werden. Im großen und ganzen hat man es hier in der Grundstruktur mit einer ähnlichen Problematik zu tun wie bei einem Suizid, bei dem der Patient ja auch die Beziehung zu den Therapeuten abbricht und diese sich Vorwürfe machen oder aber sagen, dem Patienten sei eben nicht zu helfen gewesen. Beides kann richtig sein: Es gibt Abbrüche, die nicht zu verhindern sind, beispielsweise Abbrüche, die einen Patienten vor einer Überbelastung schützen, die ein Mobilisieren seiner Konflikte gebracht hätte. Ein solcher Patient kann dann aus einem gewissen zeitlichen Abstand heraus noch einen weiteren Anlauf zur Therapie machen, was ein Unterschied zu dem Patienten ist, der sich suizidiert und damit etwas Endgültiges getan hat. Ein Abbruch ist oft eher wie ein Suizid*versuch* zu werten; ein Handeln in einer sonst ausweglosen Situation, oft aber eben auch ein Racheakt an den Therapeuten oder der Versuch, die Therapeuten zu mehr Aktivität zu bewegen. Ein Abbruch kann aber auch eine Folge von Fehlern sein, die im Team besprochen und geklärt werden sollten; nicht um jemanden zu beschuldigen, sondern um ähnliche Fehler in der Zukunft vermeiden zu können.

Ungünstig wirkt es sich aus, wenn jeder Abbruch von seiten der Verwaltung in der Klinik oder vom Träger selbst als eine Katastrophe hingestellt wird, weil dann vielleicht ein Bett freibleibt.

Jede Klinik sollte eine gewisse Zahl von Abbrüchen einkalkulieren. Wenn sie das nicht tut, geraten die Mitarbeiter der Klinik unter einen Druck, der sie vielleicht veranlaßt, therapeutisch unzweckmäßigen Wünschen von Patienten nachzugeben, was deren Behandlungsergebnis verschlechtert.

Suizid

Auf Suizidversuche und Suizid wurde schon in anderen Zusammenhängen ausführlich eingegangen (KÖNIG 1991; KÖNIG 1993b; siehe auch KIND 1992). Hier sei nur betont, daß Suizide bei Psychotherapiepatienten vorkommen, daß einige zu vermeiden sind und andere nicht und daß der Umgang mit Suizidversuchen oder Suiziden für das Arbeitsklima in einer Klinik von entscheidender Bedeutung ist – damit natürlich auch für die Behandlungsergebnisse bei den anderen Patienten.

Zunächst einmal muß natürlich das Mögliche getan werden, um Suizidversuche und die Durchführung von Suizid zu verhindern. Dazu gehört eine zeitliche Begrenzung der Patientenkontakte. Zeitlich nicht begrenzte, unter Umständen stundenlange Gespräche mit Patienten von Praktikanten oder Internatsstudenten, die keine fest umrissene Aufgabe haben und sich gerne mit den Patienten unterhalten möchten, sollte der Stationsleiter unterbinden. Da die Praktikanten und Internatsstudenten dem therapeutischen Team zugerechnet werden, erzeugen zeitlich nicht klar begrenzte Gespräche unrealistische Erwartungen an den Modus der Psychotherapie. Außerdem neigen Laien, als die man die Praktikanten und Internatsstudenten zunächst ansehen muß, leicht dazu, Patienten zu trösten oder ihnen von eigenen Problemen zu erzählen – Dinge, die Therapeuten sich im allgemeinen hüten zu tun, weil das meist einen ungünstigen Einfluß hat. Besonders gefährlich ist das Trösten von depressiven Patienten, etwa nach dem Motto: »Es wird schon wieder werden, gucken Sie doch zum Fenster hinaus, wie schön die Sonne scheint«. Depressive Patienten fühlen sich dann nicht verstanden.

Verhält sich ein Praktikant oder Internatsstudent einem Patienten gegenüber besonders betulich und stellt er ihm viel Zeit zur Verfügung, erzeugt er im Patienten Illusionen, die dann oft abrupt ein Ende finden, wenn die persönliche Leistungsfähigkeit und die real vorhandene Zeit des Praktikanten oder Internatsstudenten an ihre Grenze kommen. Dann besteht oft akute Suizidgefahr.

Suizidalität tritt oft auch im Zusammenhang mit projektiver Identifizierung auf. Der Patient »macht« aus einem Therapeuten oder einem ganzen therapeutischen Team ein versagendes, gleichgültiges, sich abwendendes Objekt oder eines, das viel verspricht, was es am Ende nicht hält. In Teamkonferenzen sollte auf solche Arten der projektiven Identifizierung besonders geachtet werden, damit man sie rechtzeitig bearbeiten kann.

Ist es zu einem Suizidversuch oder Suizid gekommen, sollte sich der Leiter einer therapeutischen Konferenz bemühen, eine aggressive Fehlersuche zu vermeiden und zu verhindern. Er darf sie weder selbst betreiben noch zulassen, daß andere sie betreiben. Andererseits sollte ein Fehler auch nicht beschönigt werden. Während meiner Arbeit in einer chirurgischen Klinik machte ein Oberarzt einen Fehler bei einer Operation eines Patienten. Der Chef sagte: »Wir machen alle Fehler, aber das war einer«. Ich fand diese Äußerung damals richtig und finde auch heute noch, daß sie richtig war. Wenn wir Fehler machen, versuchen wir vielleicht, uns von ihnen zu entlasten – oder wir machen uns übertriebene Vorwürfe. Ein sachgemäßer Umgang mit Fehlern ist ein Zeichen menschlicher Reife, die wir nicht alle und nicht in jeder Lebenslage haben. Der Konferenzleiter sollte das Gespräch, soweit er einen Einfluß darauf hat, in die Richtung lenken, künftige Fehler zu vermeiden und mit den Angehörigen in adäquater Weise umzugehen.

Bei Suizidversuchen steht der Umgang mit dem Patienten selbst im Vordergrund. Hier geht es um das Aussprechen und Bearbeiten aggressiver Gegenübertragungsreaktionen oder übertriebener Selbstvorwürfe.

Im einem Fach mit hoher Letalität, wie zum Beispiel der inneren Medizin, werden Fehler oder Unterlassungen, wenn sie zum Tode eines Patienten führen, nach meinen Erfahrungen leichter verkraftet als in einem Fach, in dem die Letalität so gering ist wie in der Psychotherapie. Natürlich kommt auch noch hinzu, daß man zu einem Psychotherapiepatienten im allgemeinen eine persönlichere Beziehung entwikkelt hat als zu einem Patienten in der Chirurgie oder in der inneren Medizin, obwohl es da Ausnahmen gibt.

In seltenen Fällen kann es sich herausstellen, daß ein Arzt oder ein Psychologe sich für die Psychotherapie nicht eignet, weil er nicht in der Lage ist, für die Patienten eine Haltefunktion auszuüben. Meist hängt das mit einer Störung der Empathie zusammen. Es kann dann sehr schwer sein, dem Betreffenden klar zu machen, welches Problem vorliegt und welche Konsequenzen er daraus ziehen sollte: mehr Selbsterfahrung oder einen Berufswechsel. Die Schwierigkeit kann sich daraus ergeben, daß der Betreffende seine empathischen Lücken selbst nicht wahrnimmt und andere Gründe findet, die erklären, warum vielleicht mehrere von ihm betreute Patienten einen Suizidversuch gemacht haben oder sich suizidierten. Es gehört zu den schweren und unangenehmen Aufgaben eines Klinikleiters, dann sehr deutlich zu werden.

Andererseits gibt es tüchtige Psychotherapeuten, die sich den Suizidversuch eines Patienten oder dessen Suizid sehr zu Herzen nehmen, ohne daß sie ihn hätten verhindern können. Auch dann kann es sehr helfen, wenn der Klinikleiter oder der Oberarzt deutlich wird und klar sagt, daß seiner Meinung nach keine Schuld des Therapeuten vorliegt.

Daß ein Patient sich suizidieren kann, mit und ohne Schuld des Therapeuten, ist Bestandteil psychotherapeutischer Tätigkeit; ebenso wie es Bestandteil einer somatisch ärztlichen Tätigkeit ist, daß ein Patient mit und ohne Schuld des Arztes an seiner Krankheit sterben kann. Jemand, der nicht bereit ist, dies zu ertragen, sollte besser einen Beruf wählen, in dem ein solches Risiko nicht besteht.

Die Gefahr, schuldig zu werden, ist Bestandteil der *conditio humana*. Das entbindet den Psychotherapeuten freilich nicht davon, sorgfältig zu arbeiten und seine Kräfte einzusetzen – und seinen Beruf zu wechseln, wenn er herausfindet, daß seine Eignung dafür kleiner ist, als er anfangs geglaubt hatte. Entsprechendes gilt für Schwestern und Pfleger.

Das Vorbereiten der Entlassung

Was beim Vorbereiten der Entlassung zu beachten ist, hängt von der Persönlichkeit und der Lebenssituation des Patietnen, seiner Krankheit, der bisher durchgeführten und der geplanten Therapie und nicht zuletzt von der Zeitdauer des Aufenthaltes ab. HELLWIG (1984) schreibt, daß die Entlassung mit der Aufnahme beginnt, womit er meint, daß sie vom Beginn des Aufenthaltes an geplant und vorbereitet werden sollte. Bei einem Patienten, der voraussichtlich lange bleiben wird, sind Besuche in der eigenen Familie, der Primärfamilie oder derjenigen, die er selbst gegründet hat, oft auch Besuche am Arbeitsplatz, zu planen und vorzubereiten. Wenn die Klinik entsprechende Verbindungen hat und die mögliche Behandlungszeit ausreicht, ist eventuell ein Arbeitsversuch vorzubereiten und durchzuführen, um den Patienten, der arbeitsunfähig aufgenommen wurde, wieder an die Arbeit zu gewöhnen und Schwierigkeiten, die beim Arbeiten auftreten, in der Therapie zu bearbeiten; das natürlich nur, wenn überhaupt eine Aussicht darauf besteht, seine Arbeitsfähigkeit wieder herzustellen und es realistisch erscheint, daß er einen Arbeitsplatz finden wird. Sonst besteht die Aufgabe der Klinik eher darin, den Patienten darauf vorzubereiten, daß er künftig ein Leben ohne bezahlte Arbeit führen wird; damit zurechtzukommen fällt vielen Menschen ja sehr schwer.

Bei Ablösungsproblemen aus der Primärfamilie und bei interpersonellen Konflikten in der vom Patienten gegründeten Sekundärfamilie kommen Familien- oder Partnergespräche in Betracht. Mit dem Patienten muß oft auch besprochen werden, was er dazu tun kann, um seinen Arbeitsplatz zu behalten. Manche Menschen, besonders solche, die eine Elternübertragung auf den Arbeitgeber entwickelt haben, erwarten oft zu unrecht, daß der Arbeitgeber sie wie eigene Kinder behandeln und nie entlassen wird, auch wenn sie im Betrieb kaum noch produktive Arbeit leisten. Eltern hat man ja, solange sie leben und man selbst lebt. Kinder werden manchmal aus dem Hause gedrängt, aber selten auf die Straße gesetzt. *Den Zusicherungen eines Patienten, sein Arbeitsplatz sei schon sicher, sollte man nicht naiv vertrauen, weil eine solche Behauptung zwar seiner Auffassung der Sachlage entsprechen kann, aber nicht tatsächlich zutreffen muß.*

Psychotherapeuten an Kliniken mit langen Behandlungszeiten verlieren aus dem Blick, wie ungewöhnlich so lange psychotherapeutische Krankenhausaufenthalte sind. Für den Arbeitgeber sind sie oft schon wegen ihrer Länge ein Zeichen für eine schwere Erkrankung - oft für eine schwerere Erkrankung, als wirklich vorliegt. Die prinzipielle zeitliche Unbegrenztheit der eigenen Lehranalyse und auch die lange Dauer der eigenen Langzeitbehandlungen während einer Ausbildung zum Psychoanalytiker verstärken noch die Illusion der Zeitlosigkeit. Scheinbar paradoxerweise verfallen *depressive* Therapeuten dieser Illusion noch am wenigsten. Trennungen sind für sie traumatisch. Für solche Therapeuten ist es eher ein Problem, sich auf die Beziehung zu einem Patienten einzulassen, von dem sie von vornherein wissen, daß er nur einige Wochen oder Monate bleiben wird. Manche Therapeuten, besonders solche mit einer zwanghaften Struktur, stellen sich bezüglich der notwendigen Dauer einer Therapie auf einen Justamentstandpunkt. Die Therapie sei notwendig, also müsse sie durchgeführt werden, der Arbeitgeber müsse sich danach richten.

Schizoide Terapeuten haben Schwierigkeiten mit der Beurteilung lebenspraktischer Dinge, zum Beispiel auch der Organisation eines Klein- oder Mittelbetriebes, bei dem die Abwesenheit eines Mitarbeiters die anderen Mitarbeiter ja oft stärker belastet, als das in großen Betriebseinheiten der Fall ist, wo sich die Arbeit auf mehr Leute verteilt. *Hysterische* Therapeuten hinterfragen wegen ihrer Hochschätzung des Subjektiven oft nicht die Illusion, in einem Betrieb werde nur nach persönlicher Sympathie entschieden und nicht auch im Blick auf das Ganze. *Depressive* Therapeuten können es sich oft schwer vorstellen, daß sie an der Stelle eines Chefs oder Personalchefs den Patienten entlassen würden, soweit das rechtlich möglich ist, weil Trennungen für sie schlimmer sind als alles andere. *Phobische* Therapeuten übertreiben oft das Risiko einer Entlassung, *kontraphobische* Therapeuten unterschätzen es. *Narzißtische* Therapeuten sind oft der Meinung, daß die Welt von ihnen und vielleicht noch von der Institution, an der sie arbeiten, abgesehen, sowieso nichts taugt.

Bei sehr kurzen stationären Aufenthalten ist das Entlassenwerden für die Patienten meist weniger problematisch. Die Gefahr einer Entwöhnung von der Realität außerhalb der Klinik (KÖNIG 1976; REIMER 1975) ist nicht viel größer als bei einem längeren Urlaub, sollte aber auch nicht unterschätzt werden. Selbst ganz gesunde Menschen können nach einem Urlaub einige Tage brauchen, bis sie sich wieder auf die Arbeit eingestellt haben. Diese Umstellungsschwierigkeit, am stärksten ausgeprägt wohl bei *depressiven* Menschen, kann für jemanden, der in seiner Arbeitsfähigkeit sowieso eingeschränkt ist, ein unüberwindliches Hindernis bedeuten. Es ist dann nützlich, mit dem Patienten darüber zu sprechen, wie es ihm nach einem längeren Urlaub geht. Urlaube dauern ja in der Regel zwei bis drei Wochen, seltener vier und noch seltener fünf oder noch mehr Wochen. Ein stationärer Aufenthalt in einer Rehabilitationsklinik kann vier bis acht Wochen dauern, woraus sich dann ergibt, daß die Umstellungsschwierigkeiten doch etwas größer sind als nach einem durchschnittlichen Urlaub; auch dann, wenn Arbeit im

Sinne von Psychotherapie geleistet wurde. Die Arbeit in einer Psychotherapie entspricht doch nicht der täglichen Arbeit an einem Arbeitsplatz, an dem zum Beispiel die Pausen in der Regel kürzer und die Arbeitszeiten länger sind. Eine Entfremdung von der Familie ist bei einem Aufenthalt von vier bis acht Wochen wohl nur dann zu befürchten, wenn sich während des Aufenthaltes in einer Klinik eine neue Beziehung ergibt; sie kommt kaum nur durch die Dauer des Aufenthaltes zustande.

Zuversichtlicher als bei langen Therapien kann man bei kurzen Therapien die durch den Klinikaufenthalt bedingte Trennung von der primären oder sekundären Familie als ein nützliches Moratorium betrachten, als die Möglichkeit zu einer von der Familie nicht gestörten Neuorientierung, oft einfach als eine Entlastung von interpersonellen Konflikten, die einen großen Teil der Kräfte des Patienten gebunden hatten. Der Patient kann sich so in der Klinik »von der Familie erholen«.

Das ist im übrigen etwas, was viele Patienten, die sich einfach nur überlastet fühlen, von einer »Kur« erwarten. Der Therapeut sollte sich aber doch Gedanken darüber machen, ob eine mehrwöchige Trennung von Personen, mit denen der Patient im Streit lag, wirklich das Beste für ihn ist, und Angehörigenbesuche zu Paar- oder Familiengesprächen nutzen, was nicht immer einfach zu arrangieren ist, weil arbeitende Familienangehörige meist am Wochenende kommen.

Auch bei kurzen Aufenthalten kann es aber ganz zentral um die Arbeit gehen. Ein Stellenwechsel oder auch ein Berufswechsel können vom Patienten ohnehin schon geplant sein. Eine solche Planung wäre dann auf ihre Zweckmäßigkeit hin zu überprüfen. Es kommt ja nicht selten vor, daß ein Patient von einem Wechsel des Arbeitsplatzes eine Lösung seiner Probleme erhofft, statt die Probleme selbst zu bearbeiten. Die Situation ist dann ähnlich wie bei jemandem, der in einer privaten Zweierbeziehung nicht zurechtkommt, sich trennt und eine neue Beziehung anfängt, in der die gleichen oder ähnliche Schwierigkeiten dann wieder auftreten.

Umgekehrt kann es auch sein, daß ein Wechsel des Arbeitsplatzes für den Patienten günstig wäre, obwohl er aus genereller Angst vor einem Wechsel nicht geplant wird. Das kann zum Beispiel der Fall sein, wenn jemand bei einer Tätigkeit bleibt, die ihn unterfordert oder für die er schlecht bezahlt wird, obwohl er offensichtlich bessere Möglichkeiten hätte. Hier hat man es oft mit Rationalisierungen zu tun. »Reale« Schwierigkeiten werden vorgeschoben.

Natürlich ist auch die Risikobereitschaft ein Faktor, der zu berücksichtigen ist. Auch ein gut qualifizierter Angestellter mit ausgezeichneten Chancen auf dem Arbeitsmarkt kann sich scheuen, einen Wechsel zu wagen, weil er das damit verbundene Risiko fürchtet. Das kennt man ja auch von Psychotherapeuten, die überlang in einer Klinik bleiben, ohne sich niederzulassen, obwohl sie in der Klinik keine weiteren Entwicklungsmöglichkeiten mehr haben und sich deshalb nicht wohlfühlen. Eine offensichtlich unterdurchschnittliche Risikobereitschaft (KÖNIG 1974) in einer bestimmten Situation kann auf eine allgemein reduzierte Risikobereitschaft zurückgeführt werden oder auch auf falsche Informationen bezüglich des zu erwartenden Risikos.

Es kann auch sein, daß sich jemand bestimmte Informationen nicht verschafft oder sie nicht aufnimmt, obwohl sie bereis zur Verfügung stehen, weil ihn das vor die Entscheidung stellen würde, ob er den Arbeitsplatz wechseln will oder nicht. Entsprechendes kennt man ja auch aus Paarbeziehungen. Informationen werden nicht aufgenommen, die zu einer Trennung vom Partner führen könnten. Vorhandene Informationen werden uminterpretiert. Man beobachtet das zum Beispiel bei den Ehefrauen mißbrauchender Väter.

Wenn auch, wie erwähnt, bei kurzen stationären Aufenthalten ein Arbeitsversuch in der Regel nicht in Betracht kommt, wenn nicht die Klinik selbst Arbeitsmöglichkeiten bieten kann (wie das etwa in manchen Suchtkliniken der Fall ist, wo die Patienten in der Küche oder im Speisesaal, in der Wäscherei oder im Garten arbeiten), können doch auch bei einem kurzen Aufenthalt Arbeitsprobleme bearbeitet werden, nicht nur private Beziehungsprobleme. Ein Teil der Arbeitsprobleme hat ja etwas mit Konflikten am Arbeitsplatz zu tun, die im übrigen auch in der Klinik inszeniert werden können. Darüber hinaus ist zu beachten: Arbeitsgenauigkeit, Übersicht, Arbeitsgeschwindigkeit und Kreativität hängen mit den Ich-Funktionen zusammen, die dem Arbeitenden zur Verfügung stehen oder durch Konflikte gelähmt sein können, mit seiner Motivation und mit den eigenen Ansprüchen an die Qualität und Quantität der Arbeit. Glücklicherweise zeigt sich der Arbeitsstil eines Menschen auch in der Psychotherapie. Meines Wissens hat HEIGL (1969) als erster darauf hingewiesen, daß sich Arbeitsstörungen eines Patienten im Umgang mit seinen Träumen äußern können. Sie äußern sich auch im pünktlichen oder unpünktlichen und verläßlichen oder unzuverlässigen Einhalten der abesprochenen Termine, in der Produktion von Material und dem Umgang damit, in der Selbständigkeit des psychotherapeutischen Arbeitens im Rahmen der Arbeitsbeziehung und in der Fähigkeit, in Zusammenarbeit mit dem

Therapeuten aus dem eingebrachten Material das Relevante zu extrahieren. All das kann Entsprechungen in der beruflichen Arbeit finden. Manchmal können in der Therapie auch Fähigkeiten manifest werden, die zu zeigen der Patient in seiner Berufsarbeit keine Gelegenheit hatte. Sie können später in die Berufsarbeit einfließen oder, wenn sie dort keinen Platz finden, vielleicht in eine Freizeitbeschäftigung. Bearbeitet man mit dem Patienten sein Arbeiten in der Psychotherapie, hat das oft auch Auswirkungen auf die berufliche Tätigkeit.

Arbeitsversuche können, wenn dazu Zeit ist, zusätzlich wichtig sein. Manches, was in der Berufsarbeit von Bedeutung ist, findet in der Psychotherapie nicht statt. So gibt es zum Beispiel in der Psychotherapie kaum Tätigkeiten, die länger als anderthalb Stunden dauern. Auch die Monotonietoleranz wird in der Regel wenig strapaziert.

Die eingeschränkte körperliche Leistungsfähigkeit vieler Patienten hat etwas mit einer Schonhaltung zu tun, die sich aus der psychischen Erkrankung ergibt. So scheuen Patienten mit einer Herzneurose körperliche Belastung, weil sie fürchten, einen Herzinfarkt zu bekommen, wenn sie sich belasten. Die eingeschränkte körperliche Leistungsfähigkeit hat natürlich vor allem Folgen für das Arbeiten in einem Beruf, in dem die Arbeit nicht allein am Schreibtisch stattfindet. Hier ist eine dosierte und kontrolliert ansteigende körperliche Belastung für die Wiederherstellung der Arbeitsfähigkeit wichtig.

Körperliches Training wird auch in Kliniken angeboten, in denen keine Psychotherapien stattfinden. In einer Klinik mit Psychotherapie hat man aber die Chance, Ängste des Patienten zu bearbeiten, die ihn daran hindern, sich körperlich zu belasten und das Trainingsangebot zu nutzen. Gerade bei Herzneurosen führt das mangelnde körperliche Training oft zu einer Verstärkung der Krankheitsbefürchtungen, weil schon bei geringer körperlicher Belastung Herzklopfen auftritt, was dann als Zeichen für eine Krankheit des Herzens genommen wird. Auf diesen somato-psychischen Zusammenhang hat mich seinerzeit ZAUNER (persönliche Mitteilung 1972) als erster hingewiesen.

Da die stationäre Psychotherapie nicht Selbstzweck ist, sondern bewirken will, daß es dem Patienten nach der Entlassung besser geht oder daß er zumindest für eine Psychotherapie motiviert ist, die bewirken kann, daß sich sein Zustand bessert und sein Leben erfreulicher wird, könnte man unter dem Kapitel: »Entlassung« natürlich so gut wie alles unterbringen, was in einer Klinik geschieht. Man arbeitet schließlich darauf hin, den Patienten in einem möglichst guten Zustand entlassen zu können. Dieses Ziel der Psychotherapie wird aber manchmal aus den Augen verloren. Psychotherapie in einer Klinik kann so gemacht werden, als ob man beliebig viel Zeit hätte, oder man fängt gar nicht erst an, mit einem Patienten intensiv zu arbeiten, weil die Zeit ja doch sehr begrenzt sei. Dann wird das Ergebnis, wenn alle anderen Faktoren gleich sind, schlechter werden, als wenn man sich die zur Verfügung stehende Zeit vor Augen gehalten und sie genutzt hätte.

Eine Kurzzeittherapie sollte keine Bauruine sein, sondern ein kleines Haus. Später kann der Patient vielleicht anbauen oder in ein größeres Haus umziehen. Eine Kurzzeittherapie ist auch auch kein Zelt, in dem man es sich sowieso nicht heimisch machen kann, weil es bald abgebrochen wird. Ich staune immer, wie wenig manche Psychotherapeuten an Kliniken darüber reflektieren, inwieweit ihre Einschätzung der zur Verfügung stehenden Zeit (Leugnen der Begrenzung, Zurückweisen der zu kurzen Zeit oder Überlastung des Patienten während der zur Verfügung stehenden Zeit) mit ihrer Primärpersönlichkeit zusammenhängt. *Depressive* können sich auf Kurzzeitbeziehungen nicht gut einlassen, *Hysterische* erwarten in kurzer Zeit viel, oft zu viel Erfolg und *zwanghafte* Menschen streben eine oft nicht erreichbare Vollständigkeit an, die in ambulanten Behandlungen selten und in klinischen Behandlungen so gut wie nie erreichbar ist. Das weiß man »vom Theoretischen her«. Man bezieht das aber oft zu wenig auf sich selbst. Die Arbeitszufriedenheit kann erhöht werden, wenn ein Psychotherapeut die Begrenzungen seiner Persönlichkeitsstruktur und die mit ihr verbundenen Tendenzen zur Fehleinschätzung bestimmter Aspekte der stationären Psychotherapie in Rechnung stellt und damit dann auch aktiv umgeht, indem er seine Einschätzungen und Entscheidungen unter dem Aspekt der eigenen Persönlichkeitsstruktur immer wieder hinterfragt. Dann wird er auch besser in der Lage sein, die Psychotherapie auf das Ergebnis bei der Entlassung hin auszurichten und dem Patienten das unter den Umständen mögliche Optimum an Therapie zukommen zu lassen.

Arztbriefe

Arztbriefe kommen oft spät zum Adressaten. Mit dem Inhalt kann der oft wenig anfangen. Daß Arztbriefe spät geschrieben werden und daß ihr Inhalt oft wenig praxisgerecht ist, hängt miteinander zusammen.

Es gibt mehrere Gründe, warum Briefe zu spät geschrieben werden.

Krankenakten fordern nicht dazu auf, Informationen für einen Arztbrief aus ihnen zu extrahieren, während Patienten sich deutlich melden, wenn man sich nicht um sie kümmert, und der Therapeut zu vielen Arbeiten durch die Krankenschwester aufgefordert wird (»Gehen wir jetzt Visite machen?«). *Depressive* Therapeuten, die wenig eigene Initiative haben, tun in der Regel zuerst das, wozu sie sich nicht selber aufraffen müssen, sondern was man von ihnen verlangt. Arztbriefe zu schreiben verlangt das eigene Gewissen, dessen Stimme kann aber überhört werden.

Zwanghafte Therapeuten schieben Arbeiten auf, entsprechend dem Modell des Umgangs mit den eigenen Faeces. Arztbriefe werden angesammelt und dann im Bündel »entleert«. Zwanghafte Therapeuten sind oft auch sehr perfektionistisch. Arztbriefe müssen viele Details enthalten, von denen der Schreibende meint, daß ein Empfänger sie wissen sollte, obwohl der Adressat sie nicht braucht und sie es ihm schwermachen, das herauszusuchen, was er wirklich benötigt. Dem Zwanghaften geht oft auch die Fähigkeit ab, zwischen Wichtig und Unwichtig zu unterscheiden. Nicht die Mitteilung praktisch wichtiger Informationen ist für den Zwanghaften ein hoher Wert, sondern Vollständigkeit.

Hysterische Therapeuten scheuen sich vor der Festlegung, die mit Schriftlichem verbunden ist.

Narzißtische Therapeuten meinen oft insgeheim, der Empfänger eines Briefs werde mit Informationen über das Wertvolle, das in der Klinik gemacht wurde, sowieso nichts anfangen können. Die Klinik wird überbewertet, der Empfänger entwertet.

Phobische Therapeuten scheuen die eigene Stellungnahme.

Schizoide Therapeuten setzen oft voraus, daß der Briefempfänger über Informationen verfügt, die er nicht haben kann, was mit der vorbewußten Phantasie einer Ich-Du-Symbiose zusammenhängt. Alternativ können sie der Meinung sein, daß der Briefempfänger den Arztbrief sowieso nicht verstehen wird, weil ein Klinikarzt mit einem Praktiker nicht »auf die gleichen Wellenlänge kommen« kann. Arztbriefe werden deshalb von solchen Therapeuten als überflüssig oder als unsinnig angesehen.

Ich meine, ein Arztbrief sollte diejenigen *Informationen* aus der in der Klinik geleisteten Arbeit vermitteln, *die der Empfänger braucht, um den Patienten weiterbehandeln zu können und die er sonst nirgendwoher beziehen kann;* vielleicht auch noch solche Informationen, die es ihm erleichtern, den nächsten Patienten ein wenig besser zu verstehen. Darüber hinaus muß sich der weiterbehandelnde Therapeut sein eigenes Bild machen. Die Informationen, die ein Patient dem Untersucher gibt, während der diagnostischen Phase und später auch in der Therapie, hängen zum Beispiel auch von Übertragungsauslösern ab, die Untersucher und Klinik bieten. Einer Therapeutin wird ein Patient in der Regel etwas anderes erzählen als einem Therapeuten, einem jungen Therapeuten etwas anderes als einem älteren, einem Therapeuten, der eine ganze Klinik vertritt, etwas anders als einem Einzeltherapeuten in der freien Praxis. In einer Klinik kann der Patient fürchten, daß mehrere, seiner Meinung nach zu viele Personen von dem erfahren, was er einem Therapeuten erzählt.

Andererseits bietet die Klinik Schutz, Unterstützung und Hilfe rund um die Uhr, während der Einzeltherapeut wöchentlich nur eine oder wenige Stunden zur Verfügung steht. Für die Übertragungen, die ein Patient entwickeln kann, macht das natürlich einen Unterschied. Auch sieht der Therapeut in einer Klinik den Patienten aus einer anderen Perspektive als der Einzeltherapeut in der Praxis, wozu auch beiträgt, daß er dem Patienten nie wirklich allein, sondern, zumindest virtuell, flankiert von dem anderen therapeutischen Personal entgegentritt, was nicht nur die Wahrnehmungen und Phantasien eines Patienten beeinflußt, sondern auch die des Therapeuten.

Um einen Arztbrief zu schreiben, der dem Empfänger verwertbare, wichtige Informationen liefert, genügt es nicht, aus der Fülle des Informationsmaterials in der Krankenakte der Erinnerung des Therapeuten das zu extrahieren, was aus der Perspektive der Klinik wichtig ist. Es ist zusätzlich nötig, sich in die Lage eines weiterbehandelnden Therapeuten hineinzuversetzen. Verschiedene Therapeuten sind dazu unterschiedlich in der Lage.

Über die Situation des Therapeuten in einer Einzelpraxis haben Therapeuten in einer Klinik oft noch wenig Informationen. Was an Sich-Hineinversetzen geleistet werden kann, ist auch dann begrenzt, wenn man Informationen über die Arbeit in einer Praxis hat. Die Therapeuten sind verschieden. Da der Klinikarzt den späteren Behandler in der Regel nicht kennt (zumindest, wenn es sich um Kliniken mit einem überregionalen Einzugsgebiet handelt, was für die meisten Kurkliniken gilt), kann er sich nur in die berufliche Situation des Therapeuten hineinversetzen, nicht aber in ihn als Person. Das wäre in der Psychotherapie aber nützlich. Bei somatischen Fächern kommt es auf die Person des Behandlers weniger an, weil das therapeutische Vorgehen, zumindest bei den schulmäßig arbeitenden Medizinern, stärker standardisiert ist. Sie setzen ihre eigene Person in ihrer Arbeit begrenzter ein.

Andererseits wird man auch vom Therapeuten in einer Praxis erwarten können, daß er eine gewisse Fähigkeit an den Tag legt, sich an den Stil eines Kliniktherapeuten zu adaptieren. Die Arbeit in einer Klinik haben viele Therapeuten während ihrer Ausbildung kennengelernt. Die psychotherapeutischen Kliniken und Fachabteilungen arbeiten allerdings sehr unterschiedlich; zumindest sind die Unterschiede größer als in den somatischen Fächern.

Oft wird die Mühe aber gar nicht aufgebracht, sich in den anderen hineinzuversetzen, weder von seiten der Kliniktherapeuten, noch von seiten des Therapeuten in der Praxis. Der Therapeut in der Praxis ärgert sich vielmehr, daß der andere ihm nicht die gewünschten Informationen so liefert, wie er sie gerne haben möchte, während der Klinikarzt vom Therapeuten in der Praxis mehr Adaptationsfähigkeit erwartet, als der an den Tag legen kann. Im Extremfall liest der Therapeut die Briefe aus der Klinik nicht oder er überfliegt sie nur. Er verläßt sich dann auf die eigene Diagnostik.

Zu alldem kommt noch hinzu, daß die meisten Mediziner, aber auch viele Psychologen, im Schreiben ungeübter sind als Geisteswissenschaftler oder Juristen, die während ihres Studiums schriftliche Arbeiten anfertigen müssen. Geisteswissenschaftler und Juristen tun das während ihres Studiums meist viele Male, Mediziner erst bei der Doktorarbeit, manche Psychologen nur bei der Vordiplom- und Diplomarbeit. Zum Schreiben von Arztbriefen fehlt ihnen die Übung im Schreiben. Was auf der Schule gelernt wurde, reicht oft nicht aus. Psychologen, die das Berichten erlernt haben, schreiben oft zu ausführlich und daher auch nicht praxisgerecht.

Es gibt also eine ganze Reihe von Faktoren, die sowohl dem rechtzeitigen als auch dem inhaltlich und in der Darstellung ausreichenden Schreiben von Arztbriefen entgegenstehen, wobei das oben Dargestellte noch keinen Anspruch auf Vollständigkeit erhebt. Was kann nun von seiten einer Klinikleitung geschehen, damit die Arztbriefe rechtzeitig diktiert werden und einen sinnvollen Inhalt haben?

In vielen Kliniken geschieht außer Ermahnen nicht viel. Die Assistenten werden vielleicht aufgefordert, sich Arztbriefe anzusehen, die Kollegen geschrieben haben. Dabei werden oft nicht einmal diejenigen ausgesucht, die der Klinikleiter oder der Oberarzt für vorbildlich hielt. Man verweist schlicht auf die Krankenakten der entlassenen Patienten. Die geschriebenen Arztbriefe werden dann korrigiert. Arztbriefe mit erheblichen inhaltlichen Mängeln kann man aber kaum so korrigieren, daß sie am Ende gut verwertbar sind. Außerdem erinnert den Mediziner das Korrigieren von Arztbriefen an die Schule, mit der nicht alle positive Erfahrungen verbinden. Der Assistent ärgert sich über den Oberarzt, der seinen Brief korrigiert hat, und der Oberarzt ärgert sich darüber, daß er in die unbeliebte Rolle eines Schulmeisters gerät.

Ich halte es für günstiger, wenn man die jungen Assistenten im Schreiben von Arztbriefen unterrichtet. Das kann im Rahmen einer Klinikfortbildung geschehen. Hilfreich sind auch kurzgefaßte schriftliche Anleitungen. Sie müssen von der Ärztlichen Leitung erstellt werden, weil sich die einzelnen Kliniken zu sehr voneinander unterscheiden, als daß eine schriftliche Anleitung für alle Kliniken gelten könnte. Den Assistenten sollten auch Informationen über die Situation eines Therapeuten in der Praxis vermittelt werden. Solche Informationen werden gern aufgenommen, weil eine freie Praxis ja doch das Berufsziel vieler Therapeuten ist und sie meist interessiert sind, Konkretes darüber zu erfahren. Hier ergibt sich natürlich ein Problem. Assistenten, die Oberärzte werden, und Oberärzte, die Klinikchefs werden, waren vorher in der Regel nicht in einer Einzelpraxis. Zwar haben viele von ihnen Patienten ambulant behandelt, aber im Rahmen einer Ausbildung, begleitet durch Supervisoren, die Wissens- und Kompetenzlücken ausgleichen konnten. Während einer Ausbildung ist man auch nicht in der gleichen Lage wie später in einer freien Praxis. Der Oberarzt oder Klinikleiter muß sich die Informationen über das Wie und Was einer Praxis also selbst erst verschaffen. Andererseits hat er in den Jahren seiner stationär-klinischen Tätigkeit aber einiges an Reaktionen von auswärts tätigen Psychotherapeuten auf seine Arztbriefe bekommen.

Die Routine, die man in mehrjähriger klinischer Arbeit erwirbt, läßt sich den jungen Assistenten nicht unmittelbar vermitteln. Man kann ihnen aber ein Schema an die Hand geben, das einerseits Freiräume läßt, andererseits die Informationen festlegt, die in jedem Arztbrief vorhanden sein sollten und die man diktieren können sollte, ohne groß darüber nachzudenken.

Vor allem gilt das für alle *körperlichen Befunde und Maßnahmen*. Ähnlich wie bei einer empirisch-statistischen wissenschaftlichen Arbeit kommt es dabei auf das Sprachliche nicht so sehr an, mehr auf die Zahlen. Befunde, die als pathologisch anzusehen sind, sollten deutlich hervorgehoben werden. Insgesamt sollte ein Assistent wissen, welche körperlichen Befunde mitzuteilen sind und welche fortgelassen werden sollten, welche einfach nur mitzuteilen und welche zu kommentieren sind. Die körperlichen Befunde werden mit dem Oberarzt bei der Visite besprochen, dabei erfährt der junge Assistent etwas über deren Stellenwert.

Mehr Spielraum ist bei der Mitteilung *psychischer Befunde* erforderlich. Hier sollte in Worten zusammengefaßt werden, was wichtig ist. Ein Arztbrief ist nicht dazu da, dem in der Praxis tätigen Therapeuten das eigene Erheben einer Anamnese zu ersparen. Er soll aber auf die wichtigsten anamnestischen Faktoren hinweisen. Wird der Patient an einen Therapeuten zurücküberwiesen, der ihn in die Klinik eingewiesen hat, ist es nicht sehr sinnvoll, lediglich anzumerken, daß die Anamnese bekannt sei. Wertvolle Informationen aus der Perspektive der Klinik gingen so verloren.

Psychotherapeutische Maßnahmen sollten begründet werden. Das gilt besonders für psychotherapeutische Maßnahmen, die nur in Kliniken durchgeführt werden können. Es bringt nicht viel, wenn einfach geschrieben wird, daß »Beschäftigungstherapie« durchgeführt wurde. Ein oder zwei Sätze über das Warum und zu den Ergebnissen machen die Indikation verständlicher und ermöglichen es dem Weiterbehandler, darüber nachzudenken, wie er an das so Erreichte mit seinen (meist sprachlichen) Mitteln anknüpfen kann. Was bei einer »Beschäftigungstherapie« herauskommt, kann auch bei einer Therapie, die nur im Verbalen abläuft, beachtet werden – zum Beispiel Arbeitsstörungen im Umgang mit Werkmaterial, von denen man sich berichten läßt, aber auch formale Begabungen, die sich in der Beschäftigungstherapie vielleicht das erste Mal zeigten.

Bei den psychotherapeutischen Maßnahmen, die man auch in einer Praxis durchführen kann, sollten das Warum, das Wie und die Ergebnisse unter der Perspektive dargestellt werden, daß das angewandte Verfahren vielleicht auch für die Weiterbehandlung in Betracht kommt. Dabei ist aber zu beachten, daß die Indikation für ein einzelnes therapeutisches Verfahren in der Praxis oft nicht die gleiche ist wie in der Klinik. Zum Beispiel kann eine Gruppentherapie angezeigt sein, wenn man den Patienten die ganze Woche unter Aufsicht hat, nicht aber in einer freien Praxis, wo man ihn nur jeweils zur Gruppe sieht. Oft werden therapeutische Verfahren, die sich in der Klinik bewährt haben, für die Weiterbehandlung empfohlen, ohne den unterschiedlichen institutionellen Rahmen einer Praxis zu bedenken. Wenn ein Patient an einer Gruppe teilgenommen hat, dazwischen aber immer wieder Nottermine brauchte, sollte das dem Arzt in der Praxis mitgeteilt werden. Solch eine Mitteilung kann eine Fehlindikation ersparen.

Oft sind an der Weiterbehandlung eines Patienten *mehrere Men-*

schen beteiligt, zum Beispiel ein Allgemeinarzt oder Internist, der den Patienten eingewiesen oder eine Kur beantragt hat, und ein Psychotherapeut. Die beiden benötigen verschiedene Informationen. Ihre Fähigkeit, Informationen zu verwerten, ist auch verschieden. Angaben, die ein Psychotherapeut sofort versteht und richtig einordnen kann, können bei einem Allgemeinarzt ohne psychotherapeutische Ausbildung mehr schaden als nützen. Manche Kliniken helfen sich da mit Arztbriefen, die zur Information psychotherapeutisch nicht ausgebildeter Ärzte geeignet sind und Mißverständnisse vermeiden, bieten dem weiterbehandelnden Psychotherapeuten aber zusätzliche Unterlagen an. Dazu gehören die Anamnese und oft auch ein sogenannter Zweitsichtvermerk: die schriftlich niedergelegte diagnostische Sicht und Auffassung eines Oberarztes also, zusammen mit der epikritischen Beschreibung des Behandlungsverlaufes. Wahrscheinlich ist eine solche Aufteilung am ehesten geeignet, das Problem der unterschiedlichen Interessen und Kompetenzen verschiedener Personen zu berücksichtigen, die an der Weiterbehandlung beteiligt sind.

Ein besonderes Problem tritt beim Ausfüllen der Arztbriefformulare eines *Rentenversicherungsträgers* auf. Bei Rentenstreitigkeiten kann der Patient Einblick in die Rentenakten bekommen und damit auch in den Arztbericht. Hier würde ich empfehlen, sich bei der Formulierung vorzustellen, der Patient sollte über seine Krankheit aufgeklärt werden. Das gilt für die auszuwählenden *Inhalte*. Benutzte *Fachausdrücke* sollten jedenfalls einem Sozialrichter oder einem Rechtsanwalt verständlich sein. DÖRING (1994) empfiehlt, den Inhalt des Berichts mit dem Patienten zu besprechen und ihn auch zu Beginn der Behandlung auf die Tatsache hinzuweisen, daß bei der Entlassung ein Bericht geschrieben und der Versicherungsanstalt zugänglich gemacht wird. Wird darüber nicht offen gesprochen, kommt es zur Entwicklung latenter Widerstände in der Therapie, was die Prognose einer Psychotherapie, die beim Rentenbegehren ohnehin oft eingeschränkt ist, weiter verschlechtern kann.

Die grundsätzliche Frage, ob ein Arztbrief dem Patienten zugänglich gemacht werden soll, wird kontrovers diskutiert. Für die Kassenanträge vertreten THOMÄ und KÄCHELE (1986), man solle den Bericht so abfassen, daß der Patient ihn ohne Schaden lesen kann. Andererseits versehen viele psychotherapeutische Kliniken ihre Arztbriefe mit einem Stempel, der darauf hinweist, daß der Brief nicht für die Lektüre durch den Patienten bestimmt ist.

Beides hat seine Probleme. Es ist schwer, einen Bericht zu schreiben, der einerseits dem weiterbehandelnden Kollegen (oder eben dem Gutachter) die Informationen vermittelt, die ihm zur Beurteilung nützlich sind, ohne Informationen zu geben, die den Widerstand des Patienten verstärken, wenn er sie lesen sollte, besonders wenn es sich um noch unbewußte Wünsche, Strebungen und Abwehrvorgänge handelt. Man erzielt beim Patienten, wenn er den Brief liest, etwas ähnliches wie bei der von FREUD (1910) beschriebenen »wilden Analyse«. Ein Brief, der für die Information eines Fachkollegen bestimmt ist und gleichzeitig vom Patienten gelesen werden kann, ohne daß der Patient Schaden nimmt, kann nur ein Kompromiß sein.

Andererseits verhindert ein Stempel auf dem Arztbrief nicht, daß der Patient ihn doch zu lesen bekommt. Hier ist es auch wieder wichtig, sich in die Lage des Arztes außerhalb der Klinik hineinzuversetzen. Was soll der Arzt machen, wenn der Patient ihn dringend bittet, den Brief lesen zu dürfen? Hat der Arzt zu dem Patienten eine gute Arbeitsbeziehung, kann er ihn vielleicht davon überzeugen, daß es für ihn nicht gut wäre, wenn er den Brief lesen würde. Oft wird das aber nicht ohne eine längere Debatte möglich sein, zu der viele Ärzte in einer somatischen Praxis einfach keine Zeit haben. Man muß auch bedenken, daß die Aufklärungspflicht des Arztes gesetzlich festgelegt ist. Weder die Patienten noch die Ärzte sind es gewohnt, daß der Arzt Informationen zurückhält, wenngleich er sie bei der Aufklärung eines Kranken im allgemeinen dosieren wird. Dosieren ist aber schlecht möglich, wenn man einen Patienten den ihn betreffenden Arztbrief lesen läßt. Der Brief kann nur gelesen oder nicht gelesen werden; kaum ein Arzt wird sich die Mühe machen, bestimmte Passagen im Brief abzudecken, und es ist ja auch fraglich, ob der Patient das zulassen würde.

Anhang

Die Angehörigen verschiedener Berufsgruppen in der Klinik

Ärzte

Assistenzärzte an einer psychotherapeutischen Klinik bringen in der Regel wenig Kenntnisse mit, die sich auf das Fach beziehen. Wenn sie nicht selbst als Patient eine Therapie gemacht haben, verfügen sie im Bereich der Psychotherapie über keine unmittelbare Erfahrung. Was man als Mediziner an Psychotherapie heute an den Universitäten lernt, geht über elementare Propädeutik nicht hinaus. Überhaupt kann man das Medizinstudium im wesentlichen als propädeutisch auffassen.

Die vermittelten Kenntnisse von körperlichen Krankheiten, besonders im Bereich der Inneren Medizin, sind aber ungleich größer als die Kenntnisse in Psychotherapie, und die Mediziner haben auch Erfahrungen im Umgang mit körperlich kranken Menschen gesammelt; zunächst im Pflegepraktikum (vgl. K. KÖNIG mit P. KÖNIG 1994), später als Internatsstudenten, eventuell auch als Ärzte im Praktikum.

Da die meisten psychischen Erkrankungen auch mit körperlichen Erscheinungen einhergehen, nützen diese Kenntnisse dem jungen Arzt, wenn er herausfinden muß, ob auch eine körperlich bedingte Krankheit im engeren Sinne vorliegt oder ob es sich lediglich um Zeichen einer vegetativen Labilität handelt.

Haben die Ärzte Erfahrungen in Psychiatrie gesammelt, helfen diese ihnen bei der Differentialdiagnose psychischer Erkrankungen. Das psychiatrische Denken ist an den meisten psychiatrischen Krankenhäusern aber nicht psychodynamisch, sondern beschreibend. Ärzte mit psychiatrischen Vorerfahrungen sind mit der Psychopharmakotherapie vertraut, oder zumindest mit deren Elementen. Das hilft ihnen, wenn eine Psychotherapie mit einer Pharmakotherapie kombiniert werden muß, wie das häufig bei depressiven Störungen der Fall ist und auch bei Borderline-Patienten von immer mehr Psychotherapeuten empfohlen wird, die sich mit diesem Krankheitsbild gründlich beschäftigt haben (z.B. KERNBERG et al. 1989). Bei der Zusammenarbeit mit einem Pharmakotherapeuten muß der Psychotherapeut zumindest die Wirkungen und Nebenwirkungen der Psychopharmaka kennen, wenn er sie auch nicht ansetzt, dosiert oder absetzt.

Beim Erwerb des psychodynamischen Denkens ist eine auf das Deskriptive ausgerichtete Aufmerksamkeitseinstellung und Denkweise eher hinderlich. Aber auch bei psychoneurotischen und Borderline-Krankheitsbildern ist eine genaue Kenntnis der Symptomatik wichtig, besonders bei Entscheidungen, die Fragen der Differentialindikation betreffen und zur Beurteilung der Prognose. Nicht alle Symptome werden spontan angegeben, auch wenn sie zur Beurteilung des Krankheitsbildes und der anzuwendenden Therapie wichtig wären. Die Aufmerksamkeit des Psychotherapeuten muß sich auch auf das zunächst nur deskriptive Erfaßbare richten.

Als Motivation für das Studium findet man bei Ärzten häufiger den Wunsch, kranken Menschen zu helfen, als das bei Psychologen der Fall ist, die ihr Studium öfter als Mediziner deshalb wählen, weil sie selbst psychische Probleme haben. Ärzte, die sich mit Psychotherapie beschäftigen, haben in der Regel ebenfalls psychische Probleme oder, genauer ausgedrückt, sie sind sich ihrer psychischen Probleme bewußt. Es ist kein Hindernis, wenn jemand eigene psychische Probleme im Laufe der Ausbildung und beim Umgang mit Patienten besser kennenzulernen und loszuwerden erhofft. Sogenannte Normopathen, die über eine so starke Abwehr verfügen, daß sie keine Konflikte zu haben scheinen, weder bewußte noch unbewußte, eignen sich für eine psychotherapeutische Ausbildung in der Regel nicht. Um Psychotherapie gut machen zu können, sind aber Begabungen erforderlich: die Fähigkeit, sich in andere einzufühlen, die Fähigkeit, in Funktionszusammenhängen zu denken – eine Fähigkeit, die der des guten Internisten ähnlich ist. Gepaart mit Sensibilität ist eine psychische Stabilität nötig, die im Grunde schon vorhanden sein muß, wenn der Betreffende die Ausbildung beginnt; nur selten erwerben Menschen mit mangelnder Impulskontrolle und mangelnder Affekttoleranz im Laufe einer Ausbildung jene Ich-Stärke, die nötig ist, um Psychotherapie ausüben zu können.

Psychologen

Das Psychologiestudium ist, ähnlich wie das Medizinstudium, im wesentlichen propädeutisch; zumindest was eine psychotherapeutische Tätigkeit angeht. Nur in Testpsychologie werden die meisten Psychologen während ihres Studiums so gut ausgebildet, daß sie unmittelbar danach testpsychologisch selbständigtätig sein können. Ähnlich wie Mediziner müssen sie das *psychotherapeutische* Denken und Handeln in der Regel von der Pike auf erlernen. Die Universitäten unterscheiden sich in dem, was sie während des Studienganges in praktischer Unterrichtung anbieten, sehr stark. Nur wenige Universitäten bieten eine ausführliche, auf das Therapeutische hin orientierte Unterrichtung. Wenn das der Fall ist, bieten sie meist Gesprächs- oder Verhaltenstherapie an.

Dem Psychologen fehlt natürlich die ärztlich-somatische Kompetenz. Psychologen sind in der Regel auch weniger als Ärzte darauf hin orientiert, Teilerfolge zu erzielen. Im Durchschnitt scheint es den Psychologen mehr zu liegen als den Medizinern, Psychoanalyse in ihren Forschungsaspekten zu sehen, was die Arbeit von Psychologen an Kliniken für die Forschung besonders wertvoll macht.

Die Aufstiegsmöglichkeiten von Psychologen sind an psychotherapeutischen Kliniken ziemlich begrenzt. Es gibt Stellen für leitende Psychologen, sie sind aber weniger zahlreich als die Oberarztstellen für Mediziner. Daß Psychologen unter Umständen so lange an einer Klinik sein können wie ein Arzt zur Facharztausbildung, ohne in eine leitende Stelle aufzusteigen, führt oft zu beruflicher Unzufriedenheit. An vielen psychotherapeutischen Kliniken sind die psychologischen Assistenten im Durchschnitt auf dem hauptsächlichen Arbeitsgebiet der Klinik wesentlich kompetenter als die medizinischen Assistenten; eben weil sie länger an der Klinik bleiben, ohne in eine Oberarztposition aufzurükken.

An den meisten Kliniken werden die Psychologen nicht selbständig im Nachtdienst eingesetzt, oft machen sie überhaupt keinen Nachtdienst. Das schränkt ihre Kapazität, mit Patienten in Krisensituationen umzugehen, ein. Andererseits bilden sie wegen ihrer psychotherapeutischen Kompetenz oft junge Mediziner aus, die unter Umständen dann als Oberärzte ihre Vorgesetzten werden.

Sozialarbeiter

Für ihre Tätigkeit an einer Klinik sind nicht wenige Sozialarbeiter besser ausgebildet als der Durchschnitt der Mediziner oder Psychologen. An vielen Hochschulen und Fachhochschulen erhalten sie eine breite psychotherapeutische Ausbildung, die es ihnen erleichtert, mit psychisch kranken Menschen umzugehen. Sie haben oft den Wunsch, psychotherapeutisch tätig zu werden, ohne daß die Klinik ihnen ein entsprechendes Betätigungsfeld bietet. Meist werden die Sozialarbeiter dazu eingesetzt, Patienten auf reale Lebensprobleme nach der Entlassung aus einer Klinik vorzubereiten. In manchen Spezialkliniken werden Sozialarbeiter aber auch als Psychotherapeuten eingesetzt, vor allem im Suchtbereich. Sozialarbeiter bekommen weniger Gehalt als Psychologen oder gar Mediziner. Sie können später keine eigene Praxis aufmachen. Das führt insgesamt oft zu Unzufriedenheit, wenn der Sozialarbeiter als Psychotherapeut eingesetzt wird. Er ist dafür oft besser vorgebildet als der Mediziner oder Psychologe, und wenn man ihm die Gelegenheit dazu gibt, erlernt er bei gleicher Begabung Psychotherapie im allgemeinen ebenso gut. Sein Gehalt bleibt aber immer unter dem eines Psychologen oder Mediziners.

Schwestern und Pfleger

Ähnlich wie Mediziner und Psychologen werden Schwestern und Pfleger in ihrer Ausbildung auf die Tätigkeit in einer psychotherapeutischen Klinik wenig vorbereitet. In einer psychotherapeutischen Klinik gibt es nicht viel zu pflegen. Schwestern und Pfleger werden als therapeutisches Hilfspersonal eingesetzt, oft ohne das, was sie tun sollen, von erfahreneren Kolleginnen oder Kollegen lernen zu können. Die Gefahr ist groß, daß Schwestern und Pfleger in den Teambesprechungen nicht nur eine diagnostische Sichtweise, sondern auch Handlungsstrategien kennenlernen, die zu ihrer Rolle nicht kompatibel sind. Psychotherapie erfordert eine asymmetrische Rollenverteilung, wie sie zwischen Schwester oder Pfleger und Patient meist nicht in ausreichendem Maße herzustellen ist. Sollen die Schwestern oder Pfleger mit therapeutischen Aufgaben betraut werden, ist eine Voraussetzung dafür, daß man ihnen die Möglichkeit gibt, bestimmte Merkmale eines therapeutischen Settings im Umgang mit den Patienten zu verwirklichen; zum Beispiel einen begrenzten zeitlichen Rahmen zu etablieren.

Es kommt sonst zu wilder Psychotherapie mit regressionsförderndem zeitlichen Aufwand. Ärzte und Psychologen sind für Schwestern und Pfleger schlechte Vorbilder. Im Schwesternunterricht können sie meist das Diagnostische gut vermitteln, nicht aber die schwestern- und pflegerspezifische Handlungsweise, von der in vielen therapeutischen Teams auch kein klares Konzept tradiert wird. Hier liegt ein wunder Punkt vieler psychotherapeutischer Kliniken. Abhilfe kann geschaffen werden, wenn die Angehörigen der Klinikleitung ein Konzept für die Tätigkeit von Schwestern und Pflegern erarbeiten, am besten in Diskussionen mit ihnen, und dieses Konzept dann den Anfängerinnen und Anfängern vermitteln. Ein solches Konzept ist zum in dem Buch von HELLWIG et al. (1993) dargestellt.

Beschäftigungstherapeuten

Es gibt Ausbildungen für psychotherapeutisch orientierte Beschäftigungstherapeuten, wobei allerdings der Umgang mit psychisch Kranken an verschiedenen Lehrinstitutionen unterschiedlich gewichtet wird. Beschäftigungstherapeuten können während ihrer Ausbildung Praktika in psychotherapeutischen Kliniken machen, ähnlich den Berufspraktika der Psychologen und den Famulaturen der Mediziner. An vielen psychotherapeutischen Kliniken wissen die Schwestern und Pfleger wenig von dieser Therapieform, was es erschwert, sie in einen Gesamtbehandlungsplan zu integrieren. Aufgabe der Klinikleitung ist hier, zeitlich dafür Raum zu geben, daß die anderen Mitglieder eines therapeutischen Teams dieses Therapieverfahren kennenlernen.

Sportlehrer und Bewegungstherapeuten

Die meisten Kliniken stellen Sportlehrer ein, die mit den Patienten nicht nur Gymnastik betreiben, sondern oft auch Übungen machen, die der Körperwahrnehmung dienen. Körperwahrnehmung zu vermitteln, haben sie meist in Zusatzkursen gelernt. Es gibt aber auch schon Ausbildungen in Bewegungstherapie, die viel von dem vermitteln, was in einer psychotherapeutischen Klinik gebraucht wird. Nicht immer wird die Bewegungstherapie in den Gesamtbehandlungsplan sinnvoll integriert. Die Indikationen werden oft sehr schematisch gestellt. Die Arbeit der Bewegungstherapeuten ist aber wichtig; auch die Sporttherapie, letztere besonders bei Patienten mit einer krankheitsbedingten Schonhaltung. Wegen der großen Defizite in Integration und Kommunikation, die es an vielen Kliniken noch gibt, bin ich im entsprechenden Kapitel auf diese Punkte recht ausführlich eingegangen.

Die Bäderabteilung

An vielen Kliniken fristet die Bäderabteilung ein unbefriedigendes Dasein. Balneologische Maßnahmen werden ähnlich wie die Sporttherapie meist eingesetzt, um Folgen von Schonhaltungen, aber auch Anzeichen vegetativer Labilität zu behandeln. Daß balneologische Maßnahmen durchgeführt werden, entspricht auch den Erwartungen vieler Patienten, die an Kurkliniken kommen. Oft arbeiten an einer solchen Klinik balneologische Therapeuten mit einer Vielzahl differenzierter Methoden, von deren Indikation die Psychotherapeuten wenig verstehen. Die Ergebnisse der Arbeit der balneologischen Therapeuten sind, ähnlich wie bei der Beschäftigungstherapie und der Bewegungstherapie, deshalb oft nicht so gut, wie sie vielleicht sein könnten. Nicht selten hat die Balneologie eine somatische Alibifunktion oder auch nur die Funktion, Patienten zu beschäftigen.

Das Personal im Speisesaal

Nicht nur bei eßgestörten Patienten, sondern auch bei kontaktgestörten Patienten kann man im Speisesaal vieles beobachten, was die Therapeuten wissen sollten. An wenigen Kliniken wird aber mit dem Personal im Speisesaal gesprochen. Meist kommt es zu einer Kommunikation dann, wenn Patienten zum Essen zu spät kommen oder sich auf andere Weise unliebsam bemerkbar machen.

Das Reinigungspersonal

Die Raumpflegerinnen an einer Klinik erfahren von Patienten oft viel. Ihre wichtigen Beobachtungen bleiben aber meist ungenutzt. Mit ihnen wird in der Regel nur gesprochen, wenn sie sich über Patienten beschweren oder wenn Patienten sich über sie beschweren. Ähnlich wie das Personal im Speisesaal haben sie oft keine rechte Vorstellung davon, was die Aufgabe der Klinik ist und wie diese Aufgabe bewältigt werden soll. Wie eine Fortbildung für das Personal im Speisesaal und das Reingungspersonal aussehen könnte, wird an den meisten Kliniken nicht einmal diskutiert. Natürlich kann man beim Reinigungspersonal auch weniger als bei anderen Berufsgruppen damit rechnen, daß ein primäres Interesse am Umgang mit psychisch Kranken besteht, was die Möglichkeiten einer Fortbildung einschränkt.

Verwaltungspersonal

Das Verwaltungspersonal an einer Klinik erfüllt wichtige Aufgaben, in besonderem Maße gilt das natürlich für den Verwaltungsleiter. Die Verwaltungsleiter verfügen aber über oft nur wenig Kenntnisse von Psychotherapie, was ihre Kooperation mit dem therapeutischen Personal erschwert. Zwischen dem therapeutischen Personal und dem Verwaltungspersonal entstehen häufig Spannungen. Das ist oft auf einen Informationsmangel zurückzuführen, hat aber auch etwas damit zu tun, daß die Ziele des Verwaltungsdirektors und des ärztlichen Klinikleiters divergieren. Der Verwaltungsdirektor muß darauf achten, daß die Betten voll sind und die Klinik mit dem Geld auskommt, das ihr zur Verfügung steht; der ärztliche Direktor möchte das auch, sieht aber doch wohl meist seine ärztliche Aufgabe an erster Stelle. Oft haben Verwaltungsdirektoren viel Macht, sie vertreten den Träger der Klinik. Ärztliche Direktoren versuchen dann gelegentlich, den Verwaltungsdirektor ähnlich zu täuschen wie vielleicht das Finanzamt. Die Kooperation zwischen Chefarzt und Verwaltungsleiter ist »ein weites Feld«. Vielleicht wäre es manchmal sinnvoll, wenn die Chefärzte im Einvernehmen mit den Verwaltungsleitern auswärtige Organisationsberater konsultieren würden.

Ein neuer Chefarzt übernimmt eine Klinik

Die Zeit, in der Konzepte der stationären Psychotherapie aus dem täglichen Umgang mit den therapeutischen Aufgaben mit viel Diskussionszeit langsam entwickelt wurden, ist zu Ende gegangen. In der zweiten Generation von Psychotherapeuten kommt es immer wieder zu der Situation, daß ein Therapeut als Chefarzt eine bereits bestehende Einrichtung übernimmt, in der er auf ein Konzept trifft, mit dem er bisher nicht gearbeitet hat. Er wird dann meist versuchen, sein mitgebrachtes Konzept an die neue Situation zu adaptieren – eine Aufgabe, die nicht immer leicht zu lösen ist. Es kann sich herausstellen, daß das mitgebrachte Konzept für die Verhältnisse an der Klinik, die er übernimmt, nur begrenzt geeignet ist. Die Rahmenbedingungen einer stationären Einrichtung werden durch die Beziehungen der Klinik zur Außenwelt beeinflußt. Die Umfelder können sich stark unterscheiden.

Die Kliniken an Universitäten haben in der Regel nur wenige Betten, zehn bis allerhöchstens fünfundvierzig. Einige beziehen die meisten Patienten aus ihrer Ambulanz, andere aus dem Konsiliardienst im Klinikum, wieder andere aus Überweisungen niedergelassener Ärzte. Für Kurkliniken gelten andere Bedingungen. Ein Chefarzt, der aus einer Universitätsklinik kommt, sieht sich in einer Kurklinik mit einer völlig neuen Situation konfrontiert, was den Aufnahmemodus, die Art der Patienten und oft auch die Interessenlage und die Qualitäten und Mängel des Personals angeht. Liegt die Klinik »auf der grünen Wiese«, kann es schwierig sein, gutes therapeutisches Personal zu bekommen.

An der Universität haben die meisten Mitarbeiter Zeitverträge, was es dem Chefarzt erleichtert, sich von den Mitarbeitern zu trennen, mit denen er nicht gut zusammenarbeiten kann. An den Kurkliniken haben die Mitarbeiter oft unbefristete Verträge, wodurch es schwer ist, sich von ihnen zu trennen.

Da der Chefarzt die Möglichkeit hat, Mitarbeiter einzustellen, zumindest auf die freiwerdenden Stellen, kann er Leute engagieren, die auch in der Persönlichkeitsstruktur zu ihm passen. Auf die Persönlichkeitsstrukturen von Klinikleitern bin ich in meinem Buch »Kleine psychoanalytische Charakterkunde« (1992) eingegangen. In psychotherapeutischen Kliniken spielt die Persönlichkeit des Chefarztes auch bei der Wahl der Konzepte eine größere Rolle als in somatischen Kliniken, in denen die Konzepte meist in engen Grenzen festlegen, so daß wenig Spielraum bleibt. Zum Beispiel sind die Behandlungsziele in den somatisch orientierten Kliniken relativ eindeutig, wenn es auch da natürlich Spielräume gibt, in denen sich Konflikte abspielen, zum Beispiel bei der Chemotherapie von Tumoren oder in den chirurgischen Fächern bezüglich der Frage, wie radikal bei einer Krebserkrankung operiert werden soll. Worauf es bei der körperlichen Gesundheit ankommt, läßt sich aber doch nur in engen Grenzen diskutieren.

Dagegen ist der Begriff der seelischen Gesundheit viel unschärfer. Er hängt mit dem psychischen Normalitätsbegriff zusammen, der stark kulturabhängig, aber auch schichtabhängig und persönlichkeitsabhängig ist.

Kliniker mit einer *zwanghaften* Persönlichkeitsstruktur werden zum Beispiel eher dazu neigen, ein stark bipolares Konzept der klinischen Psychotherapie zu vertreten, weil sie sich wohler fühlen, wenn alles klar voneinander abgegrenzt ist, *oder* sie werden ein stark integratives Konzept wählen, wenn sie die Möglichkeit einer umfassenden Kontrolle und Beeinflussung des Alltags der Patienten attraktiv finden. *Hysterisch* strukturierte Chefärzte werden sich gegen Festlegungen wehren, die auch den eigenen Handlungsspielraum einschränken und sie daran hindern, neue Ideen umzusetzen, die sie oft reichlich produzieren. Mehr *schizoid* strukturierte Chefärzte lieben die Sicht aufs Ganze, sehen deutlicher als andere, daß alles mit allem zusammenhängt, und bevorzugen deshalb eher ein integratives Konzept.

Haben die Mitarbeiter an der Institution, die vom Chefarzt neu übernommen wird, eine starke Position (zum Beispiel, weil es in der Gegend, in der sich die Klinik befindet, nicht leicht ist, neue Mitarbeiter zu gewinnen, oder weil die Klinik darauf abgestellt ist, mit sehr erfahrenen Mitarbeitern zu arbeiten und Strukturen zur Anleitung mehrerer neuer Assistenten gar nicht vorhanden sind), kann es zu einem Aufstand gegen den Chefarzt kommen, bei dem dieser den kürzeren zieht. Das sind freilich Ausnahmen. Daß so etwas vorkommen kann, sollten Chefärzte, die Kliniken neu übernehmen, aber motivieren, sich die Situation in ihrer Klinik erst einmal eine Zeitlang anzusehen, ehe sie große Veränderungen einleiten. Eine Klinik mit wenigen Betten und reichlich Personal wird man rascher verändern können als eine große Klinik mit Versorgungsaufgaben, auf die sich das Umfeld eingestellt hat und die von den Mitarbeitern gerade noch bewältigt werden.

Besondere Probleme ergeben sich oft beim Neubesetzen von Oberarztstellen. Während ein Chefarzt an eine Universitätsklinik meist zumindest einen Mitarbeiter mitbringt, den er zum leitenden Oberarzt machen möchte, sobald die Stelle frei ist, besteht das Problem bei der Übernahme einer Kurklinik durch einen Chefarzt aus einer Universitätsabteilung oft darin, daß niemand aus der bisherigen Einrichtung bereit ist, mit dem neuen Chefarzt als Oberarzt mitzugehen. Wünscht der Chefarzt einen Vertreter, der auch während seiner Abwesenheit in der Lage ist, die Klinik so zu führen, wie er es gerne hätte, sollte dieser die gleiche Grundausbildung haben wie der Chefarzt. Das ist bei psychoanalytisch orientierten Einrichtungen in der Regel eine psychoanalytische Institutsausbildung oder wenigstens der Psychoanalyse-Zusatztitel. Da die Niederlassung für den Psychoanalytiker aber auch heute noch eine attraktive Möglichkeit darstellt und es in weiten Bereichen Deutschlands nur wenige oder keine Psychoanalytiker gibt, so daß die Niederlassungsmöglichkeiten besser sind als für die meisten anderen Spezialgebiete, ist eine Oberarztstelle an einer nicht-universitären Einrichtung für viele Psychoanalytiker kaum attraktiv. Was sie an eine solche Einrichtung locken kann, ist die Position des Chefarztes. Die Aussicht, eine entsprechende Stelle zu bekommen, wird aber eher verschlechtert, wenn man die Universitätsklinik verläßt. Da ist es für die meisten besser, auf eine Oberarztstelle an der Universitätsklinik zu warten und die dann als Sprungbrett zu benutzen. So haben heute noch viele Leiter außeruniversitärer Häuser große Schwierigkeiten bei der adäquaten Besetzung ihrer Oberarztstellen.

Tatsächlich ist aber eine Oberarztstelle für den Übergang zur Praxis eine gute Voraussetzung. Dem Oberarzt an einer Klinik werden viele Patienten vorgestellt, mehr, als er selbst untersuchen könnte. In kurzer Zeit erfährt er durch den Bericht des Stationsarztes viele Fakten, die jener unter erheblich größerem Zeitaufwand in Erfahrung gebracht hat. Mit diesen Informationen und dem, was er vom Patienten erfährt und was er in der Interaktion mit ihm an ihm und an sich selbst beobachtet, kann er dann eine Diagnose stellen. Wenn er mit dem Patienten spricht, hat er die Möglichkeit, wichtige Informationen zu überprüfen, die der Stationsarzt ihm vermittelt hat. Oft erfährt er dann noch Anderes oder Zusätzliches. Insgesamt wird durch das Kennenlernen vieler Patienten die diagnostische Sicherheit erhöht und die Zeit vermindert, die der Oberarzt braucht, um zu einer befriedigenden Diagnose zu kommen. Seine Diagnosen werden insgesamt sicherer. Wenn man eine Praxis anfängt, ist es nun aber wichtig, daß man sich bei der Diagnose und vor allem auch in der Prognose nicht irrt, auch weil es fast die Regel ist, daß neu Niedergelassenen viele Patienten überwiesen werden, die schwer behandelbar sind. Man gewinnt Erfahrungen in der Beurteilung, wen man selbst behandeln kann und wen man zu Psychiatern oder in rehabilitative oder beschützende Einrichtungen weitervermitteln muß.

Das lernt man vor allem in Häusern mit regionalem Einzugsgebiet. hat eine Klinik ein überregionales Einzugsgebiet, wie zum Beispiel die Fachklinik Tiefenbrunn bei Göttingen, an der ich gearbeitet habe, ist es fast unmöglich, genau zu wissen, welche Kolleginnen und Kollegen am Wohnort des Patienten eine bestimmte Behandlungsform anbieten können. Die unmittelbare Patientenvermittlung muß sich dann auf die Patienten aus der Region beschränken.

Sowohl die Qualität der Arbeit einer Klinik als auch die globale Lebensqualität des Chefarztes hängen davon ab, ob die Oberarztstellen gut gesetzt sind oder ob der Chefarzt sich um alles selber kümmern muß. Chefärzte und Träger sollten das berücksichtigen. Ein Psychoanalytiker wird meist nicht länger an einer Klinik als Oberarzt bleiben, als es ihm für seine spätere Niederlassung nützt, wenn er nicht mindestens ebensoviel verdient wie als Niedergelassener. Bei den meisten Kliniken wird es wohl etwas mehr sein müssen, wenn der Freizeitwert des Ortes gering ist, und in bezug auf die kulturellen Angebote ist er das ja in der Regel. Bei der Besetzung von Chefarztstellen in Kurkliniken haben die Oberärzte von Kurkliniken gute Chancen. Das kann einen Oberarzt motivieren, so lange auszuharren, bis er eine Chefarztstelle bekommt.

Literatur

Zitierte Literatur

ABELIN, E. (1971): The role of the father in separation-individuation process. In: MCDEVITT, J.B., SETTLAGE, C.F. (Hg.), Separation – Individuation. Int. Univ. Press, New York.
ABELIN, E. (1975): Some further observations and comments on the earliest role of the father. Int. J. Psa. 56: 293–302.
ALEXANDER, F. (1977): Psychosomatische Medizin. De Gruyter, Berlin.
ARFSTEN, A.-J.; HOFFMANN, S.O. (1978): Stationäre psychoanalytische Psychotherapie als eigenständige Behandlungsform. Prax. Psychother. 23: 233–245.
ARGELANDER, H. (1963): Die Analyse psychischer Prozesse in der Gruppe. Teil I und II. Psyche 17: 450–479 u. 481–515.
ARGELANDER, H. (1972): Gruppenprozesse: Wege zur Anwendung der Psychoanalyse in Behandlung, Lehre und Forschung. Rowohlt, Reinbek.
AUPKE, M. (1986): Die therapeutische Bedeutung des Stationslebens in der Tagesklinik. Zu den Aufgaben und Funktionen der Krankenschwester. In: HEIGL-EVERS, A.; HENNEBERG-MÖNCH, U.; ODAG, C.; STANDKE, G. (Hg.), Die Vierzigstundenwoche für Patienten. Vandenhoeck u. Ruprecht, Göttingen/Zürich, S. 220–237.
BATTEGAY, R. (1973): Der Mensch in der Gruppe. Bd. 2. Huber (4. Aufl.), Bern/Stuttgart/Wien.
BECKER, H. (1989): Konzentrative Bewegungstherapie. Thieme (2. Aufl.), Stuttgart/New York.
BECKER, H.; SENF, W. (1988): Praxis der stationären Psychotherapie. Thieme, Stuttgart/New York.
BELLAK, L.; HURVICH, M.; GEDIMAN, H.K. (1973): Ego functions in schizophrenics, neurotics and normals. John Wiley u. Sons, New York/London/Sidney/Toronto.
BENEDETTI, G. (1979): Die Bedeutung und die Entwicklung der psychodynamischen Theorie in der Psychiatrie der letzten drei Jahrzehnte. In: FISCHLE-CARL, H. (Hg.), Theorie und Praxis der Psychoanalyse. Bonz, Fellbach, S. 113–132.
BENEDETTI, G. (1991): Todeslandschaften der Seele. Vandenhoeck u. Ruprecht (3. Aufl.), Göttingen.
BERNHARD, P. (1988): Stationäre Psychotherapie als Heilverfahren – Psychoana-

lyse und Rehabilitation. In: SCHEPANK, H.; TRESS, W. (Hg.), Die stationäre Psychotherapie und ihr Rahmen. Springer, Berlin/Heidelberg, S. 71–83.
BION, W.R. (1974): Erfahrungen in Gruppen und andere Schriften. Klett, Stuttgart (Engl.: Experiences in groups and other papers. Tavistock Publications, London 1961).
BITTNER, G. (1986): Vernachlässigt die Psychoanalyse den Körper? Psyche 40: 709–734.
BITTNER, G. (1988): Heilende »Körpererfahrung«? In: RECHENBERGER, H.-G.; WERTHMANN, H.-V. (Hg.), Psychotherapie und innere Medizin. Pfeiffer, München, S. 135–144.
BITTNER, G. (1989): Psychoanalyse und Körper. In: WERTHMANN, H.-V. (Hg.), Unbewußte Phantasien. Pfeiffer, München, S. 285–300.
BLUM, H.P. (1983): The position and value of extratransference interpretation. J. Am. Psa. Ass. 31: 587–617.
BLUM, H.P. (1985): sperego formation. Adolescent transformation and the adult neurosis. J. Am. Psa. Ass. 33: 887–909.
BLUM, H.P. (1986): Countertransference and the theory of technique: Discussion. J. Am. Psa. Ass. 34: 309–328.
BRÄUTIGAM, W. (1979): Wege psychoanalytischer Therapie in Ambulanz und Klinik. In: FISCHLE-CARL, H. (Hg.), Theorie und Praxis der Psychoanalyse. Bonz, Fellbach, S. 90–112.
BRENNER, CH. (1976): Grundzüge der Psychoanalyse. Fischer, Frankfurt a.M.
CHERTOFF, J.M. (1989): Negative oedipal transference of a male patient to his female analyst during the termination phase. J. Am. Psa. Ass. 37: 687–713.
CHASSEGUET-SMIRGEL, J. (1987): Das Ichideal. Suhrkamp, Frankfurt a.M.
COHN, R. (1984): Themenzentrierte Interaktion. Ein Ansatz zum Sich-Selbst- und Gruppenleiten. In: HEIGL-EVERS, A.; STREECK, U. (Hg.), Die Psychologie des 20. Jahrhunderts. Bd. 2: Sozialpsychologie. Beltz, Weinheim/Basel, S. 873–883.
Diagnostisches und statistisches Manual psychischer Störungen: DSM III-R. (1991). Revision der 3. Auflage. Deutsche Bearbeitung v. H.-U. WITTCHEN u.a. Beltz, Weinheim/Basel.
DÖRING, P. (1994): Patienten-Einsicht in Entlassungsberichte. Zur psychoanalytischen Haltung in der stationären psychotherapeutischen Rehabilitation. Wissenschaftliche Arbeit zum Abschlußexamen, vorgelegt dem Institut für Psychoanalyse und Psychotherapie Göttingen.
DORNES, M. (1993a): Psychoanalyse und Kleinkindforschung. Einige Grundthemen der Debatte. Psyche 47: 1116–1152.
DORNES, M. (1993b): Der kompetente Säugling. Die präverbale Entwicklung des Menschen. Fischer, Frankfurt a.M.
DORPAT, T.L. (1979): Is Splitting a Defence? Int. Rev. Psycho-Anal. 6: 105–113.
DÜHRSSEN, A. (1972): Analytische Psychotherapie in Theorie, Praxis und Ergebnissen. Vandenhoeck u. Ruprecht, Göttingen.
DÜHRSSEN, A. (1988): Dynamische Psychotherapie. Springer, Berlin/Heidelberg/New York.
EGLE, U.T.; HOFFMANN, S.O. (Hg., 1993): Der Schmerzkranke. Schattauer, Stuttgart/New York.

ENKE, H. (1988): Stationäre Psychotherapie im Rückblick: Stationär oder evolutionär? In: SCHEPANK, H.; TRESS, W. (Hg.), Die stationäre Psychotherapie und ihr Rahmen. Springer, Berlin/Heidelberg, S. 3–12.

ERMANN, M. (1985): Frühe Triangulierung und Dynamik der Loslösungsprozesse. Forum Psychoanal. 1: 93–110.

FOULKES, S.H. (1986): Gruppenanalytische Psychotherapie. Fischer, Frankfurt/a.M.

FOULKES, S.H. (1990a): Group-analytic psychotherapy. Text and three tapes dictated by the author. Joint Publications Committee of the Institute of Group Analysis and the Group-Analytic Society, London.

FOULKES, S.H. (1990b): Selected papers. Psychoanalysis and group analysis. Karnac Books, London.

FREUD, S. (1900): Die Traumdeutung. G.W. Bd. II/III. Fischer, Frankfurt a.M. 5. Aufl. 1972, S. 1-642.

FREUD, S. (1904): Die Freudsche psychoanalytische Methode. G.W. Bd. V. Fischer, Frankfurt a.M. 5. Aufl. 1972.

FREUD, S. (1910): Über »wilde« Psychoanalyse. G.W. Bd. VII. Fischer, Frankfurt a.M. 5. Aufl. 1969, S. 118–125.

FREUD, S. (1912): Zur Dynamik der Übertragung. G.W. Bd. VIII. Fischer, Frankfurt a.M. 5. Aufl. 1969, S. 364–374.

FREUD, S. (1912): Ratschläge an den Arzt bei der psychoanalytischen Behandlung. G.W. Bd. VIII. Fischer, Frankfurt a.M. 5. Aufl. 1972, S. 376–387.

FREUD, S. (1913): Zur Einleitung der Behandlung. G.W. Bd. VIII. Fischer, Frankfurt a.M. 6. Aufl. 1973.

FREUD, S. (1914): Erinnern, Wiederholen, Durcharbeiten. G.W. Bd. X. Fischer, Frankfurt a.M. 5. Aufl. 1972, S. 126–136.

FREUD, S. (1915): Bemerkungen über die Übertragungsliebe. G.W. Bd. X. Fischer, Frankfurt a.M. 5. Aufl. 1972.

FREUD, S. (1923): Das Ich und das Es. G.W. Bd. XIII. Fischer, Frankfurt a.M. 8. Aufl. 1976.

FREUD, S. (1926): Die Frage der Laienanalyse. G.W. Bd. XIV. Fischer, Frankfurt a.M. 5. Aufl. 1972.

FREUD, S. (1932): Neue Folge der Vorlesungen zur Einführung in die Psychoanalyse. 31. Vorlesung. Die Zerlegung der psychischen Persönlichkeit. G.W. Bd. XV. Fischer, Frankfurt a.M. 6. Aufl. 1973, S. 62–86.

GILL, M.M. (1979): The analysis of transference. J. Am. Psa. Ass. 27: 263–288.

GILL, M.M. (1982): Analysis of transference. Vol. I: Theory and technique. Int. Univ. Press, New York.

GREENSON, R.R. (1967): The practice and technique of psychoanalysis. Int. Univ. Press, New York (Dt.: Technik und Praxis der Psychoanalyse. Klett, Stuttgart 1975).

HALEY, J. (1963): Strategies of Psychotherapy. Grune u. Straton, New York.

HEIGL, F. (1969): Zur Psychodynamik der Lernstörungen. Ztschr. Psychosom. Med. Psychoanal. 15: 239–251.

HEIGL, F.; NERENZ, K. (1975): Gruppenarbeit in der Neurosenklinik. Gruppenpsychother. Gruppendyn. 9: 96–117.

HEIGL-EVERS, A.; HEIGL, F. (1973): Gruppentherapie: interaktionell – tiefenpsychologisch fundiert (analytisch orientiert) – psychoanalytisch. Gruppenpsychother. Gruppendyn. 7: 132–157.
HEIGL-EVERS, A.; HEIGL, F.; OTT, J. (1993): Lehrbuch der Psychotherapie. Fischer, Stuttgart/Jena.
HEIGL-EVERS, A.; OTT, J. (Hg., 1994): Die psychoanalytisch-interaktionelle Methode. Vandenhoeck u. Ruprecht, Göttingen.
HEIGL-EVERS, A.; HENNEBERG-MÖNCH, U.; ODAG, C.; STANDKE, G. (Hg., 1986): Die Vierzigstundenwoche für Patienten. Vandenhoeck u. Ruprecht, Göttingen.
HEIMANN, P. (1950): On countertransference. Int. J. Psa. 31: 81–84.
HELLWIG, A. (1981): Die Vorbereitung der Entlassung aus der stationären Psychotherapie. In: HEIGL, F.; NEUN, H.: Psychotherapie im Krankenhaus. Vandenhoeck u. Ruprecht, Göttingen/Zürich, S. 173–214.
HELLWIG, A.; SCHOOF, M.; WENGLEIN, E. (1993): Lehrbuch der Psychosomatik und Psychotherapie für Krankenpflegeberufe. Vandenhoeck u. Ruprecht, Göttingen.
HOFFMANN, S.O. (1983): Die niederfrequente psychoanalytische Langzeittherapie. Konzeption, Technik und Versuch einer Abgrenzung gegenüber dem klassischen Verfahren. In: HOFFMANN, S.O. (Hg.), Deutung und Beziehung. – Kritische Beiträge zur Behandlungskonzeption und Technik in der Psychoanalyse. Fischer, Frankfurt a.M., S. 183–193.
HOFFMANN, S.O. (1991): Vortrag: Psychoanalyse mit einer Wochenstunde. Kongreß der Deutschen Gesellschaft für Psychoanalyse, Psychotherapie, Psychosomatik und Tiefenpsychologie und der Allgemeinen Ärztlichen Gesellschaft für Psychotherapie: Psychotherapie in der Versorgung.
JANSSEN, P.L. (1979): Zur Identität verschiedener Berufsgruppen in einer stationären psychoanalytischen Therapie. In: FISCHLE-CARL, H. (Hg.), Theorie und Praxis der Psychoanalyse. Bonz, Fellbach, S. 249–266.
JANSSEN, P.L. (1987): Psychoanalytische Therapie in der Klinik. Klett-Cotta, Stuttgart.
JANSSEN, P.L. (1993): Psychoanalyse in der Klinik. In: MERTENS, W. (Hg.), Schlüsselbegriffe der Psychoanalyse. Internationale Psychoanalyse, Stuttgart, S. 378–384.
JONES, M. (1953): The Therapeutic Community: A new treatment method in Psychiatry. Basic Books, New York.
KERNBERG, O.F. (1978): Borderline-Störungen und pathologischer Narzißmus. Suhrkamp, Frankfurt a.M. (Engl.: Borderline conditions and pathological narcissism. Jason Aronson, New York 1975).
KERNBERG, O.F.; SELZER, M.A.; KOENIGSBERG, H.W.; CARR, A.C.; APFELBAUM, A.H. (1989): Psychodynamic psychotherapy of borderline patients. Basic Books, New York.
KETS DE VRIES, M.F.R.; MILLER, D. (1987): The Neurotic Organisation. Jossey Bass, London.
KIND, J. (1992): Suizidal. Die Psychoökonomie einer Suche. Vandenhoeck u. Ruprecht, Göttingen.
KOHUT, H. (1971): Narzißmus. Eine Theorie der psychoanalytischen Behandlung narzißtischer Persönlichkeitsstörungen. Suhrkamp, Frankfurt a.M.

König, K. (1974): Die Risikobereitschaft des Patienten als prognostisches Kriterium. Ztschr. Psychosom. Med. Psychoanal. 20: 304–311.
König, K. (1974): Analytische Gruppenpsychotherapie in einer Klinik. Gruppenpsychother. Gruppendyn. 8: 260–279.
König, K. (1975): Normoplastische Interventionen in der konfliktorientierten Kurzttherapie. Ztschr. Psychosom. Med. Psychoanal. 21: 165–178.
König, K. (1975): Der Einfluß des klinisch-psychotherapeutischen Settings auf die konfliktorientierte Behandlungsmotivation der Patienten. Psychother. med. Psychol. 25: 103–108.
König, K. (1976a): Übertragungsauslöser – Übertragung – Regression in der analytischen Gruppe. Gruppenpsychother. Gruppendyn. 10: 220–232.
König, K. (1976b): Diskussionsbemerkungen zum »Psychotherapie-Defekt« v. F. Reimer: Was hat der »Psychotherapie-Defekt« mit Psychotherapie zu tun? Nervenarzt 47: 209–210.
König, K. (1978): Gruppenarbeit und Arbeitsgruppe. Gruppenpsychother. Gruppendyn. 13: 354–363.
König, K. (1981): Angst und Persönlichkeit. Vandenhoeck u. Ruprecht, Götingen. 4. Aufl. 1993.
König, K. (1984): Warum ist es so schwer, ein Verständnis von Psychoanalyse zu vermitteln? In: Bach, H.; Ehebald, U.; Weigeldt, I. (Hg.), Psychoanalyse, Psychotherapie und Öffentlichkeit. Vandenhoeck u. Ruprecht, Göttingen, S. 64–78.
König, K. (1988): Basale und zentrale Beziehungswünsche. Forum Psychoanal. 4: 177–185.
König, K. (1991a): Praxis der psychoanalytischen Therapie. Vandenhoeck u. Ruprecht, Göttingen.
König, K. (1991b): Group-analytic interpretations: Individual and group, descriptive and metaphoric. Group Analysis 24: 111–115.
König, K. (1992): Kleine psychoanalytische Charakterkunde. Vandenhoeck u. Ruprecht, Göttingen.
König, K. (1993a): Einzeltherapie außerhalb des klassischen Settings. Vandenhoeck u. Ruprecht, Göttingen.
König, K. (1993b): Gegenübertragungsanalyse. Vandenhoeck u. Ruprecht, Göttingen.
König, K. (1994a): Indikation. Entscheidungen vor und während einer psychoanalytischen Therapie. Vandenhoeck u. Ruprecht, Göttingen.
König, K. (1994b): Selbstanalyse. Hinweise und Hilfen. Vandenhoeck u. Ruprecht, Göttingen.
König, K. (1994c): Fixierung in der Adoleszenz und die Folgen. Forum Psychoanal. 10: 356–362.
König, K.; Ardjomandi, M.E.; Henneberg-Mönch, U.; Kreische, R.; Lindner, W.-V.; Streeck, U. (1993): Zum Göttinger Modell – analytische und analytisch orientierte (tiefenpsychologisch fundierte) Gruppenpsychotherapie (The Göttingen Model of Group Psychotherapy – Psychoanalytically Orientated and Psychoanalytic). Gruppenpsychother. Gruppendyn. 29: 115–119.
König, K. mit König, P. (1994): Mit körperlich Kranken umgehen. Springer, Berlin/Heidelberg/New York/Tokyo.

KÖNIG, K.; LINDNER, W.-V. (1992): Psychoanalytische Gruppenpsychotherapie. Vandenhoeck u. Ruprecht, Göttingen.
KÖNIG, K.; NEUN, H. (1983): Psychotherapeutische Heilverfahren. In: NEUN, P. (Hg.), Psychosomatik. Bd. 2. Beltz, Weinheim, S. 454–475.
KÖNIG, K.; SACHSSE, U. (1981): Die zeitliche Limitierung in der klinischen Psychotherapie. In: HEIGL, F.; NEUN, H. (Hg.), Psychotherapie im Krankenhaus. Vandenhoeck u. Ruprecht, Göttingen, S. 168–214.
KÖNIG, K.; WEIDEKAMM, B. (1981): Die Beschäftigungstherapiegruppe. In: HEIGL, F.; NEUN, H. (Hg.), Psychotherapie im Krankenhaus. Vandenhoeck u. Ruprecht, Göttingen, S. 217–252.
KREEGER, L. (Hg., 1977): Die Großgruppe. Klett-Cotta, Stuttgart. (Engl.: The Large Group. Constable, London 1975).
KREISCHE, R.; KÖNIG, K. (1990): Gruppenarbeit in der psychiatrischen Klinik. Gruppenpsychother. Gruppendyn. 26: 15–28.
LANGENBERG, M. (1986): Musiktherapie – Spielraum, Übergangsraum, Zwischenraum. Überlegungen zur Funktion einer künstlerischen Therapie. In: HEIGL-EVERS, A.; HENNEBERG-MÖNCH, U.; ODAG, C.; STANDKE, G. (Hg.), Die Vierzigstundenwoche für Patienten. Vandenhoeck u. Ruprecht, Göttingen, S. 176–192.
LEUTZ, G.-A. (1974): Psychodrama. Theorie und Praxis. 1. Band: Das klassische Psychodrama nach J.L. Moreno (Korr. Nachdr.). Springer, Berlin/Heidelberg 1986.
LEUTZ, G.-A. (1985): Mettre sa vie en scène. Le psychodrame. Epi, Paris.
LUBORSKY, L.; MINTZ, J.; AUERBACH, A.; CRITS-CHRISTOPH, P.; BACHRACH, H.; COHEN, M. (1988): Psychotherapy: Who will benefit and how? – Factors influencing the outcomes of psychotherapy. Basic Books, New York.
MALAN, D.H. (1973): Therapeutic factors in analytically oriented brief psychotherapy. In: GOSLEY, R. (Hg.), Support, innovation and autonomy. Tavistock Publications, London.
MARTY, P.; DE M'UZAN, M. (1978): Das operative Denken (»Pensée opératoire«). Psyche 32: 974–984.
MASSON, J.M. (Hg., 1986): Briefe an W. Fließ. 1887-1904. Fischer, Frankfurt a.M.
MATUSSEK, P. (1990): Beiträge zur Psychodynamik endogener Psychosen. Springer, Berlin/Heidelberg/New York.
MENTZEL, G. (Hg., 1981): Die psychosomatische Kurklinik. Vandenhoeck u. Ruprecht, Göttingen/Zürich.
MENTZOS, S. (1992a): Psychodynamische Modelle in der Psychiatrie. Vandenhoeck u. Ruprecht, Göttingen.
MENTZOS, S. (Hg., 1992b): Psychose und Konflikt. Vandenhoeck u. Ruprecht, Göttingen.
MENTZOS, S. (1995): Depression und Manie. Vandenhoeck u. Ruprecht, Göttingen.
MOSER, T. (1989): Körpertherapeutische Phantasien. Suhrkamp, Frankfurt a.M.
MÜLLER, C. (1953): Der Übergang von Zwangsneurose in Schizophrenie, im Lichte der Katamnese. Schweiz. Arch. Neurol. Psychiat. 72: 218.
Nemiah, J.C. (1973): Psychology and psychosomatic illness: reflections on theory and research methodology. Psychother. Psychosom. 22: 106–111.

NIETZSCHE, F. (1993): Also sprach Zarathustra. Ein Buch für alle und keinen. Reclam, Stuttgart.

NISSEN, G. (Hg., 1993): Psychotherapie und Psychopharmakotherapie als integrierte Behandlungskonzepte. Huber, Bern/Göttingen/Toronto/Seattle.

OHLMEIER, D. (1975): Gruppenpsychotherapie und psychoanalytische Theorie. In: UCHTENHAGEN, A.; BATTEGAY, R.; FRIEDMANN, A. (Hg.), Gruppenpsychotherapie und soziale Umwelt. Huber, Bern.

OHLMEIER, D. (1976): Gruppeneigenschaften des psychischen Apparates. In: EICKE, D. (Hg.), Die Psychologie des 20. Jahrhunderts, Bd. 2: Tiefenpsychologie. Kindler, Zürich, S. 1133–1144.

POHLEN, M. (1972a): Gruppenanalyse – Eine methodenkritische Studie und empirische Untersuchung im klinischen Feld. Vandenhoeck u. Ruprecht, Göttingen.

POHLEN, M. (1972b): Gruppenanalyse in einem neuen klinischen Organisationsmodell. Gruppenpsychother. Gruppendyn. 6: 16–29.

RAD, M. v. (1993): Psychoanalytische Psychosomatik. In: MERTENS, W. (Hg.), Schlüsselbegriffe der Psychoanalyse. Internationale Psychoanalyse, Stuttgart, S. 248–255.

RADEBOLD, H. (Hg., 1983): Gruppenpsychotherapie im Alter. Vandenhoeck u. Ruprecht, Göttingen.

RADEBOLD, H. (1992): Psychodynamik und Psychotherapie Älterer. Springer, Berlin/Heidelberg/New York.

RADEBOLD, H.; SCHLESINGER-KIPP, G. (Hg., 1982): Familien- und paartherapeutische Hilfen bei älteren und alten Menschen. Vandenhoeck u. Ruprecht, Göttingen.

RANGELL, L. (1989): Bookreview: Sandler, J.; Freud, A. (1985): The analysis of defense: The ego and the mechanisms of defense revisited. Int. Univ. Press, Madison, Conn. J. Am. Psa. Ass. 37: 245–251.

REIMER, F. (1975): Der Psychotherapie-Defekt. Nervenarzt 46: 214–215.

ROHDE-DACHSER, C. (1987): Ausformungen der ödipalen Dreieckskonstellation bei narzißtischen und Borderline-Störungen. Psyche 41: 773–799.

ROTMANN, M. (1978): Über die Bedeutung des Vaters in der »Wiederannäherungs-Phase«. Psyche 32: 1105–1147.

ROTMANN, M. (1985): Frühe Triangulierung und Vaterbeziehung. Forum Psychoanal. 1: 308–317.

RÜGER, U. (1979): Kombinationen von psychiatrischer Pharmakotherapie und Psychotherapie. Nervenarzt 50: 491–500.

RÜGER, U. (1981): Stationär-ambulante Gruppenpsychotherapie. Ein langfristiges Behandlungsmodell. Springer, Berlin.

SACHSSE, U. (1989): Psychotherapie mit dem Sheriff-Stern. Zum Umgang des Therapeuten mit der Hausordnung in der stationären Psychotherapie und zu möglichen Auswirkungen auf seine Sozialisation zum Psychoanalytiker. Gruppenpsychother. Gruppendyn. 25: 141–158.

SACHSSE, U. (1994): Selbstverletzendes Verhalten. Vandehoeck u. Ruprecht, Göttingen.

SANDLER, J. (1976): Countertransference and role-responsiveness. Int. Rev. Psya. 3: 43–47 (Dt.: Gegenübertragung und Bereitschaft zur Rollenübernahme. Psyche 30: 297–305).

SCHEPANK, H. (1990): Die stationäre Psychotherapie. Ztschr. Psychosom. Med. Psychoanal. 36: 152–156.
SCHEPANK, H.; TRESS, W. (Hg., 1988): Die stationäre Psychotherapie und ihr Rahmen. Springer, Berlin/Heidelberg/New York/London/Paris/Tokyo.
SCHÜßLER, G. (1993): Bewältigung chronischer Krankheiten – Konzepte und Ergebnisse. Vandenhoeck u. Ruprecht, Göttingen.
SCHÜTZENBERGER-ANCELIN, A. (1979): Psychodrama. Ein Abriß. Erläuterung der Methoden. Hippokrates, Stuttgart.
SCHWAB, J.J. (1993): Einige psychodynamische Aspekte der Pharmakotherapie. In: NISSEN, G. (Hg.), Psychotherapie und Psychopharmakotherapie. Huber, Bern/ Göttingen/Toronto/Seattle, S. 19–24.
SEIFERT, T. (1979): Bild und Psyche. In: FISCHLE-CARL, H. (Hg.), Theorie und Praxis der Psychoanalyse. Bonz, Fellbach, S. 197–219.
STAATS, H. (1992a): Rituale in der psychoanalytisch-interaktionellen Therapie. Gruppenpsychother. Gruppendyn. 28: 40–57.
STAATS, H. (1992b): Psychoanalytisch-interaktionelle Gruppentherapie mit manisch-depressiven Kranken. Gruppenpsychother. Gruppendyn. 28: 356–370.
STAATS, H. (o.J.): Ideologiebildungen auf psychiatrischen Stationen: Institutionalisierte Abwehrform in der Teamsupervision. Gruppenpsychother. Gruppendyn. (Im Druck).
STIERLIN, H. (1971): Die Funktion innerer Objekte. Psyche 25: 81–99.
STOLZE, H. (Hg., 1989): Die Konzentrative Bewegungstherapie. Springer (2. Aufl.), Berlin/Heidelberg/New York.
STRACHEY, J. (1934): The nature of the therapeutic action of psycho-analysis. Int. J. Psa. 15: 127–159.
STREECK, U. (1985): Zum Gebrauch psychoanalytischer Konzepte. Vortrag auf der Jahrestagung 1985 der Deutschen Psychoanalytischen Gesellschaft, 14.–17. Nov. 1985, Berlin.
STREECK, U. (1986): Hintergrundannahmen im psychoanalytischen Behandlungsprozeß. Forum Psychoanal. 2: 98–110.
STREECK, U. (1991): Klinische Psychotherapie als Fokalbehandlung. Ztschr. Psychosom. Med. Psychoanal. 37: 3–13.
STUDT, H.H. (1988): Psychotherapie im Rahmen der inneren Medizin in einem Universitätsklinikum. In: SCHEPANK, H.; TRESS, W. (Hg.), Die stationäre Psychotherapie und ihr Rahmen. Springer, Berlin/Heidelberg/New York/London/ Paris/Tokyo, S. 87–102.
SUTHERLAND, J.D. (1952): Notes on psychoanalytic group therapy, I: Therapy and training. Psychiat. 15: 111–117.
SUTHERLAND, J.D. (1965): Recent advances in the understanding of small groups, their disorders and treatment. Psychother. Psychosom. 13: 100–125.
SUTHERLAND, J.D. (1985): Bion revisited: Group dynamics and group psychotherapy. In: PINES, M. (Hg.), Bion and Group Psychotherapy. Routledge u. Kegan Paul, Boston, S. 47–85.
TANNEN, D. (1993): Du kannst mich einfach nicht verstehen. Goldmann, München.
THOMÄ, H.; KÄCHELE, H. (1986): Lehrbuch der psychoanalytischen Therapie. Bd. 1, Bd. 2 (1988). Springer, Berlin/Heidelberg/New York.

THOMÄ, H.; KÄCHELE, H. (1988): Zur Bedeutung von Tonbandaufnahmen in der psychoanalytischen Behandlung. Forum Psychoanal. 4: 229–239.
TYSON, P. (1985): Perspectives on the Superego. J. Am. Psa. Ass. 33: 217–231.
UEXKÜLL, T. v.; ADLER, R. (Hg., 1992): Integrierte Psychosomatische Medizin in Praxis und Klinik. Schattauer (2. Aufl.), Stuttgart/New York.
WEISS, J.; Sampson, H. and The Mount Zion Psychotherapy Research Group (1986): The psychoanalytic process: Theory, clinical observation, and empirical research. Guilford Press, New York.
WINNICOTT, D.W. (1971): Vom Spiel zur Kreativität. Klett, Stuttgart.
WINNICOTT, D.W. (1974): Reifungsprozesse und fördernde Umwelt. Kindler, München.
ZAUNER, J. (1969): Berufliche Wiedereingliederung durch klinische Psychotherapie. Psychother. Psychosom. 17: 63–72.
ZAUNER, J. (1972): Analytische Psychotherapie und soziales Lernen in Klinik und Heim. Prax. Kinderpsychol. Kinderpsychiat. 21: 166–170.
ZAUNER, J. (1974): Psychopharmaka und klinische Psychotherapie. Ztschr. Psychosom. Med. Psychoanal. 20: 138–147.
ZAUNER, J. (1978): Das Problem der Regression und die Rolle des Durcharbeitens im Realitätsraum der psychotherapeutischen Klinik. In: BEESE, F. (Hg.), Stationäre Psychotherapie. Vandenhoeck u. Ruprecht, Göttingen, S. 42–51.

Ergänzende Literatur

Ergebnisse und Indikation

ARNDS, H.-G. et al. (1969): Zehn Jahre stationäre Psychotherapie. Münchener Medizin. Wochenschrift 111: 1868–1872.
BAERWOLFF, H. (1958/59): Katamnestische Ergebnisse stationärer analytischer Psychotherapie. Ztschr. Psychosom. Med. Psychoanal. 5: 80–91.
BALZER, W.; KÜCHENHOFF, B.; RAUCH, H.; SELLSCHOPP-RÜPPEL, A. (1980): Kurzzeitergebnisse und prognostische Gesichtspunkte bei stationären analytischen Psychotherapiegruppen. Gruppenpsychother. Gruppendyn. 16: 268–286.
BASSLER, M; HOFFMANN, S.O. (1994): Stationäre Psychotherapie bei Angststörungen – ein Vergleich ihrer therapeutischen Wirksamkeit bei Patienten mit generalisierter Angststörung, Agoraphobie und Panikstörung. Psychother. Psychosom. med. Psychol. 44: 217–225.
BASSLER, M; HOFFMANN, S.O. (1993): Die therapeutische Beziehung im Rahmen von stationärer Psychotherapie. Psychother. Psychosom. med. Psychol. 43: 325–332.
BECKER, H.; LÜDEKE, H. (1978): Erfahrungen mit der stationären Anwendung psychoanalytischer Therapie. Psyche 32: 1–20.
BECKMANN, D.; BERGER, F.; LEISTER, G.; STEPHANOS, S. (1976): Four year follow-up

study of inpatient psychosomatic patients. Psychother. Psychosom. 27: 168–178.
BEESE, F. (1977): Klinische Psychotherapie – Indikationen zur stationären Behandlung in psychotherapeutischen und psychosomatischen Kliniken und Abteilungen. In: EICKE, D. (Hg.), Freud und die Folgen 2. (Die Psychologie des 20. Jahrhunderts, Bd. III, S. 1145–1163), Kindler, Zürich.
BOENISCH, E.; MEYER, J.-E. (1983): Psychosomatik in der klinischen Medizin. Psychosomatisch-psychotherapeutische Erfahrungen bei schweren somatischen Erkrankungen. Springer, Berlin/Heidelberg/New York/Tokyo.
BRÄUTIGAM, W.; RAD, M. v.; ENGEL, K. (1980): Erfolgs- und Therapieforschung bei psychoanalytischen Behandlungen. Ztschr. Psychosom. Med. Psychoanal. 26: 101–118.
BUCHHOLZ, M.B. (1993): Probleme und Strategien qualitativer Psychotherapieforschung in klinischen Institutionen. Psyche 47: 148–179.
BÜRCKSTÜMMER, G.; KORDY, H. (1983): Empirische Beobachtungen zum Gesundheitsbegriff und seinen impliziten Wertvorstellungen. Eine Untersuchung im Rahmen des Heidelberger Katamnese-Projektes. Psychother. med. Psychol. 33: 200.
BURGMEIER-LOHSE, M.; DAVIES-OSTERKAMP, S.; ECKERT, J.; HESS, H.; JUNG, K.; KELLER, W.; KRIEBEL, R.; KÜNSEBECK, H.W.; LIEDTKE, R.; MUHS, A.; NOACK, N.; OTT, J.; PAAR, G.; REIMER, I.; RODEWIG, K.; SCHNEIDER, W.; STRAUSS, B.; TETZLAFF, M. (1993): Zusammenhänge zwischen interpersonalen Problemen und dem Behandlungsergebnis nach stationärer Gruppentherapie. Gruppenpsychother. Gruppendyn. 29: 227–294.
CIOMPI, L.; AGUÉ C.; DAUWALDER, J.P. (1977): Ein Forschungsprogramm über Rehabilitation psychisch Kranker. Nervenarzt 48: 12–18.
DAHLBENDER, R.W. (1992): Einzelfallanalytische Evaluation stationärer Psychotherapie an einem Patienten mit Colitis ulcerosa. Psychother. Psychosom. med. Psychol. 42: 381–391.
DETER, H.-C. (1981): Zur Methodik von katamnestischen Untersuchungen bei psychosomatischen Patienten am Beispiel einer Gruppe von 31 Anorexie-Patienten. Psychother. Psychosom. med. Psychol. 31: 48–52.
DETER, H.-C. (1986a): Cost-benefit analysis of psychosomatic therapy in Asthma. J. Psychosom. Res. 30: 173–182.
DETER, H.-C. (1986b): Psychosomatische Behandlung des Asthma bronchiale. Springer, Berlin/Heidelberg/New York/Tokyo.
DETER, H.-C. (1988): Die krankheitsorientierte Gruppentherapie im Rahmen der psychosomatischen Behandlung von Patienten mit Asthma bronchiale. In: DETER, H.-C.; SCHÜFFEL, W. (Hg.), Gruppen mit körperlich Kranken. Springer, Berlin/Heidelberg/New York, S. 67–83.
DETER, H.-C.; PETZOLD, E.; HEHL, F.-J. (1989): Differenzierung der Langzeitwirkungen einer stationären psychosomatischen Therapie von Anorexianervosa-Patienten. Ztschr. Psychosom. Med. 35: 68–91.
DITTERT, J. (1978): Zum Begriffswandel der narzißtischen Neurosen und zu ihrer Bedeutung für die stationäre Psychotherapie. In: BEESE, F. (Hg.), Stationäre Psychotherapie. Vandenhoeck u. Ruprecht, Göttingen.

DÜHRSSEN, A.; JORSWIECK, E. (1965): Eine empirisch-statistische Untersuchung zur Leistungsfähigkeit psychoanalytischer Behandlung. Nervenarzt 36: 166–169.

ECKERT, J.; BIERMANN-RATJEN, E.-M. (1985): Stationäre Gruppenpsychotherapie. Prozesse – Effekte – Vergleiche. Springer, Berlin/Heidelberg/New York/Tokyo.

ELHARDT, S. (1982): Zum klinisch-stationären Umgang mit depressiv Erkrankten aus psychoanalytischer Sicht. In: HELMCHEN, H.; LINDEN, M.; RÜGER, U. (Hg.), Psychotherapie in der Psychiatrie. Springer, Berlin/Heidelberg/New York, S. 160–165.

ENGEL, K.; RAD, M. v.; BECKER, H.; BRÄUTIGAM, W. (1979): Das Heidelberger Katamnese-Programm. Med. Psychol. 5: 124.

ENKE, H. (1965b): Der Verlauf in der klinischen Psychotherapie: Probleme und Möglichkeiten einer objektivierenden Psychodiagnostik des Behandlungsverlaufs bei stationär-psychotherapeutisch behandelten Patienten mit Organfunktionsstörungen und psychosomatischen Erkrankungen (Monographien aus dem Gesamtgebiet der Neurologie und Psychiatrie, Bd. 111). Springer, Berlin/Heidelberg/New York.

ENKE, H. (1965c): Möglichkeiten und Grenzen einer psychosomatischen Klinik. In: PREUSS, H.G. (Hg.), Praxis der klinischen Psychotherapie. Urban u. Schwarzenberg, München.

ERMANN, M.; ERMANN, G. (1983): Zur Indikationsmöglichkeit in der psychotherapeutischen Klinik. In: ENKE, H.; TSCHUSCHKE, V.; VOLK, W. (Hg.), Psychotherapeutisches Handeln. Kohlhammer, Stuttgart, S. 121–130.

ERMANN, M.; GAITZSCH, U. (1980): Psychotherapie in einer psychosomatischen Klinik. Therapeutischer Anspruch, Arbeitsbedingungen und Behandlungswirklichkeit. In: HAASE, H.J. (Hg.), Psychotherapie im Wirkungsbereich des psychiatrischen Krankenhauses. Perimed, Erlangen, S. 177–185.

ERMANN, M.; GÖLLNER, R.; VOLK, W. (1978): Analyse von Behandlungsergebnissen eines 10jährigen Katamneseprogrammes. In: BEESE, F. (Hg.), Stationäre Psychotherapie. Vandenhoeck u. Ruprecht, Göttingen, S. 288–301.

FEIREIS, H. (1986): Colitis ulcerosa. Morbus Crohn. In: UEXKÜLL, T. v. (Hg.), Psychosomatische Medizin. Urban u. Schwarzenberg (3. Aufl.), München, S. 783–814.

FREYBERGER, H.; LEMPA, W.; KÜNSEBECK, H.W.; WELLMANN, W.; LIEDTKE, R.; AVENARIUS, H.J. (1986): Möglichkeiten und Grenzen der Psychotherapie bei Patienten mit Morbus Crohn. In: EWE, K.; FAHRLÄNDER, H. (Hg.), Therapie chronisch entzündlicher Hautkrankheiten. Schattauer, Stuttgart/New York.

GÖLLNER, R.; VOLK, W.; ERMANN, M. (1978): Analyse von Behandlungsergebnissen eines zehnjährigen Katamneseprogrammes. In: BEESE, F. (Hg.), Stationäre Psychotherapie. Vandenhoeck u. Ruprecht, Göttingen/Zürich, S. 288–301.

GRABHORN, R.; OVERBECK, G.; KERNHOF, K.; JORDAN, J.; MÜLLER, T. (1994): Veränderung der Selbst-Objekt-Abgrenzung einer eßgestörten Patientin im stationären Therapieverlauf. Psychother. Psychosom. med. Psychol. 44: 273–283.

GRAWE, K.; DONATI, R.; BERNAUER, F. (1994): Psychotherapie im Wandel - Von der Konfession zur Profession. Hogrefe, Göttingen.

HEIGL, F. (Hg., 1972): Indikation und Prognose in Psychoanalyse und Psychotherapie. Vandenhoeck u. Ruprecht, Göttingen.

HEIGL-EVERS, A.; HEIGL, F. (1972): Zum sozialen Effekt klinisch-analytischer Gruppenpsychotherapie. Ztschr. Psychosom. Med. 17: 50–62.

HEIGL-EVERS, A.; HEIGL, F. (1972): Analytische Intervalltherapie in der stationären und ambulanten Praxis. Prax. Psychother. 17: 2–12.

HERZOG, W.; DETER, H.-C. (1994): Langzeitkatamnesen: Methodische Gesichtspunkte bei der Interpretation von Verlaufsergebnissen. Ztschr. Psychosom. Med. 40: 117–127.

HERZOG, W.; DETER, H.-C.; VANDEREYCKEN, W. (1992): The course of eating disorders. Long-term follow-up studies of anorexia and bulimia nervosa. Springer, Berlin/Heidelberg/New York.

HESSLER, M.; LAMPRECHT, S. (1986): Der Effekt stationärer psychoanalytisch orientierter Behandlung auf den unbehandelten Partner. Psychother. Psychosom. med. Psychol. 36: 173–178.

HOFFMANN, S.O. (1992): Bewunderung, etwas Scham und verbliebene Zweifel. Anmerkungen zu Klaus Grawes »Psychotherapieforschung zu Beginn der 90er Jahre«. Psychologische Rundschau 43: 163–167.

HSU, L.K.G. (1988): The outcome of anorexia nervosa: A reappraisal. Psychol. Med. 18: 807–812.

JANSSEN, P.L.; PAAR, G.H. (Hg., 1989): Reichweite der psychoanalytischen Therapie. Springer, Berlin/Heidelberg/New York.

KÄCHELE, H.; KORDY, H. (1992): Psychotherapieforschung und therapeutische Versorgung. Der Nervenarzt 63: 117–167.

KELLER, W. (1993): Ergebnisse aus der Abteilung Psychotherapie und Psychosomatik, Klinikum Berlin-Steglitz. Gruppenpsychother. Gruppendyn. 29: 280–286.

KELLER, W.; SCHNEIDER, W. (1993): Veränderungen interpersoneller Probleme im Verlauf ambulanter oder stationärer Gruppentherapie. Gruppenpsychother. Gruppendyn. 29: 308–323.

KESSLING, U. (1982): Untersuchungen zur Erfassung geeigneter Effektivitätskriterien. In: HÖCK, K. (Hg.), Gruppenpsychotherapieforschung. Barth, Leipzig, S. 119–133.

KETTLER, A.R. (1976): Ziele und Indikation für stationäre Psychotherapie bei psychosomatischen Störungen. In: STUDT, H.H. (Hg.), Psychosomatik in der inneren Medizin, Bd. 2: Diagnose und Behandlung. Springer, Berlin/Heidelberg/New York/Tokyo, S. 89–94.

KIND, H.; ROTACH-FUCHS, M. (1968): Der Einfluß einer stationären Psychotherapie auf den langen Verlauf von Neurosen im Lichte einer 10jährigen Katamnese von 100 unausgelesenen Fällen. Psychother. med. Psychol. 18: 97–100.

KÖNDGEN, R.; ÜBERLA, K. (1962): Einjahreskatamnesen von 150 stationär psychotherapeutisch behandelten Patienten. Psychother. Psychosom. Med. Psychol. 12: 246–252.

KORDY, H.; SENF, W. (1985): Überlegungen zur Evaluation psychotherapeutischer Behandlungen. Psychother. med. Psychol. 35: 207–212.

KORDY, H.; SENF, W. (1987): Evaluationsforschung: End- oder Anfangspunkt empirischer Ergebnisforschung? In: LAMPRECHT, F. (Hg.), Spezialisierung und Integration in Psychosomatik und Psychotherapie. Springer, Berlin/Heidelberg/New York, S. 284–292.

KORDY, H.; RAD, M. v.; SENF, W. (1983): Success and failure in psychotherapy: Hypotheses and results from the Heidelberg follow-up project. Psychother. Psychosom. 40: 211–227.

KORDY, H.; RAD, M. v.; SENF, W. (1990): Therapeutische Faktoren bei stationärer Pychotherapie – Die Sicht der Patienten. Psychother. Psychosom. med. Psychol. 40: 380–387.

KRATCHOVIL, S.; LISKOVA, M.; MACHU, V. (1983): Resultate der therapeutischen Gemeinschaft für Neurotiker. Psychiat. Neurol. Med. Psychol. (Leipzig) 35: 10–15.

KRIEBEL, R.; NOACK, N.; PAAR, G. (1993): Ergebnisse aus der Gelderland-Klinik. Gruppenpsychother. Gruppendyn. 29: 275–280.

KÜHNLEIN, I. (1993): Langfristige Effekte stationärer Psychotherapie: Erklärungs- und Umsetzungsformen der Erfahrung von Psychotherapie im Alltag. Psychother. Psychosom. med. Psychol. 43: 341–347.

LAMPRECHT, F.; SCHMID, J.; BERNHARD, P. (1987): Stationäre Psychotherapie: Kurz- und Langzeiteffekte. In: QUINT, H.; JANSSEN, P.L. (Hg.), Psychotherapie in der psychosomatischen Medizin. Springer, Berlin/Heidelberg/New York, S. 149–155.

LEMPA, W.; POETS, C.; ARNOLD, M.-A.; BUHL, R.; NORDMEYER, J.; LIEDTKE, R.; FREYBERGER, H. (1985): Zur Effektivität der supportiven Psychotherapie bei hospitalisierten Patienten: empirische Belege und praxisbezogene Konsequenzen. Psychother. Psychosom. med. Psychol. 35: 315–319.

LESZCZ, M.; YALOM, I.D.; NORDEN, M. (1985): The Value of Inpatient Group Psychotherapy: Patients' Perceptions. Int. J. Group Psychother. 35: 411–433.

LIEDTKE, R.; KÜNSEBECK, H.W.; LEMPA, W. (1990): Änderung der Konfliktbewältigung während stationärer Psychotherapie. Ztschr. Psychosom. Med. 36: 79–88.

LIEDTKE, R.; LEMPA, W.; KÜNSEBECK, H.W. (1991): Abwehrverhalten und Symptomatik ein Jahr nach stationärer psychosomatischer Therapie. Ztschr. Psychsom. Med. 37: 185–193.

LIEDTKE, R.; REIMER, I.; KÜNSEBECK, W.K. (1993): Ergebnisse aus der Abteilung Psychosomatik der Medizinischen Hochschule Hannover. Gruppenpsychother. Gruppendyn. 29: 249–253.

LÖWENBERG, H.; PETERS, M. (1994): Evaluation einer stationären psychotherapeutisch-dermatologischen Behandlung bei Neurodermitispatienten. Psychother. Psychosom. med. Psychol. 44: 267–272.

MENTZEL, C.; MENTZEL, G. (1977): Die Patienten der psychosomatischen Kurklinik. Ztschr. Psychosom. Med. Psychoanal. 23: 56–72.

MUHS, A. (1993): Ergebnisse aus der psychosomatichen Klinik des Zentralinstituts für Seelische Gesundheit. Gruppenpsychother. Gruppendyn. 29: 259–270.

NEUN, H. (1982): Zur Indikationsstellung bei Patienten mit psychosomatischen Störungen und deren Behandlungsmöglichkeiten in der Bundesrepublik. Verh. Dtsch. Ges. inn. Med. 88: 1184–1188.

PAYK, T.R.; VONNEGUTH, B. (1987): Untersuchungen zum Erfolg stationärer Psychotherapie. Ztschr. Psychosom. Med. Psychoanal. 33: 32–41.

POTRECK-ROSE, F.; KOCH, U.; STURM, J. (1987): Erste Ergebnisse einer Untersuchung zum Behandlungserfolg stationärer Verhaltenstherapie bei Patienten mit Anorexia nervosa und Bulimia nervosa. In: QUINT, H.; JANSSEN, P.L. (Hg.), Psychotherapie in der psychosomatischen Medizin. Springer, Berlin/Heidelberg/New York/Tokyo, S. 132–141.

RAD, M. v.; WERNER, K.H. (1981): Kombinierte analytische Gruppentherapie bei psychosomatischen und psychoneurotischen Patienten - eine Nachuntersuchung. Gruppenpsychother. Gruppendyn. 16: 321–334.

RATNASURIYA, R.H.; EISLER, I.; SZMUKLER, G.I.; RUSSEL, G.F.M. (1991): Anorexia nervosa: outcome and prognostic factors after 20 years. Br. J. Psychiat. 158: 495–502.

REIMER, F. (1987): Neurosen und ihr Verlauf aus der Sicht des psychiatrischen Krankenhauses. Psycho 4: 231–232.

REINDELL, A.; PETZOLD, E. (1976): Formen und Kriterien für die Behandlung auf einer klinisch-psychosomatischen Station. Psychother. Psychosom. med. Psychol. 26: 191–199.

RICHTER, R.; HARTMANN, A.; MEYER, A.E.; RÜGER, U. (1994): »Die Kränkesten gehen in eine psychoanalytische Behandlung«? Ztschr. Psychosom. Med. 40: 41–51.

ROHRMEIER, F. (1982): Langzeitfolgen psychosomatischer Therapien. Springer, Berlin/Heidelberg/New York.

ROTACH-FUCHS, M. (1968): Hundert 10jährige Katamnesen von stationär behandelten Neurosekranken. In: ERNST, K.; KIND, H.; ROTACH-FUCHS, M. (Hg.), Ergebnisse der Verlaufsforschung bei Neurosen. (Monographien aus dem Gebiet der Neurologie und Psychiatrie, Bd. 125). Springer, Berlin/Heidelberg/New York/Tokyo.

RUDOLF, G. (1992): Versorgungsforschung: Ergebnisse und Zukunftsperspektiven. In: TRESS, W. (Hg.), Psychosomatische Medizin und Psychotherapie in Deutschland, S. 83–94.

RUDOLF, G.; MANZ, R.; ÖRI, C. (1994): Ergebnisse psychoanalytischer Therapien. Ztschr. Psychosom. Med. 40: 25–40.

RUFF, W.; WERNER, H. (1987): Das Therapieziel des Patienten als ein Kriterium für Prognose und Erfolg in der stationären Psychotherapie. Ztschr. Psychosom. Med. 33: 238–251.

RÜGER, U. (1977): Die Bedeutung von positiven Verstärker-Erlebnissen für die Weiterentwicklung nach beendeter analytischer Psychotherapie. Prax. Psychother. 22: 55–62.

RÜGER, U. (1977): Über die Bedeutung und Nutzung der Gegenübertragung bei katamnestischen Nachuntersuchungen nach analytischer Psychotherapie. Psychother. med. Psychol. 27: 136–142.

RÜGER, U. (1981): Die stationär-ambulante Gruppenpsychotherapie – ein langfristiges Behandlungsmodell. Springer, Berlin/Heidelberg/New York.

RÜGER, U. (1982): Die stationär-ambulante Gruppenpsychotherapie. Ergebnisse im Hinblick auf Änderungen im Bereich von Symptomatik und Persönlichkeitsstruktur. Ztschr. Psychosom. Med. Psychoanal. 28: 189–199.

RÜGER, U. (1991): 7-Jahres-Katamnesen nach Abschluß einer analytischen Gruppenpsychotherapie. Ztschr. Psychosom. Med. 37: 361–374.

RÜGER, U.; SENF, W. (1994): Evaluative Psychotherapieforschung: Klinische Bedeutung von Psychotherapie-Katamnese. Ztschr. Psychosom. Med. 40: 103–116.
SÄNGER-ALT, C.; SANDWEG, R.; MERTEN, J.; RUDOLF, G. (1991): Persönlichkeitsmerkmale von Phobikern und ihre Veränderung durch Psychotherapie. Psychother. Psychosom. med. Psychol. 41: 411–418.
SCHEPANK, H. (1990): Verläufe. Springer, Berlin/Heidelberg/New York.
SCHEPANK, H. (1992): Genetic determinants in anorexia nervosa: Results of studies in twins. In: HERZOG, W.; DETER, H.-C.; VANDEREYCKEN, W. (Hg.), The course of eating disorders. Long-term follow-up studies of anorexia and bulimia nervosa. Springer, Berlin/Heidelberg/New York.
SCHMIDT, J.; LAMPRECHT, F.; WITTMANN, W.W. (1989): Zufriedenheit mit der stationären Versorgung. Entwicklung eines Fragebogens und erste Validitätsuntersuchungen. Psychother. med. Psychol. 39: 248–255.
SCHWARZ, F. (1979): Ergebnisse nach stationärer Gruppenpsychotherapie neurotisch depressiver und zwangsneurotischer Patienten. Nervenarzt 50: 379–386.
SCHWIDDER, W. (1958): Diagnose, Prognose und differentielle Indikation in der klinischen Psychotherapie. Aktuelle Psychotherapie. Lehmanns, München.
SENF, W. (1986): Behandlungsergebnisse bei 111 Patienten mit stationär-ambulanter psychoanalytisch orientierter Psychotherapie. In: HEIMANN, H.; GÄRTNER, H.J. (Hg.), Das Verhältnis der Psychiatrie zu ihren Nachbardisziplinen. Springer, Berlin/Heidelberg/New York, S. 329–336.
SENF, W. (1987): Behandlungsergebnisse bei stationärer Psychotherapie. Eine empirische Nachuntersuchung von 116 Patienten zur differentiellen Wirksamkeit stationär-ambulanter Psychotherapie. Habilitationsschrift, Heidelberg.
SENF. W. (1990): Sind psychoanalytische Behandlungen effektiv? In: STREECK, U.; WERTHMANN, H.V. (Hg.), Herausforderungen für die Psychoanalyse. Pfeiffer, München, S. 339–358.
SENF, W. (1992): Was läßt sich aus retrospektiver katamnestischer Sicht zur therapeutischen Beziehung sagen? – Eine qualitative Studie aus dem Heidelberger Katamnese-Projekt. In: NEUSER, J.; KRIEBEL, R. (Hg.), Projektion, Grenzprobleme zwischen innerer und äußerer Realität. Hogrefe, Göttingen/Toronto/Zürich, S. 269–281.
SENF, W.; RAD, M. V. (1990). Ergebnisforschung in der psychosomatischen Medizin. In: UEXKÜLL, TH. V.: Psychosomatische Medizin. Urban u. Schwarzenberg (4. Aufl.), München/Wien/Baltiomore, S. 382–399.
SENF, W.; KORDY, H.; RAD, M. V.; BRÄUTIGAM, W. (1984): Indication in psychotherapy of the basis of a follow-up study. Psychother. Psychosom. 42: 37–47.
STEINER, S. (1987): Borderline-Patienten auf der Psychotherapiestation: Die DSM-III-Diagnostik und ihre Auswirkungen für die Therapie. Psychother. med. Psychol. 37: 211–218.
STEINHAUSEN, H.C.; RAUSS-MASON, C.; SEIDEL, R. (1991): Follow-up studies of anorexia nervosa: a review of four decades of autcome research. Psychol. Med. 21: 447–451.
STEPHANOS, S.; FÜRSTENAU, P.; ZENZ, H. (1970). Erfahrungen mit einer gruppen-

therapeutisch geführten Station. Psychother. Psychosom. med. Psychol. 20: 95–104.

Strauß, B.; Burgmeier-Lohse, M. (1993): Ergebnisse aus der Klinik für Psychotherapie und Psychosomatik der Universität Kiel. Gruppenpsychother. Gruppendyn. 29: 237–244.

Strauß, B.; Burgmeier-Lohse, M. (1994): Evaluation einer stationären Langzeitgruppenpsychotherapie – Ein Beitrag zur differentiellen Psychotherapieforschung im stationären Feld. Psychother. Psychosom. med. Psychol. 44: 184–192.

Strauß, B.; Eckert, J.; Ott, J. (1993): Zusammenhänge zwischen interpersonalen Problemen und dem Behandlungsergebnis nach stationärer Gruppentherapie. Gruppenpsychother. Gruppendyn. 29: 227–294.

Swift, W.J.; Ritholz, M.; Kalin, N.H.; Kaslow, N. (1987): A follow-up study of thirty hospitalized bulimics. Psychosom. Med. 49: 45–55.

Teusch, L.; Böhme, H. (1991): Was bewirkt ein stationäres Behandlungsprogramm mit gesprächstherapeutischem Schwerpunkt bei Patienten mit Agoraphobie und/oder Panik? Ergebnisse einer 1-Jahrs-Katamnese. Psychother. Psychosom. med. Psychol. 41: 68–76.

Trimborn, W. (1983): Die Zerstörung des therapeutischen Raumes. Das Dilemma stationärer Psychotherapie bie Borderline-Patienten. Psyche 37: 204–236.

Tschuschke, V. (1989): Wirksamkeit und Erfolg in Gruppenpsychotherapie. Gruppenpsychother. Gruppendyn. 25: 60–78.

Tschuschke, V. (1993): Wirkfaktoren stationärer Gruppenpsychotherapie. Vandenhoeck u. Ruprecht, Göttingen.

Wallerstein, R.S. (1986): Forty-Two Lives in Tratment. A Study of Psychoanalysis and Psychotherapy. Guilford Press, New York.

Wallerstein, R.S. (1990): Zum Verhältnis von Psychoanalyse und Psychotherapie. Psyche 44: 967–994.

Wiedemann, P.M. (1990): Qualitative Forschung. In: Seiffge-Krenke, I. (Hg.), Jahrbuch der medizinischen Psychologie Bd. 4. Springer, Berlin/Heidelberg.

Wittmann, W.W. (1990): Aufgaben und Möglichkeiten der Evaluationsforschung in der Bundesrepublik Deutschland – Technologietransfer aus den Sozialwissenschaften. In: Koch, U.; Wittmann, W.W. (Hg.), Evaluationsforschung, Springer, Berlin/Heidelberg/New York.

Zauner, J. (1969): Berufliche Wiedereingliederung durch klinische Psychotherapie. Ergebnisse einer katamnestischen Untersuchung. Psychother. Psychosom. 17: 63–72.

Konzepte

Adler, G. (1973): Hospital treatment in borderline patients. Am. J. Psychiatry 130: 32–36.

Affonso, D.D. (1985): Therapeutic support during inpatient group therapy. J. Psychosoc. Nurs. Mental Health Serv. 23 (11): 21–25.

Ahlbrecht, W.; Ermann, M.; Mentzel, G. (1972): Patienten-Mitverwaltung in einer psychosomatischen Kurklinik. Psychother. Psychosom. med. Psychol. 22: 54–65.

AHRENS, S.; FREIWALD, W.; RATH, H. (1983): Psychoanalytische stationäre Gruppentherapie bei narzißtisch gestörten Patienten. Gruppenpsychother. Gruppendyn. 18 (4): 341–349.

ARFSTEN, A.J.; HOFFMANN, S.O. (1978): Stationäre psychoanalytische Psychotherapie als eigenständige Behandlungsform. Prax. Psychother. 23: 233–245.

ARFSTEN, A.J.; AUCHTER, T.; HOFFMANN, S.O.; KINDT, A.; STEMMER, T. (1975): Zur stationären Behandlung psychotherapeutischer Problempatienten Oder: noch ein Modell stationärer Psychotherapie. Gruppenpsychother. Gruppendyn. 9: 112–220.

ARFSTEN, A.J. (1975): Zur stationären Behandlung psychotherapeutischer Problempatienten Oder: Noch ein Modell stationärer Psychotherapie. Gruppenpsychother. Gruppendyn. 9: 212–220.

ARNDS, H.-G. (1967): Stationäre psychotherapeutische Behandlung. Münchner Medizin. Wochenschrift 109: 467–471.

ARNDS, H.-G.; HAGEDORN, E.; MESSNER, K.; STUDT, H.H. (1969): Zehn Jahre stationäre Psychotherapie. Beobachtung klinischer Variablen. Münchner Medizinische Wochenschrift 111.

BAERWOLFF, H. (1957/58): Grundlagen und Arbeitsweise einer psychosomatischen Klinik. Ztschr. Psychosom. Med. Psychoanal. 4: 233–243.

BECKER, H.; LÜDEKE, H. (1978): Erfahrungen mit der stationären Anwendung psychoanalytischer Therapie. Psyche 32: 1–20.

BEESE, F. (1970): Das Modell der therapeutischen Gemeinschaft und seine Anwendung auf psychotherapeutische Kliniken. Gruppenpsychother. Gruppendyn. 4: 282–294.

BEESE, F. (1974): Psychotische und neurotische Reaktionsweisen aus psychoanalytischer Sicht. Therapeutische Konsequenzen. In: CHRZANOWSKI, G.; HEIGL-EVERS, A.; BRAZIL, H.V.; SCHWIDDER, W. (Hg.), Weiterentwicklung der Psychoanalyse und ihre Anwendungen. Das Irrationale in der Psychoanalyse. Theoretische und klinische Aspekte. Vandenhoeck u. Ruprecht, Göttingen, S. 217–232.

BEESE, F. (1974): Zum Problem der Rehabilitation von Neurosekranken. Ztschr. Psychosom. Med. Psychoanal. 19: 315–326.

BEESE, F. (1981a): Zusammenarbeit zwischen Ärzten und Psychologen in der Psychotherapie – Erfahrungsbericht aus einer Psychotherapieklinik. Psychother. Psychosom. med. Psychol. 31: 192–194.

BEESE, F. (1981b): Krankenschwestern im Konflikt zwischen Organmedizin und klinischer Psychotherapie – Ein historischer Überblick. In: HILPERT, H.; SCHWARZ, R.; BEESE, F. (Hg.), Psychotherapie in der Klinik. Von der therapeutischen Gemeinschaft zur stationären Psychotherapie. Springer, Berlin/Heidelberg/New York, S. 77–97.

BEESE, F. (Hg., 1978): Stationäre Psychotherapie. Vandenhoeck u. Ruprecht, Göttingen.

BEESE, F.; ENKE, H. (1969a): Die Stellung der Krankenschwestern in psychotherapeutischen Kliniken. I. Teil: Die Grundlagen. Dtsch. Schwest. Ztschr. 22.

BEESE, F.; ENKE, H. (1969b): Die Stellung der Krankenschwestern in psychotherapeutischen Kliniken. II. Teil: Die Klinik. Dtsch. Schwest. Ztschr. 22.
BEESE, F.; HEPP, I.; LÄPPLE, J.; PRELL, G.; VEEN, B. VAN (1972): Die Psychotherapeutische Klinik Stuttgart-Sonnenberg. In: Die Psychotherapeutische Klinik, ein Wagnis – ein Anfang. Bericht der Psychotherapeutischen Klinik Stuttgart-Sonnenberg nach 5jährigem Bestehen, S. 2–14.
BEGLER, G. (1979): Die psychosomatisch tätige Schwester als Mitglied eines Behandlungsteams. Dtsch. Krankenpfl. Ztschr. 32: 595–597.
BENDER, W.; BACHMANN, C. (1980): Die therapeutische Gemeinschaft im psychiatrischen Krankenhaus. Wie ist die Einstellung der Patienten zu dieser Therapieform? Gruppenpsychother. Gruppendyn. 15: 1–15.
BENEDETTI, G. (1964): Klinische Psychotherapie. Huber, Bern.
BERGMANN, G.; KRÖGER, F.; PETZOLD, E. (1986): Allgemeine klinische Psychosomatik – Weiterentwicklung eines Stationsmodells. Gruppenpsychother. Gruppendyn. 21: 224–235.
BIEGLER, G. (1979): Funktionen und Aufgaben des Schwesternteams auf einer psychosomatischen Station. Dtsch. Krankenpfl. Ztschr. 11: 595–597.
BÖCK, D. (1979): Berufliche Realität psychosomatisch weitergebildeter Krankenschwestern und -pfleger. Dtsch. Krankenpfl. Ztschr. 10: 517–521.
BÖCK, D.; BOSCH, H.; GRAUHAN, A.; KÖHLE, K.; SIMONS, C.; URBAN, H.; ZENZ, J. (1975): Weiterbildung für Krankenschwestern in patientenzentrierter Pflege/ psychosomatischer Medizin. Dtsch. Krankenpfl. Ztschr. 11: 621–626.
BÖKER-SCHARNHOLZ, M. (1978): Über das Selbstverständnis des Krankenpflegepersonals in der klinischen Psychotherapie. In: BEESE, F. (Hg.), Stationäre Psychotherapie. Vandenhoeck u. Ruprecht, Göttingen, S. 114–118.
BOLTEN, M.P. (1984): Short-term residential psychotherapy: Psychotherapy in a nutshell. Psychother. Psychosom. 41: 109–115.
BOOR DE, C.; KÜNZLER, E. (1963): Die psychosomatische Klinik und ihre Patienten. Klett, Stuttgart.
BRÄUTIGAM, W. (1961): Die Stellung der Psychotherapie in der Klinik. Psychother. Psychosom. med. Psychol. 11: 222–230.
BRÄUTIGAM, W. (1974): Pathogenetische Theorien und Wege der Behandlung in der Psychosomatik (mit Beschreibung einer Form stationärer und ambulanter Therapie). Nervenarzt 45: 354–363.
BRÄUTIGAM, W. (1978a): Die stationäre Psychotherapie in der Versorgung psychisch Kranker (Überlegungen zur Planung und Organisationsform psychosomatischer Krankenabteilungen). In: BEESE, F. (Hg.), Stationäre Psychotherapie. Vandenhoeck u. Ruprecht, Göttingen, S. 23–30.
BRÄUTIGAM, W. (1979): Wege psychoanalytischer Therapie in Ambulanz und Klinik. Theorie und Praxis der Psychoanalyse (Veröffentlichung der DGPPT), Fellbach.
BRÄUTIGAM, W.; CHRISTIAN, P. (1959): Klinik und Praxis. In: SCHULTZ, J.H. (Hg.), Klinische Psychotherapie innerer Krankheiten. Springer, Berlin/Göttingen/Heidelberg.
BRÄUTIGAM, W.; CHRISTIAN, P. (1961): Klinische Psychotherapie bei psychosomatischen Krankheiten. Nervenarzt 32: 347–354.

BRIDGER, H. (1946): The Northfield experiment. Bull. Menninger Clin. 10: 71–76.

BRONISCH, T.; BERGER, M.; KOCKOTT, G. (1983): Integratives Therapiekonzept bei stationärer Behandlung von Sexualdelinquenten. Psychiatr. Prax. 10: 83–87.

BUCHMÜLLER, J. (1983): Stationäre Psychotherapie - Indikationen und Möglichkeiten. In: LUBAN-PLOZZA, B.; MATTERN, H.J.; WESIACK, W. (Hg.), Der Zugang zum psychosomatischen Denken. Springer, Berlin/Heidelberg/New York/Tokyo, S. 61–73.

BÜCHNER, U. (1984): Therapie Alkoholkranker unter tiefenpsychologischen Gesichtspunkten. Berl. Ärztekam. 21: 543–547.

BÜRCKSTÜMMER, G.; ZWIEBEL, R. (1985): Psychosomatische Tagesklinik: Erste Erfahrungen. Psychother. Psychosom. med. Psychol. 35: 47–53.

CIERPKA, M.; PFEIFFER, R.; AUBELE, E.; HARNISCH, R. (1981): Die Einrichtung und Arbeit einer Stationsbesprechung auf einer chirurgisch-septischen Station. Mat. Psychoanal. 7: 52–70.

CLARK, D.H. (1965): The therapeutic community - concept, practice and future. Br. J. Psychiatry 111: 947–954.

CLAUSER, G. (1959): Die Praxis der stationären aktiv-klinischen Psychotherapie. Prax. Psychother. 4: 1–7.

DE SWAAN, A. (1978): Zur Soziogenese des psychoanalytischen Settings. Psyche 32: 793–826.

DINSLAGE, A. (1983): Rollengenie oder Erwartungsopfer? Zur Situatin von Mitarbeitern in therapeutischen Gemeinschaften. Gruppenpsychother. Gruppendyn. 14: 173–185.

DREES, A.; KÜNSEBECK, H.W.; OTTE, H.; RITTER, J. (1978): Die psychosomatische Situation der medizinischen Hochschule Hannover. Krankenhausarzt 9: 628–634.

EDELSON, M. (1964): Ego psychology, group dynamics and the therapeutic community. Gruner u. Stratton, New York.

EHEBALD, U. (1960): Die psychoanalytische Klinik in Hamburg. Psyche 14: 240.

EHEBALD, U.; WALSER, H. (1959): Drei Jahre Psychoanalyse in einem Krankenhaus. Schweizer Archiv f. Neurologie und Psychiatrie 85: 265–284.

EICKE, D. (1972): Zielsetzungen und Ergebnisse einer sozial-empirischen Fachausbildung für Schwestern. In: Vom Einüben der Aggression. Reihe »Geist und Psyche«, Bd. 2093. Kindler, München.

ENKE, H. (1965a): Bipolare Gruppenpsychotherapie als Möglichkeit psychoanalytischer Arbeit in der stationären Psychotherapie. Psychother. Psychosom. med. Psychol. 15: 116–121.

ENKE, H. (1965b): Möglichkeiten und Grenzen einer psychosomatischen Klinik. In: PREUSS, H.G. (Hg.), Praxis der klinischen Psychotherapie. München/Berlin.

ENKE, H. (1967): Analytisch orientierte stationäre Gruppenpsychotherapie und das psychoanalytische Abstinenzprinzip. Gruppenpsychother. Gruppendyn. 1: 28–40.

ENKE, H. (1970): Regressive Tendenzen der Patienten im Krankenhaus. Prax. Psychother. 15: 210–220.

ENKE, H.; KÖHLE, K.; KÖNIG, K.; RAD, M. V.; STEPHANOS, S. (1982): Bericht aus der Arbeitsgemeinschaft »Analytische Gruppenpsychotherapie stationär – psychotherapeutische Kliniken und psychotherapeutische Abteilungen in organisch orientierten Kliniken«. Gruppenpsychother. Gruppendyn. 17: 376–379.

ERMANN, M. (1983): Stationäre Psychosomatik und Psychotherapie. Prax. Psychother. Psychosom. 28: 93–94.

ERMAN, M.; GAITZSCH, U.; SCHEPANK, H. (1981): Erfahrungen mit einem mehrstufigen stationären Psychotherapiekonzept. In: HEIGL, F.; NEUN, H. (Hg.), Psychotherapie im Krankenhaus. Vandenhoeck u. Ruprecht, Göttingen, S. 75–81.

FAVA, G.A.; WISE, T.N.; MOLNAR, G.; ZIELEZNY, M. (1985): The medical-psychiatric unit: A novel psychosomatic approach. Psychother. Psychosom. 43: 194–201.

FIERZ, H.K. (1963): Klinik und analytische Psychologie. Rascher, Zürich.

FLEGEL, H. (1965): Therapeutische Gemeinschaft; Theorie, Technik und sozialer Kontext. Prax. Psychother. 10: 245–257.

FLEGEL, H. (1966): Die psychiatrische Krankenabteilung als therapeutische Gemeinschaft. Nervenarzt 37: 160–168.

FREYBERGER, H.; SPEIDEL, H. (1976): Die supportive Psychotherapie in der klinischen Medizin. Bibliotheca Psychiatrica 159: 141–169.

FRIEDMANN, H.J. (1969): Some problems of in-patient management with borderline-patients. Am. J. Psychiatry 126: 299–304.

FROMM-REICHMANN, F. (1947): Therapeutic management in a psychoanalytic hospital. Anal. Quart. 16: 325–356.

FÜRSTENAU, P. (1974): Zur Problematik von Psychotherapiekombinationen aus der Sicht der vergleichenden Psychotherapieforschung und der Organisationssoziologie. Gruppenpsychother. Gruppendyn. 8: 131–140.

FÜRSTENAU, P. (1977): Die beiden Dimensionen des psychoanalytischen Umgangs mt strukturell ich-gestörten Patienten. Psyche 31: 197–207.

FÜRSTENAU, P.; STEPHANOS, S.; ZENZ, H. (1970): Erfahrungen mit einer gruppenpsychotherapeutisch geführten Neurotikerstation. Psychother. Psychosom. Med. Psychol. 20: 95–104.

GÖLLNER, R.; LANGEN, D.; STREECK, U. (1981): Psychotherapeutische Kliniken im überregionalen Vergleich. Psychother. Psychosom. med. Psychol. 31: 42–47.

GÖPPERT, H. (1962): Klinische Psychotherapie bei Neurosen im Rahmen der psychiatrischen Klinik. Nervenarzt 33: 106–111.

HÄFNER, H.; KLUG, J.; GEBHARDT, H. (1983): Brauchen wir noch Bettten für psychisch Kranke bei hinreichender Vor- und Nachsorge? Ergebnisse der Versorgungsforschung in Mannheim. In: SIEDOW, H. (Hg.), Standorte der Psychiatrie, Bd. 3. Urban u. Schwarzenberg, München, S. 73–109.

HAHN, P.; BECKER, V.; ROSE, P. (1979): Das Heidelberger 3-Stufen-Modell. Klinik psychosomatischer Krankheiten. Neurol. Psychiatr. 2: 579–581.

HAHN, P.; VOLLRATH, R.; PETZOLD, E. (1975): Aus der Arbeit einer klinisch-psychosomatischen Station. Prax. Psychother. 20: 66–77.

HAU, T.F. (1968): Stationäre Psychotherapie: Ihre Indikation und ihre Anforderungen an die psychoanalytische Technik. Ztschr. Psychosom. Med. Psychoanal. 14: 116–120.

HAU, T.F. (1973): Prinzipien stationärer Psychotherapie. In: Hau, T.F. (Hg.), Psychosomatische Medizin in ihren Grundsätzen. Hippokrates, Stuttgart, S. 125.

HAU, T.F. (1975): Klinische Psychotherapie in ihren Grundzügen. Hippokrates, Stuttgart und Vandenhoeck u. Ruprecht, Göttingen.
HEIGL, F. (1981): Psychotherapeutischer Gesamtbehandlungsplan. In: BAUMANN, U. (Hg.), Indikation zur Psychotherapie. Perspektiven für Praxis und Forschung. Urban u. Schwarzenberg, München.
HEIGL-EVERS, A.; HEIGL, F.; MÜNCH, J. (1976): Die therapeutische Kleingruppe in der Institution Klinik. Gruppenpsychother. Gruppendyn. 10: 50–63.
HEIGL-EVERS, A.; HENNEBERG-MÖNCH, U.; ODAG, C.; STANDKE, G. (1986): Die 40-Stunden-Woche für Patienten. Konzept und Praxis teilstationärer Psychotherapie. Vandenhoeck u. Ruprecht, Göttingen.
HELD, C. v. (1974): Die integrierte Station – Die Entwicklung einer therapeutischen Gemeinschaft. Gruppenpsychother. Gruppendyn. 8: 290–304.
HELD, C. v.; GENKEL, U. (1974): Die integrierte Station – Das Konzept einer therapeutischen Gemeinschaft. Gruppenpsychother. Gruppendyn. 8: 167–179.
HELMCHEN, H.; LINDEN, M.; RÜGER, U. (Hg., 1982): Psychotherapie in der Psychiatrie. Springer, Berlin/Heidelberg/New York.
HILPERT, H. (1979): Therapeutische Gemeinschaft in einer psychotherapeutischen Klinik. Zum Behandlungskonzept des Cassel-Hospitals in London. Psychother. Psychosom. med. Psychol. 29: 46–53.
HILPERT, H. (1983): Über den Beitrag der therapeutischen Gemeinschaft zur stationären Psychotherapie. Ztschr. Psychosom. Med. Psychoanal. 29: 28–36.
HOFFMANN, S.O. (1982): Stationäre Psychotherapie bei Patienten mit Borderline-Syndromen. In: HELMCHEN, H.; LINDEN, M.; RÜGER, U. (Hg.), Psychotherapie in der Psychiatrie. Springer, Berlin/Heidelberg/New York.
HOFFMANN, S.O.; BRODTHAGE, H.; TRIMBORN, W.; STEMMER, T. (1981): Stationäre psychoanalytische Psychotherapie als eigenständige Behandlungsform. In: HEIGL, F.; NEUN, H. (Hg.), Psychotherapie im Krankenhaus. Vandenhoeck u. Ruprecht, Göttingen, S. 35.
HÖNMANN, K.J.; JANTA, B. (1983): Psychosomatische Aspekte eines psychiatrisch-psychosomatischen Konsiliardienstes. Prax. Psychother. Psychosom. 28: 190–197.
JANSSEN, P.L. (1979): Zur Identität verschiedener Berufsgruppen in einer stationären psychoanalytischen Therapie. In: FISCHLE-CARL, H. (Hg.), Theorie und Praxis der Psychoanalyse. Bonz, Fellbach, S. 249–266.
JANSSEN, P.L. (1981a): Sind psychosomatische Kliniken überflüssig? Dtsch. Ärzteblatt 78: 3253–3258.
JANSSEN, P.L. (1981b): Zur Vermittlung von Erfahrung und Einsicht in der stationären psychoanalytischen Therapie. In: HEIGL, F.; NEUN, H. (Hg.), Methoden stationärer Psychotherapie. Vandenhoeck u. Ruprecht, Göttingen.
JANSSEN, P.L. (1983): Behandlungsmodelle der stationären Psychosomatik und Psychotherapie. Prax. Psychother. Psychosom. 28: 95–102.
JANSSEN, P.L. (1985): Auf dem Wege zu einer integrativen analytisch-psychotherapeutischen Krankenhausbehandlung. Forum Psychoanal. 1: 293–307.
JANSSEN, P.L. (1989): Behandlung im Team aus psychoanalytischer Sicht. Prax. Psychother. Psychosom. 34: 325–335.
JANSSEN, P.L.; QUINT, H. (1987): Zur stationären analytischen Psychotherapie

psychosomatisch erkrankter Patienten. In: QUINT, H.; JANSSEN, P.L. (Hg.), Psychotherapie in der psychosomatischen Medizin. Springer, Berlin/Heidelberg/ New York/Tokyo, S. 41–48.

JONES, M. (1955/56): The concept of a therapeutic community. Am. J. Psychiatry 112: 647–650.

JONES, M. (1968): Social psychiatry in practice: The idea of the therapeutic community. Penguin, Harmondsworth.

JORASCHKY, P.; KÖHLE, K. (1979): Psychosomatische Konsultations- und Liaisondienste. In: UEXKÜLL, T. v. (Hg.), Lehrbuch der Psychosomatischen Medizin. Urban u. Schwarzenberg, München, S. 281–298.

KÄMMERER, W.; PETZOLD, E. (1981): Skizzen zur Arbeit auf einer Station für Allgemeine Klinische und Psychosomatische Medizin. Gruppenpsychother. Gruppendyn. 16: 289–303.

KERNBERG, O.F. (1976): Für eine integrative Theorie der Klinikbehandlung. In: KERNBERG, O.F. (Hg.), Obejektbeziehungen und Praxis der Psychoanalyse. Klett-Cotta, Stuttgart, S. 256–297.

KERNBICHLER, A.; FREIWALD, M.; BÖHME-BLOEM, C.; AHRENS, S. (1983): Integrative Ansätze in der stationären Therapie der Anorexia nervosa. Prax. Psychother. Psychosom. 28: 223–231.

KIND, H. (1972): Indikationen und Methoden der stationären Psychotherapie. In: KISKER, K.P.; MEYER, J.-E.; MÜLLER, M.; STRÖMGREN, E. (Hg.), Psychiatrie der Gegenwart, Bd. II/1. Springer, Berlin/Heidelberg/New York, S. 753–756.

KISKER, K.P. (Hg., 1980): Psychiatrie/Psychosomatik/Psychotherapie. Thieme, Stuttgart.

KOCH, B. (1982): Die Schwester als Bezugsperson in der stationären Psychotherapie. Die Schwester/Der Pfleger 21: 578-581.

KÖHLE, K.; JORASCHKY, P. (1979): Die Institutionalisierung der psychosomatischen Medizin im klinischen Bereich. In: UEXKÜLL, T. v. (Hg.), Lehrbuch der Psychosomatischen Medizin. Urban u. Schwarzenberg, München, S. 263–280.

KÖHLE, K. (1979): Klinisch-psychosomatische Krankenstation. In: Uexküll, T. v. (Hg.), Lehrbuch der Psychosomatischen Medizin. Urban u. Schwarzenberg, München.

KÖHLE, K.; KÄCHELE, H.; FRANZ, H.; URBAN, H.; GEIST, W. (1972): Integration der psychosomatischen Medizin in der Klinik; Die Funktion einer Schwesternarbeitsgruppe »Patientenzentrierte Medizin«. Med. Klin. 67: 1611–1615, 1644–1648.

KÖNIG, K. (1980): Stationäre Psychotherapie. Internist Welt 3: 16–19.

KÖNIG, K.; NEUN, H. (1979): Psychotherapeutische Heilverfahren. In: HAHN, P. (Hg.), Ergebnisse für die Medizin (1): Psychosomatik; Psychologie des 20. Jahrhunderts. Kindler, Zürich, S. 978–999. Beltz, Weinheim 1983.

KÜNSEBECK, H.W.; OTTE, H.; RITTER, J.; LIEBICHER-RAWOHL, J.; DREES, A. (1978): Erste Arbeitserfahrungen der psychosomatisch-psychotherapeutischen Station der Medizinischen Hochschule Hannover. Therapiewoche 28: 8079–8094.

LACHAUER, R. (1982): Motivation und Arbeitsbündnis in der stationären Psychotherapie. Prax. Psychother. Psychosom. 27: 117–123.

LEHRMANN, C.; LEMPA, W.; FREYBERGER, H. (1987): Supportive Psychotherapie –

eigenständig und als Vorstufe konfliktbearbeitender Therapie (einschließlich familientherapeutischer Maßnahmen) mit besonderer Berücksichtigung des studentischen Hilfstherapeuten. In: QUINT, H.; JANSSEN, P.L. (Hg.), Psychotherapie in der psychosomatischen Medizin. Springer, Berlin/Heidelberg/New York/Tokyo, S. 69–74.

LEUNER, H. (1962): Klinische Psychotherapie. Psychother. Psychosom. med. Psychol. 12: 36.

LIEDTKE, R. (1986): Strukturelle Grundlagen und therapeutische Praxis in der stationären Psychotherapie psychosomatisch erkrankter Patienten. Gruppenpsychother. Gruppendyn. 22: 138–150.

LOHMER, M. (1988): Stationäre Psychotherapie bei Borderlinepatienten. Springer, Berlin/Heidelberg/New York.

MAIN, T.F. (1946): The hospital as a therapeutic institution. Bull. Menninger Clin. 10: 66.

MAIN, T.F. (1981): Das Konzept der therapeutischen Gemeinschaft: Wandlungen und Wechselfälle. In: HILPERT, H.; SCHWARZ, R.; BEESE, F. (Hg.), Psychotherapie in der Klinik. Springer (2. Aufl.), Berlin/Heidelberg/New York, S. 46–65.

MENNINGER, W.C. (1936): Psychoanalytic principles applied to the treatment of hospitalized patients. Bull. Menninger Clin. 1: 35–43.

MÖHLEN, K.; HEISING, G. (1980): Integrative stationäre Psychotherapie. Gruppenpsychother. Gruppendyn. 15: 16–31.

MORRICE, J.K.W. (1964): The wards as a therapeutic group. Br. J. Med. Psychol. 38: 247–251.

MÜLLER-KÜNEMUND, M. (1983): Modell einer psychosozialen vor- und nachstationären Versorgung mit einem gruppentherapeutischen Angebot durch ein multiprofessionelles Team. Gruppenpsychother. Gruppendyn. 19: 202–209.

NEUN, H. (Hg., 1994): Psychotherapeutische Einrichtungen. Was sie (anders) machen und wie man sie finden kann. Vandenhoeck u. Ruprecht (3. Aufl.), Göttingen.

NOVOTNY, P.C. (1973): The pseudo-psychoanalytic hospital. Bull. Menninger Clin. 37: 139–210.

OBERDALHOFF, H.-E. (1984): Informationsvermittlung und körperbezogene Therapie in der psychosomatischen Behandlung chronifizierter funktioneller Störungen. Psychother. Psychosom. Med. Psychol. 34: 17–19.

PETZOLD, E.; REINDELL, A. (1980): Klinische Psychosomatik. Quelle u. Meier, Heidelberg.

PLOEGER, A. (1971): Therapeutische Gemeinschaft und Institution, Ergänzung oder Widerspruch? Psychother. Psychosom. Med. Psychol. 21: 194–197.

PLOEGER, A. (1972): Die therapeutische Gemeinschaft in der stationären Psychotherapie und Sozialpsychiatrie. Thieme, Stuttgart.

PLOEGER, A. (1978): Das Prinzip der therapeutischen Gemeinschaft als Prozeß in der stationären Psychotherapie. In: BEESE, F. (Hg.), Stationäre Psychotherapie. Vandenhoeck u. Ruprecht, Göttingen, S. 62.

PLOEGER, A. (1979): Das Prinzip der therapeutischen Gemeinschaft als Struktur und Prozeß in der stationären Psychotherapie. Psychother. Psychosom. Med. Psychol. 79: 54–61.

PLOEGER, A. (1982): Ärzte und Psychologen in der stationären Psychotherapie – Kompetition oder Kooperation? Psychother. Psychosom. Med. Psychol. 32: 69–71.

PREUSS, H.G. (Hg., 1965): Praxis der klinischen Psychotherapie. Urban u. Schwarzenberg, München.

QUINT, H. (1969): Über analytische Psychotherapie im Rahmen der Klinik. Med. Welt 20: 2722–2727.

QUINT, H. (1972): Psychoanalytische Aspekte klinischer Gruppenpsychotherapie. In: Sozialpsychiatrie und Psychopharmakologie in ihrer Verflechtung. Bd. 10. Janssen-Symposion, Düsseldorf, S. 71.

QUINT, H.; JANSSEN, P.L. (1987): Psychotherapie in der psychosomatischen Klinik. Erfahrungen, Konzepte, Ergebnisse. Springer, Berlin/Heidelberg/New York/Tokyo.

RAD, M. V.; SENF, W. (1983): Combined inpatient and outpatient psychotherapy. Theoretical considerations. In: KRAKOWSKY; KIMBALL, C.P. (Hg.), Psychosomatic medicine. Theor. clinic. and transcult. aspects. Plenum Press, New York.

RICHTER, H.E. (1965): Erfahrungen und Überlegungen beim Aufbau einer psychosomatischen Universitätsklinik. Med. Welt 7: 3–24.

RIEHL, A.; DIEDERICHS, P.; BERNHARD, P.; LAMPRECHT, F.; STUDT, H.H. (1985): Psychosomatische Konsiliartätigkeit in einem Großklinikum: Probleme der Integration und die Patienten-Compliance. Psychother. Psychosom. Med. Psychol. 35: 183–188.

RIEMANN, F. (1965): Erwartungen des frei praktizierenden Psychotherapeuten an eine Klinik. In: PREUSS, H.G. (Hg.), Praxis der klinischen Psychotherapie. Urban u. Schwarzenberg, München.

RINK, J.; FRANKE, R. (1986): Zur Psychodynamik therapeutischen Geschehens bei der stationären Behandlung Drogenabhängiger. Gruppenpsychother. Gruppendyn. 22: 166–175.

ROSIN, U. (1981): Die psychotherapeutische Funktion von Pflegepersonal und Ärzten in der stationären Psychotherapie – Ergänzung und Abgrenzung. In: HEIGL, F.; NEUN, H. (Hg.), Psychotherapie im Krankenhaus. Vandenhoeck u. Ruprecht, Göttingen, S. 135–154.

ROSS, J.L. (1985): Principles of psychoanalytic hospital treatment. Bull. Menninger Clin. 49: 409–416.

RUFF, W.; PIESCHL, E. (1986): Vom Pflegedienst zum Psychotherapie-Assistenten – Erfahrungen mit einem Fortbildungsmodell. Psychother. Psychosom. Med. Psychol. 36: 227–231.

RUFFLER, G. (1953): Grundsätzliches zur psychoanalytischen Behandlung körperlich Kranker. Psyche 7: 521–560.

SCHREY, U. (1978): Stationäre psychosomatische Behandlungsprinzipien in der Sicht der Krankenschwester. Krankenhausarzt 9: 638–643.

SCHULTZ, J.H. (1958): Klinische Psychotherapie innerer Krankheiten. Springer, Berlin/Göttingen/Heidelberg.

SCHULTZ, U.; HERMANNS, L.M. (1987): Das Sanatorium Schloß Tegel Ernst Simmels – Zur Geschichte und Konzeption der ersten psychoanalytischen Klinik. Psychother. Psychosom. Med. Psychol. 37: 58–67.

SCHWARZ, D. (1987): Stationäre Verhaltenstherapie. In: QUINT, H.; JANSSEN, P.L. (Hg.), Psychotherapie in der psychosomatischen Medizin. Springer, Berlin/ Heidelberg/New York/Tokyo, S. 49–54.

SCHWARZ, F.; SANDNER, D. (1982): Bericht aus der Arbeitsgemeinschaft »Gruppenanalyse in der Klinik mit Psychotikern und anderen schwer gestörten Patienten«. Gruppenpsychother. Gruppendyn. 17: 379–386.

SCHWIDDER, W. (1950): Die klinische Psychotherapie in Berlin. Psyche 4: 382–386.

SEIFERT, T. (1978): Therapeut und Klinik im Erlebnisraum des Patienten. In: BEESE, F. (Hg.), Stationäre Psychotherapie. Vandenhoeck u. Ruprecht, Göttingen, S. 277–287.

SELLSCHOPP, A.; VOLLRATH, P. (1979): Psychoanalytisch-klinische Therapie. In: HAHN, P. (Hg.), Ergebnisse für die Medizin (1): Psychosomatik. Kindler, München (Die Psychologie des 20. Jahrhunderts, Bd. IX, S. 961–977).

SELLSCHOPP, A.; VOLLRATH, P. (1983): Psychoanalytisch-klinische Therapie. In: HAHN, P. (Hg.), Psychosomatik, Bd. 2. (Kindlers Psychologie des 20. Jahrhunderts, Basel).

SELLSCHOPP-RÜPPEL, A. (1979). Stationär-klinische Psychotherapie in der Psychosomatischen Klinik Heidelberg. Mat. Psychoanal. 5: 124–146.

SIMMEL, E. (1928): Die psychoanalytische Behandlung in der Klinik. Int. J. Psychoanal. 14: 352–370.

SIMMEL, E. (1937): The psychoanalytic sanitarium and the psychoanalytic movement. Bull. Menninger Clin. 1: 133–143.

STANTON, A.H.; SCHWARZ, M.S. (Hg., 1954): The mental hospital, a study of institutional participation in psychiatric illness and treatment. New York.

STEPHANOS, S. (1972): Stationäre Behandlung durch eine Therapeutengruppe in der psychosomatischen Klinik der Universität Gießen. Prax. Psychother. 17: 113–124.

STEPHANOS, S. (1973): Analytisch-psychosomatische Therapie. Methode und Ergebnisse einer stationären Behandlung durch eine Therapeutengruppe. Beiheft Nr. 1 von Jahrbuch der Psychoanalyse. Huber, Bern.

STEPHANOS, S. (1979): Theorie und Praxis der analytisch-psychosomatischen Therapie. In: UEXKÜLL, T. V. (Hg.), Lehrbuch der Psychosomatischen Medizin. Urban u. Schwarzenberg, München, S. 368–383.

STEPHANOS, S. (1985): Konzepte klinischer Therapie. In: CZOGALNIK, D. (Hg.), Perspektiven der Psychotherapieforschung. Hochschulverlag, Freiburg/Br., S. 401–412.

STEPHANOS, S.; ZENZ, J. (1974): Die Krankenschwester als therapeutische Bezugsperson und das Nachbehandlungs-Arrangement im Stationsmodell der psychosomatischen Klinik Gießen. Psychother. Psychosom. Med. Psychol. 24: 117–131.

STIEBER-SCHMIDT, A. (1981): Zur Arbeit im »Realitätsraum« einer jugendlichen-Station in einer psychotherapeutischen Kliniik. Prax. Kinderpsychol. Kinderpsychiat. 7: 245–255.

STIERLIN, H. (1965): Erwartungen des frei praktizierenden Therapeuten an eine Klinik. Diskussionsbeitrag. In: PREUSS, H.G. (Hg.), Praxis der klinischen Psychotherapie. Urban u. Schwarzenberg, München.

STREECK, U. (1990): Veränderungen in der stationären Psychotherapie. Vortrag auf den Lindauer Pschotherapiewochen 1990.

STREECK, U.; GÖLLNER, R.; LANGEN, D. (1981): Psychotherapeutische Kliniken im überregionalen Vergleich. Psychother. Psychosom. 31: 42–47.

STROTZKA, H. (1975): Stationäre Psychotherapie. In: STROTZKA, H. (Hg.), Psychotherapie, Grundlagen, Verfahren, Indikationen. Urban u. Schwarzenberg, München/Berlin/Wien.

STROTZKA, H. (1980): Der Psychotherapeut im Spannungsfeld der Institutionen. Urban u. Schwarzenberg, München.

STUDT, H.H. (1969): Zur Interpretation in der stationären analytischen Gruppenpsychotherapie. Gruppenpsychother. Gruppendyn. 3: 207–214.

VATANKHA, H.M. (1975): Aspekte zum gegenwärtigen Stand der Psychotherapie in USA. Prax. Psychother. 20: 289–300.

VOLLRATH, P. (1982): Die psychosomatische Klinik im Spannungsfeld von Realitätserfahrung und neuerworbener psychischer Kompetenz. Materialien zur Psychoanalyse 8: 94–99.

WEBER, T. (1979): Die psychosomatisch tätige Schwester als Mitglied eines Behandlungsteams. Dtsch. Krankenpfl. Ztschr. 11: 597–600.

WIDOK, W. (1983): Stationäre psychosomatische Psychotherapie auf der Basis eines psychoanalytischen Konzeptes. Prax. Psychother. Psychosom. 28: 103–106.

WIDOK, W. (1984): Möglichkeiten und Grenzen der stationären Psychotherapie auf dem Boden eines psychoanalytischen Konzeptes. Mat. Psychoanal. 10: 166–175.

WIEGMANN, H. (1949): Psychotherapie stationär. Medizinische Klinik 10: 304–307.

WIEGMANN, H. (1950): Die Klinik für psychogene Störungen. Psyche 4: 389–393.

WIEGMANN, H. (1968): Der Neurotiker in der Klinik. Einführung in der Theorie und Praxis stationärer Psychotherapie. Vandenhoeck u. Ruprecht, Göttingen.

WILMER, H. (1958): Toward a definition of the therapeutic community. Am. J. Psychiatry 114: 824–834.

WINKLER, W.T. (1966): Indikation und Prognose zur Psychotherapie der Psychosen. Psychother. Psychosom. Med. Psychol. 16: 41–51.

WITTICH, G. (1967): Psychosomatische Rehabilitation. Arbeitsmed. Sozialmed. Arbeitshygiene 2: 73–75.

ZAUNER, J. (1972): Analytische Psychotherapie und soziales Lernen in Klinik und Heim. Prax. Kinderpsychol. Kinderpsychiat. 21: 166–171.

ZAUNER, J. (1978): Das Problem der Regression und die Rolle des Durcharbeitens im Realitätsraum der psychotherapeutischen Klinik. In: BEESE, F. (Hg.), Stationäre Psychotherapie. Vandenhoeck u. Ruprecht, Göttingen.

ZAUNER, J. (1984): Das psychoanalytische Abstinenzprinzip und der klinische Alltag. Materialien zur Psychoanalyse 10: 176–183.

ZAUNER, J. (Hg., 1986): Klinische Psychosomatik von Kindern und Jugendlichen. Reinhard, München.

ZAUNER, J.; STIEBER, A. (1976): Klinische Psychotherapie bei Jugendlichen. In: BIERMANN, G. (Hg.), Handbuch der Kinderpsychotherapie, Ergänzungsband. Reinhard, München.

ZEITLYN, B.B. (1967): The therapeutic community – fact or fantasy? Br. J. Psciatry 113: 1083–1086.

Methoden

AHLBRECHT, W. (1969): Großgruppen in einer psychosomatichen Kuranstalt. Gruppenpsychother. Gruppendyn. 3: 109–111.

BATTEGAY, R. (1971): Gruppenpsychotherapie als Behandlungsmethode im psychiatrischen Spital. In: DE SCHILL, S. (Hg.), Psychoanalytische Therapie in Gruppen. Klett, Stuttgart.

BECK, W. (1979): Gruppentherapeutische Methoden in der Psychotherapeutischen und Psychosomatischen Klinik. In: HEIGL-EVERS, A.; STREECK, U. (Hg.), Lewin und die Folgen. (Psychologie des 20. Jahrhunderts, Bd. 8). Kindler, Zürich, S. 909–927.

BECKER, H. (1982): Konzentrative Bewegungstherapie (KBT). Ein nonverbales Psychotherapieverfahren zur Erweiterung der Indikation. Nervenarzt 53: 7–13.

BETCHER, R.W. (1983): The Treatment of depression in Brief Inpatient Group Psychotherapy. Int. J. Group Psychoth. 33: 365–385.

BODMANN-HENSLER, A. v. (1978): Zur stationären Psychotherapie von Inzestfällen. In: BEESE, F. (Hg.), Stationäre Psychotherapie. Vandenhoeck u. Ruprecht, Göttingen, S. 153–165.

BÖKER, H. (1991): Psychodynamisch orientierte stationäre Behandlung psychotischer Patienten – Ein Beitrag zur Psychotherapie-Weiterbildung in der klinischen Psychiatrie. Psychother. Psychosom. Med. Psychol. 41: 284–290.

BRABENDER, V.M. (1985): Time-Limited Inpatient Group Therapy: A Development Model. Int. J. Group Psychoth. 35: 373–390.

BRABENDER, V.M. (1987): Vicissitudes of Countertransference in Inpatient Group Psychotherapy. Int. J. Group Psychoth. 37: 549–567.

BRÄUTIGAM, W. (1978): Verbale und präverbale Methoden in der stationären Therapie (Neue therapeutische Zugänge zum psychosomatisch Kranken). Ztschr. Psychosom. Med. 24: 146–155.

BRÄUTIGAM, W. (1979): New therapeutic approaches to psychosomatic patients. Verbal and preverbal. Psychother. Psychosom. 31: 251–259.

DETER, H.-C.; ALLERT, G. (1983): Group therapy for asthma patients: A concept for the psychosomatic treatment in a medical clinic. A controlled study. Psychother. Psychosom. 40: 95–105.

DETER, H.-C.; SCHÜFFEL, W. (Hg., 1988): Gruppen mit körperlich Kranken. Springer, Berlin/Heidelberg/New York.

DETER, H.-C.; HAHN, C.; PETZOLD, E. (1986): Krankheitsorientierte Gruppentherapie – ein tiefenpsychologisch orientiertes Behandlungsverfahren für körperlich Kranke. In: QUINT, H.; JANSSEN, P.L. (Hg.), Psychotherapie in der psychosomatischen Medizin. Springer, Berlin/Heidelberg/New York/Tokyo.

ECKERT, J.; BIERMANN-RATJEN, E.-M. (1986): Stationäre Gruppenpsychotherapie. Springer, Berlin/Heidelberg/New York.

EICHHORN, H.; ENGEL, V. (1982): Über die Großgruppe in der therapeutischen Gemeinschaft unter besonderer Berücksichtigung des Vergleichs offener und geschlossener Kleingruppen. Psychiatr. Neurol. Med. Psychol. (Leipzig) 34: 563–567.

ENKE, H. (1965a): Bipolare Gruppenpsychotherpie als Möglichkeit psychoanalytischer Arbeit in der stationären Psychotherapie. Psychother. Psychosom. Med. Psychol. 15: 116–121.

ENKE, H. (1966): Patientenselbstverwaltung und Gruppenpsychotherapie in der psychosomatischen Klinik. Therapiewoche 16: 24.

ENKE, H. (1968): Analytisch orientierte, stationäre Gruppenpsychotherapie und das psychoanalytische Abstinenzprinzip. Gruppenpsychother. Gruppendyn. 1: 28–40.

ENKE, H. (1971): Die analytische Orientierung des Gruppentherapeuten in der Klinik. In: HEIGL-EVERS, A. (Hg.), Psychoanalyse und Gruppe. Vandenhoeck u. Ruprecht, Göttingen, S. 88–100.

ENKE, H.; ENKE-FERCHLAND, E. (1966): Analytische Gruppenpsychotherapie und deren Soziodynamik in der psychotherapeutischen Klinik. In: PREUSS, H.G. (Hg.), Analytische Gruppenpsychotherapie. Urban u. Schwarzenberg, München.

ENKE, H.; HOUBEN, A.; FERCHLAND, E.; MAASS, G.; ROTHERS, P.; WITTICH, G. (1964): Gruppenpsychotherapie. In: KEIDERLING, W. (Hg.), Beiträge zur inneren Medizin. Schattauer, Stuttgart, S. 699–711.

ERMANN, M. (1981): Problempatienten in analytisch-probatorischer Gruppenpsychotherapie. Ein Erfahrungsbericht. Gruppenpsychother. Gruppendyn. 16: 304–320.

FAUNER, J. (1974): Psychopharmaka und klinische Psychotherapie. Ztschr. Psychosom. Med. Psychoanal. 20: 138–147.

FEHLENBERG, D.; KÖHLE, K. (1983): Die Stationsarztvisite zwischen Krankenhausroutine und therapeutischem Gespräche – Kommunikationsanalytische Untersuchung einer für Arzt und Patient schwierigen Interaktionssituation. Ztschr. Psychother. Med. Psychol. 33: 45–52.

FRANZKE, E. (1972a): Zur Indikation gestalterischer Verfahren in der analytischen Psychotherapie. Ztschr. Psychosom. Med. Psychoanal. 18: 29–47.

FRANZKE, E. (1972b): Das Psychodrama als gestaltungstherapeutisches Verfahren in einer analytisch orientierten psychosomatischen Klinik. In: PETZOLD, H. (Hg.), Angewandtes Psychodrama in Psychiatrie, Pädagogik, Theater und Wirtschaft. Junfermann, Paderborn.

FRANZKE, E. (1975): Gestaltungstherapie im Rahmen klinischer Psychotherapie. In: Hau, T.F. (Hg.), Klinische Psychotherapie in ihren Grundzügen. Vandenhoeck u. Ruprecht, Göttingen.

GAERTNER, A. (1985): Psychoanalytische Kurztherapie in psychiatrischen Settings. Ein Beitrag der Psychoanalyse zur Sozialtherapie. In: LEUZINGER-BOHLEBER, M. (Hg.), Psychoanalytische Kurztherapien. Zur Psychoanalyse in Institutionen. Westdeutscher Verlag, Opladen, S. 132–155.

GAUS, E.; BECHTER, K.; DREYER, K.-H.; MERKLE, W.; REIN, A. (1987): Untersuchung zur Bedeutung und Rolle von Medikamenten. In: QUINT, H.; JANSSEN, P.L. (Hg.), Psychotherapie in der psychosomatischen Medizin. Springer, Berlin/Heidelberg/New York/Tokyo, S. 61–66.

GÖTZE, Ü.; GANDER, R.; ECKERT, J.; ZANGEMEISTER, W. (1986): Problemzentrierte Gruppengespräche auf einer allgemein-psychiatrischen Station. Gruppenpsychother. Gruppendyn. 22: 36–57.

Gunn, R.C. (1978): A Use of Videotape with Inpatient Therapy Groups. Int. J. Group Psychoth. 28: 365–370.
Hannah, S. (1984): Countertransference in In-Patient Group Psychotherapy: Implications for Technique. Int. J. Group Psychoth. 34: 257–272.
Hartmann-Kottek, L. (1979): Schwerpunkt »Gestalttherapie« im Grenzgebiet der Psychiatrie. Psychother. Psychosom. Med. Psychol. 29: 1–13.
Hau, T.F. (1975): Pro und Kontra gleichzeitiger Einzel- und Gruppenpsychotherapie. In: Uchtenhagen, A.; Battegay, R.; Friedmann, A. (Hg.), Gruppenpsychotherapie und soziale Umwelt. Huber, Bern.
Hau, T.F.; Böcker, L. (1981): Gestaltungstherapie in einer psychosomatischen Klinik. Musik. Med. 16.
Hilpert, H. (1983): Über den Beitrag der therapeutischen Gemeinschaft zur stationären Psychotherapie. Ztschr. Psychosom. Med. 29: 28–36.
Hohlfeld, R.; Mehrhof, E. (1983): Familientherapie in einer psychosomatischen Kurklinik. In: Schneider, K. (Hg.), Familientherapie in der Sicht psychotherapeutischer Schulen. Vergleichende Psychotherapie, Bd. 4. Junfermann, Paderborn, S. 421–427.
Hötzer, K. (1984): Nichtanalytische Gruppenpsychotherapie als Ergänzung zur stationären analytischen Einzeltherapie. Gruppenpsychother. Gruppendyn. 19: 215–220.
Janssen, P.L. (1982): Psychoanalytisch orientierte Mal- und Musiktherapie im Rahmen stationärer Psychotherapie. Psyche 36: 541–570.
Janssen, P.L.; Busse-Simonis, E. (1978): Eine Untersuchung über Veränderung von Rollen in Therapiegruppen. Gruppenpsychother. Gruppendyn. 13: 164–171.
Janssen, P.L.; Hekele, W. (1986): Die therapeutische Bedeutung des Malens im Gruppenprozeß stationärer psychoanalytischer Behandlungen. Gruppenpsychother. Gruppendyn. 22: 151–165.
Janssen, P.L.; Quint, H. (1977): Stationäre analytische Gruppenpsychotherapie im Rahmen einer neuropsychiatrischen Klinik. Gruppenpsychother. Gruppendyn. 11: 221–243.
Janssen, P.L. (1978): Zu einigen psychotherapeutischen Aspekten der Beschäftigungstherapie in einer psychiatrischen Klinik. Psychother. Psychosom. Med. Psychol. 28: 183–193.
Jones, M. (1976): Prinzipien der therapeutischen Gemeinschaft. Soziales Lernen und Sozialpsychiatrie. Huber, Bern/Stuttgart/Wien.
Kahn, E.M.; Sturke, I.T.; Schaeffer, J. (1992): Inpatient Group Processes Parallel Unit Dynamics. Int. J. Group Psychoth. 42: 407–418.
Karterud, S. (1989): A Comparative Study of Six Different Groups with Respect to Their Basic Assumption Functioning. Int. J. Group Psychoth. 39: 355–376.
Kayser, H. (Hg., 1973): Gruppenarbeit in der Psychiatrie. Thieme, Stuttgart.
Kemker, S.S.; Kibel, H.D.; Mahler, J.C. (1993): On Becoming Oriented to Inpatient Addiction Treatment: Inducting New Patients and Professionales to the Recovery Movement. Int. J. Group Psychoth. 43:
Klug, G.; Schwarz, S. (1984): Ambulante und stationäre Gruppenpsychotherapie innerhalb einer Institution. Gruppenpsychother. Gruppendyn. 20: 40–56.

KOSMATH, I.; SCHÖNY, W. (1981): Stationsgruppen: Untersuchung über deren Auswirkung in der klinischen Psychiatrie. Gruppenpsychother. Gruppendyn. 17: 205–211.

KRAUS, R. (1968): Die Bedeutung der Gruppentherapie in einer psychosomatischen Klinik. Prax. Psychother. 13: 193–200.

KREISCHE, R. (1983): Familienpsychotherapie in der klinischen Psychotherapie Erwachsener. Ztschr. Psychosom. Med. Psychoanal. 29: 37–48.

LEVINE, H.B. (1980): Milieu Biopsy: The Place of the Therapy Group on the Inpatient Ward. Int. J. Group Psychoth. 30: 77–93.

MACKENZIE, K.R. (1981): Measurement of group climate. Intern. J. Group Psychother. 31: 287–295.

MACKENZIE, K.R. (1990): Introduction to time limited group psychotherapy. American Psychiatric Press, Washington.

MAHR, A. (1983): Zur Anwendung der Themenzentrierten Interaktion in der stationären Psychotherapie. Gruppenpsychother. Gruppendyn. 18: 328–340.

MAIN, T.F. (1975): Some psychodynamics of large groups. In: KREEGER, L. (Hg.), The large group. Constable, London, S. 57–86.

MATAKAS, F. (1990): Die Anwendung psychoanalytisch-systemischer Orientierung auf die Krankenhausgruppe. Gruppenpsychother. Gruppendyn. 26: 205–220.

MENTZEL, G. (1976): Die Gruppenvisite. Gruppenpsychother. Gruppendyn. 10: 233–248.

MÖLLER, H.J. (1972): Tendenzen und Probleme der gegenwärtigen Musiktherapie. Psychother. Psychosom. Med. Psychol. 22: 140–149.

MÜLLER-BRAUNSCHWEIG, H.; MÖHLEN, K. (1980): Bericht über die stationäre Behandlung eines Patienten mit einem psychogenen Anfallsleiden unter besonderer Berücksichtigung der averbalen Therapieformen. Psyche 34: 1073–1091.

NEUN, H. (1981): Zur internistisch-psychosomatischen Konsultation in einem psychotherapeutischen Fachkrankenhaus. In: HEIGL, F.; NEUN, H. (Hg.), Psychotherapie im Krankenhaus. Vandenhoeck u. Ruprecht, Göttingen, S. 263–279.

OLDHAM, J.M. (1982): The Use of Silent Observers as an Adjunct to Short-Term Inpatient Group Psychotherapy. Int. J. Group Psychother. 32: 469–480.

PAM, A.; KEMKER, S. (1993): The Captive Group: Guidelines for Group Therapists in the Inpatient Setting. Int. J. Group Psychoth. 43: 419–438.

PFITZNER, R.; ZAGERMANN, D. (1981): Möglichkeiten und Schwierigkeiten eines psychoanalytisch-psychotherapeutischen Konsultationsdienstes in einer psychiatrischen Universitätsklinik – Ein Erfahrungsbericht. In: HEIGL, F.; NEUN, H. (Hg.), Psychotherapie im Krankenhaus. Vandenhoeck u. Ruprecht, Göttingen, S. 383–389.

PLOEGER, A. (1967): Indikation zur Gruppenpsychotherapie in der Klinik. Ztschr. Psychosom. Med. Psychoanal. 13: 38–42.

PLOEGER, A. (1982): Tiefenpsychologisch fundierte Gruppenpsychotherapie in der psychiatrischen Klinik als Institution. Gruppenpsychother. Gruppendyn. 18: 110–115.

POHLEN, M.; BAUTZ, M. (1972): Eine empirische Untersuchung über die therapeutische Funktion des Schwesternpersonals in einem neuen klinischen Organisationsmodell. Psychother. Psychosom. Med. Psychol. 22: 161–176.

POWELL, M.; ILLOVSKY, M.; O'LEARY, W.; GAZDA, G.M. (1988): Life-skills Training with Hospitalized Psychiatric Patients. Int. J. Group Psychoth. 38: 109–117.
PRIESTLY, M. (1983): Analytische Musiktherapie. Klett-Cotta, Stuttgart.
RECHENBERGER, H.-G. (1982): Tiefenpsychologisch orientierte Gruppenpsychotherapie in der Klinik. Ist das realisierbar? Gruppenpsychother. Gruppendyn. 18: 16–123.
REISTER, G.; JUNG, K. (1992): Mütterliche und väterliche Funktionen des Stationsarztes in der stationären Psychotherapie. Gruppenpsychother. Gruppendyn. 28: 150–157.
RICE, C.A.; RUTAN, J.S. (1981): Boundary Maintenance in Inpatient Therapie Groups. Int. J. Group Psychoth. 31: 297–309.
RICE, C.A.; RUTAN, J.S. (1987): Inpatient Group Psychotherapy: A Psychodynamic Perspective. Macmillan, New York.
RIETH, E. (1971): Gruppentherapie von Alkoholikern in der stationären Behandlung. Gruppenpsychother. Gruppendyn. 5: 114–120.
ROSIN, U. (1978): Stationäre Krisenintervention in der Psychotherapie. In: BEESE, F. (Hg.), Stationäre Psychotherapie. Vandenhoeck u. Ruprecht, Göttingen.
ROSIN, U. (Hg., 1987): Entwicklungsbedingte strukturelle Ich-Störungen. Entstehung, Diagnostik, Therapie. Vandenhoeck u. Ruprecht, Göttingen.
RUFF, W. (1983): Die stationäre Voruntersuchung. Ein Modell zur Verbesserung der klinischen Psychotherapie. Ztschr. Psychosom. Med. Psychoanal. 29: 15–27.
RUFF, W.; HAUCH, S. (1979): Beschäftigungstherapie in einer Neuroseklinik. Gruppenpsychother. Gruppendyn. 14: 348–362.
RÜGER, U. (1980): Various regressive processes and their prognostic value in stationary group psychotherapy. Intern. J. Group Psychother. 30: 95–105.
RÜGER, U. (1981a): Indikationsmöglichkeiten für eine stationär-ambulante Gruppenpsychotherapie. Gruppenpsychother. Gruppendyn. 16: 335–343.
RÜGER, U. (1981b): Stationär-ambulante Gruppenpsychotherapie. Ein langfristiges Behandlungsmodell. Springer, Berlin/Heidelberg/New York.
RÜGER, U. (1986): Stationär-ambulante Gruppenpsychotherapie bei Patienten mit Frühstörungen. Gruppenpsychother. Gruppendyn. 21: 324–336.
SACHSSE, U. (1982): Der Übergang von der Einzel- zur Gruppenpsychotherapie in der Klinik. Gruppenpsychother. Gruppendyn. 18: 124–132.
SANDNER, D. (1980): Zur Psychodynamik von Schizophrenen in analytischen Gruppen mit Psychotikern und Neurotikern. Gruppenpsychother. Gruppendyn. 15: 32–50.
SCHRODE, H. (1978): Gestaltungstherapie in der psychosomatischen Klinik. In: BEESE, F. (Hg.), Stationäre Psychotherapie. Vandenhoeck u. Ruprecht, Göttingen.
SCHRODE, H. (1981): Die Gestaltungstherapie-Gruppe als Ergänzung der stationären analytischen Langzeit-Einzeltherapie. Gruppenpsychother. Gruppendyn. 17: 77–95.
SCHRODE, H. (1983): Gestaltungstherapie als Therapie mit bildnerischen Mitteln auf tiefenpsychologischer Grundlage. Prax. Psychother. Psychosom. 28: 117–124.
SCHWARZ, F.; LANDNER, D. (1982): Gruppenanalyse in der Klinik mit Psychotikern

und anderen schwergestörten Patienten. Gruppenpsychother. Gruppendyn. 17: 379-386.
SEIFERT, T.; LOOS, G. (1987): Matriarchaler Raum und Lebensrealität. Zur stationären Psychotherapie der Anorexie und Bulimie. Prax. Psychother. Psychosom. 32: 154–162.
SORENSEN, M.H. (1986): Narcissism and Loss in the Elderly: Strategies For an Inpatient Older Adults Group. Int. J. Group Psychoth. 36: 533–547.
SPENGLER, C. (1990): Gesprächsgruppe auf einer akut-psychiatrischen Station. Gruppenpsychother. Gruppendyn. 26: 29–46.
STOLZE, H. (Hg., 1984): KBT: Die konzentrative Bewegungstherapie. Grundlagen und Erfahrungen. Mensch und Leben, Berlin.
STRAUß, B.; BURGMEIER-LOHSE, M. (1994): Stationäre Langzeitgruppenpsychotherapie. Asanger, Heidelberg.
STUDT, H.H. (1972): Zur Problematik kombinierter Verfahren in der stationären und ambulanten Psychotherapie. Prax. Psychother. 17: 145–152.
STUDT, H.H. (1977): Deutung, Interpretation und Indikation in der Gruppenpsychotherapie: Pantomime, Märchenspiel, Psychodrama, und analytische Gruppenpsychotherapie. In: LOTZMANN, G. (Hg.), Das Gespräch in Erziehung und Behandlung. Quelle u. Meyer, Heidelberg, S. 122–142.
VELTIN, A. (1968): Das Gruppengespräch in der therapeutischen Gemeinschaft. Ztschr. Psychother. 18: 50–57.
VOLLMOELLER, W. (1990): Patienten mit Persönlichkeitsstörungen im gruppentherapeutischen Setting einer psychiatrischen Tagesklinik. Gruppenpsychother. Gruppendyn. 26: 47–60.
WINER, J.A.; ORNSTEIN, E. (1994): Relational Themes in the Inpatient Community Meeting. Int. J. Group Psychoth. 44: 313–332.
WITTICH, G.; ENKE-FERCHLAND, E. (1968): Mehrdimensionale integrierte Gruppentherapie in der psychosomatischen Rehabilitation. Psychother. Psychosom. 16: 261–270.
YALOM, I.D. (1983): Inpatient Group Psychotherapy. Basic Books, New York.
ZABUSKY, G.S.; KYMISSIS, P. (1983): Identity Group Therapy: A Transitional Group for Hospitalized Adolescents. Int. J. Group Psychoth. 33: 99–109.
ZAUNER, J. (1969): Berufliche Wiedereingliederung durch klinische Psychotherapie. Psychother. Psychosom. 17: 63–72.
ZAUNER, J. (1978): Das Problem der Regression und die Rolle des Durcharbeitens im Realitätsraum der psychotherapeutischen Klinik. In: BEESE, F. (Hg.), Stationäre Psychotherapie. Vandenhoeck u. Ruprecht, Göttingen.
ZEITLHOFER, J.; DANZINGER, R.; KOHLHEIMER, M.; KRAMER, W. (1986): Großgruppen in der stationären Betreuung psychiatrischer Patienten. Gruppenpsychother. Gruppendyn. 21: 318–323.
ZENZ, H. (1970): Gruppenprozesse in einer Stationspersonalkonferenz. Psychother. Psychosom. Med. Psychol. 20: 236–246.

Prozeß

BALZER, W.; KÜCHENHOFF, B.; RAUCH, H. (1985): Gruppenverläufe bei stationären analytischen Psychotherapiegruppen – mit einem Vergleich psychosomatischer und psychoneurotischer Patienten. Gruppenpsychother. Gruppendyn. 20: 273–296.

BARDÉ, B.; MATTKE, D. (1991): Das Problem der Macht in psychoanalytisch-therapeutischen Teams. Gruppenpsychother. Gruppendyn. 27: 120–140.

BARTMEIER, L.H. (1978): A historical note on the psychoanalytic hospital. Psych. J. Univ. Ottawa 3: 77.

BASSLER, M; HOFFMANN, S.O. (1993): Die therapeutische Beziehung im Rahmen von stationärer Psychotherapie. Psychother. Psychosom. Med. Psychol. 43: 325–332.

BAUTZ, M. (1985): Zum Einfluß der sozialen Schicht auf die Psychotherapie-Indikation. Gruppenpsychother. Gruppendyn. 20: 338–355.

BEESE, F. (1971): Indikation zur klassischen Psychotherapie. Fortschr. Med. 89: 208-210, 234–238.

BENDER, W.; BACHMANN, C. (1980): Die therapeutische Gemeinschaft im Psychiatrischen Krankenhaus. Wie ist die Einstellung der Patienten zu einzelnen Aspekten dieser Therapieform? Gruppenpsychother. Gruppendyn. 15: 1–15.

BIERMANN, C.H. (1975): Probleme der Beendigung stationärer Psychotherapie. Psychother. Psychosom. Med. Psychol. 25: 149–159.

BRÜGGEMANN, L. (1985): Der therapeutische Prozeß bei einem Patienten mit Anorexia mentalis. Ztschr. Psychosom. Med. Psychoanal. 3: 81–94.

BÜRCKSTÜMMER, G. (1983): Einige Aspekte des Agierens und ihre therapeutische Konsequenz. Mat. Psychoanal. 9: 100–117.

CARL, A.; FISCHER-HANTZE, J.; GAEDTKE, H.; HOFFMANN, S.O.; WENDLER, W. (1985): Vergleichende Darstellung gruppendynamischer Prozesse bei Konzentrativer Bewegungstherapie und analytischer Gruppentherapie. Gruppenpsychother. Gruppendyn. 21: 52–72.

CREMERIUS, J. (1963): Beobachtung dynamischer Prozesse beim Pflegepersonal, insbesondere von Widerstand und Übertragung, während der psychoanalytischen Behandlung einer Schizophrenen. Psyche 17: 686–704.

CREMERIUS, J. (1971): Zur Dynamik ds Krankenhausaufenthaltes von Ulkuskranken. Ztschr. Psychosom. Med. Psychoanal. 17: 282–293.

CROCKET, R.W. (1966a): Acting-out as a mode of communication in the pychotherapeutic community. Br. J. Psychiatry 112: 383–388.

CROCKET, R.W. (1966b): Authority and permissiveness in the psychotherapeutic community. Am. J. Psychother. 20: 669–676.

DANCKWART, J.F. (1978): Zur Interaktion von Psychotherapie und Psychopharmakotherapie. Psyche 32: 111.

DEGLER, R. (1970): Zum Wechselbezug von Gruppen- und Einzelpsychotherapie in einer psychosomatischen Rehabilitationsklinik. Gruppenpsychother. Gruppendyn. 4: 133–142.

ENGEL, K.; MEIER, I. (1989): Verlaufsuntersuchung zu den Affekten, Angst und

Aggressivität bei einer stationären Behandlung der Anorexia nervosa. Ztschr. Psychosom. Med. 35: 10–29.

ENKE, H. (1962): Die Bedeutung des Körpersymptoms in der klinischen Psychotherapie. Prax. Psychother. 7: 263–267.

ENKE-FERCHLAND, E. (1968): Die Verweildauer als Strukturierungsmerkmal in der psychosomatischen Klinik. Gruppenpsychother. Gruppendyn. 2: 124–134.

ENKE-FERCHLAND, E. (1969). Gruppenstrukturen und Therapeuteneinfluß in der Klinik. Gruppenpsychother. Gruppendyn. 3: 38–46.

ENKE-FERCHLAND, E.; WITTICH, G.; WOLPERT, E. (1967): Untersuchungen zur Gruppendynamik einer psychosomatischen Kurklinik. Arbeitsmed. Sozialmed. Arbeitshyg. 2: 446.

ERMANN, M. (1974): Verlaufsbeobachtungen zur körperlichen Symptomatik bei stationär behandelten Neurotikern. Ztschr. Psychosom. Med. Psychoanal. 20: 378–383.

ERMANN, M. (1979): Gemeinsame Funktionen therapeutischer Beziehungen bei stationärer Anwendung der Psychoanalyse. Ztschr. Psychosom. Med. Psychoanal. 25: 333–341.

ERMANN, M. (1982a): Die psychovegetativen Störungen als ich-strukturelles Problem. Ztschr. Psychosom. Med. Psychoanal. 28: 255–265.

ERMANN, M. (1982b): Regression in der stationär-analytischen Psychotherapie. Ztschr. Psychosom. Med. Psychoanal. 28: 176–188.

ERMANN, M. (1982c): Zur Psychotherapie strukturell Ich-gestörter Angstpatienten. In: HELMCHEN, H.; LINDEN, M.; RÜGER, U. (Hg.), Psychotherapie in der Psychiatrie. Springer, Berlin/Heidelberg/New York, S. 240–244.

ERMANN, M. (1983): Psychovegetative Störungen und stationäre Psychotherapie. Prax. Psychother. Psychosom. 28: 131–138.

ERMANN, M. (1987): Die Persönlichkeit bei psychovegetativen Störungen. Springer, Berlin/Heidelberg/New York/Tokyo.

EUEN, E. V.; ROßBACH, H.; HAAS, J.; SPOHR, H.; HAU, T.F. (1987): Krisensituationen in der stationären Psychotherapie. Prax. Psychother. Psychosom. 32: 78–86.

FINGER-TRESCHER, U. (1991): Wirkfaktoren der Einzel- und Gruppenpsychotherapie. Frommann-holzboog, Stuttgart/Bad Cannstatt.

FLECK, S.; CORNELISON, A.; NORTON, N.; LIDZ, T. (1959): Wechselwirkungen zwischen dem Klinikpersonal und den Familien. Psyche 13: 365–376.

FROMM-REICHMANN, F. (1978): Probleme der Durchführung der Behandlung in einer psychoanalytischen Klinik. In: FROMM-REICHMANN, F. (Hg.), Psychoanalyse und Psychotherapie. Klett, Stuttgart.

GRABHORN, R. (1994): Affektives Erleben in einer stationären Gruppentherapie mit psychosomatischen Patienten. Gruppenpsychother. Gruppendyn. 30: 172–190.

HABIGER, J. (1991): Symbiose und Individuation im Verlauf stationärer Psychotherapie Alkoholabhängiger. Gruppenpsychother. Gruppendyn. 27: 153–172.

HAU, T.F.; MEßNER, K. (1970): Zur Psychosomatik und stationären Psychotherapie bei Patienten der ersten und zweiten Lebenshälfte. Ztschr. Psychosom. Med. Psychoanal. 16: 157–164.

HAU, T.F.; SPOHR, H.; WIDMAIER, J. (1986): Die Finalphase in der klinischen Psychotherapie. Prax. Psychother. Psychosom. 31: 208–216.

HESS, H. (1985): Gruppenprozeßuntersuchungen im Rahmen der intendierten dynamischen Gruppenpsychotherapie. Psychiatr. Neurol. Med. Psychol. (Leipzig) 37: 437–444.

HESS, H. (1988): Untersuchungen zum Gruppenprozeß und seinen Wirkmechanismen. Gruppenpsychother. Gruppendyn. 23: 211–222.

HESS, H. (1992): Affektives Erleben im Gruppenprozeß und Therapieerfolg. Psychother. Psychosom. Med. Psychol. 42: 120–126.

HESS, H.; HÖCK, K. (1982): Das Soziogramm von Höck und Hess zur Erfassung struktureller Aspekte in der intendierten dynamischen Gruppenpsychotherapie. Ber. Psychother. Neurosenforsch. 12.

HOHAGE, R. (1982): Probleme beim Übergang von der stationären zur ambulanten Psychotherapie. Prax. Psychother. Psychosom. 27: 57–64.

JANSSEN, P.L. (1981): Zur Vermittlung von Erfahrung und Einsicht in der stationären psychoanalytischen Therapie. In: HEIGL, F.; NEUN, H. (Hg.), Psychotherapie im Krankenhaus. Vandenhoeck u. Ruprecht, Göttingen, S. 48–62.

KÄMMERER, W.; PETZOLD, E. (1981): Skizzen zur Arbeit auf einer Station für Allgemeine Klinische und Psychosomatische Medizin. Gruppenpsychother. Gruppendyn. 16: 289–303.

KRAUTH, D. (1980): Der Trennungs-Individuations-Prozeß im Phasenverlauf einer Therapiegruppe. Gruppenpsychother. Gruppendyn. 15: 51–77.

KRIEBEL, A. (1993): Spielräume und Grenzsetzungen in der stationären Psychotherapie. Ztschr. Psychosom. Med. 39: 75–88.

KÜNSEBECK, H.W.; SCHÖL, R. (1985): Geschlechtsspezifische Einflüsse in der Gruppenpsychotherapie im Rahmen eines stationären Behandlungssettings. Gruppenpsychother. Gruppendyn. 21: 99–112.

LACHAUER, R. (1986): Entstehung und Funktion des Fokus in der stationären Psychotherapie. Prax. Psychother. Psychosom. 31: 197–207.

LEUNER, H. (1968): Gruppeninteraktion zwischen Wohn- und Therapiegruppe in e. kl. psychotherapeutischen Abteilung. Gruppenther. Gruppendyn. 2: 182–189.

LIEDTKE, R. (1986): Strukturelle Grundlagen und therapeutische Praxis in der stationären Psychotherapie psychosomatisch erkrankter Patienten. Gruppenpsychother. Gruppendyn. 22: 138–150.

LUFT, H. (1984): Gruppenphänomene in einer psychoanalytisch geführten Klinik in ihrer Bedeutung für die Sozialisation von psychisch Kranken. Gruppenpsychother. Gruppendyn. 20: 141–145.

MATAKAS, K. (1988): Psychoanalyse in der Anstalt. Psyche 42: 132–158.

MÖHLEN, K. (1984): Bemerkungen zur Übertragung und Gegenübertragung bei stationärer Psychotherapie. Mat. Psychoanal. 10: 211–219.

PETERS, M.; LÖWENBERG, H. (1993): Erwartungen an die Behandlung in einer Psychosomatischen Klinik. Ztschr. Psychosom. Med. 39: 38–50.

PLAENKERS, T. (1984): Therapeutische »Abstinenz« in der stationären Pschotherapie. Mat. Psychoanal. 10: 184–202.

POHLEN, M. (1970): Eine empirische Untersuchung über Befindensänderungen während klinischer Gruppenpsychotherapie. Gruppenpsychother. Gruppendyn. 4: 143–161.

REUTTER, S.; VOLK, W. (1979): Einstellung stationärer Patienten einer psychotherapeutischen Klinik zu Beruf und Arbeit. Med. Psychol. 5: 147–159.
REUTTER, S.; THEIL, S.; VOLK, W. (1978): Kontakte der Patienten einer psychosomatischen Klinik – Soziometrie einer Großgruppe. Gruppenpsychother. Gruppendyn. 13: 387–400.
ROCK, W. (1978): Zur stationären Psychotherapie von jugendlichen Borderline-Patienten. Dyn. Psychiatr. 11: 339–346.
RUDOLF, G. (1991): Die therapeutische Arbeitsbeziehung. Untersuchungen zum Zustandekommen, Verlauf und Ergebnis analytischer Psychotherapien. Mitarbeit: T. GRANDE, U. PORSCH. Springer, Berlin/Heidelberg/New York.
RUFFLER, G. (1956/57): Über die klinische Einleitung psychoanalytischer Behandlung. Psyche 10: 257.
RÜGER, U.; SCHÜSSLER, G. (1985): Zum Behandlungsabbruch in der Psychotherapie. Nervenarzt 56: 485–491.
SCHMITT, G.M.; MENDT, R. (1977): Die stationäre Behandlung magersüchtiger Jugendlicher unter dem Gesichtspunkt der sozialen Reintegration. Ztschr. Kinder Jugendpschiatr. 10: 67–73.
SCHÖL, R.; KÜNSEBECK, H.W. (1981): Stationäre Psychotherapie und Selbstwertgefühl. Therapiewoche 31: 1026.
SCHULZ, J. (1965): Einige Erfahrungen aus einer analytisch-psychotherapeutischen Krankenstation. Ztschr. Psychosom. Med. 11: 104–119.
SELLSCHOPP-RÜPPEL, A. (1977). Behavioral characteristics in inpatient group psychotherapy with psychosomatic patients. Pschother. Psychosom. 28: 316–322.
STRAUß, B. (1992): Empirische Untersuchungen zur stationären Gruppenpsychotherapie: Eine Übersicht. Gruppenpsychother. Gruppendyn. 28: 125–149.
STRAUß, B.; ECKERT, J.; OTT, J. (1993): Interpersonale Probleme in der stationären Gruppenpsychotherapie (Schwerpunktheft). Gruppenpsychother. Gruppendyn. 29: 223–323.
STREECK, U. (1977): Zur sozialen Situation von Patienten in einer therapeutischen Klinik. Gruppenpsychother. Gruppendyn. 11: 193–205.
STREECK, U.; KRUG, A. (1983): Therapieerwartungen von Patienten der Mittel- und Unterschicht. Zur stationären Psychotherapie von Unterschichtpatienten. Prax. Psychother. Psychosom. 28: 215–222.
STREECK, U.; ALBERTI, L.; HEIGL, F.; KOLLMANN, M.; TRAMPISCH, H.J. (1986): Der lange Weg zur Psychotherapie. Zur »Patientenkarriere« von psychoneurotisch und psychosomatisch Kranken. Ztschr. Psychosom. Med. 32: 103–116.
TRIMBORN, W.; BRODTHAGE, H.; HOFMANN, S.O.; STEMMER, T. (1981): Die Bearbeitung von Trennung und Entlassung im Rahmen der stationären Psychotherapie. In: HEIGL, F.; NEUN, H. (Hg.), Psychotherapie im Krankenhaus. Vandenhoeck u. Ruprecht, Göttingen.
VOGES, B. (1981): Die Zusammenarbeit zwischen Ärzten und Psychologen aus der Sicht einer psychosomatischen Klinik. Psychother. Psychosom. Med. Psychol. 31: 190–191.
VOLK, W. (1980): Reflexionen zu den Einstellungen und Wünschen des Klinikpersonals in der stationären Psychotherapie. Prax. Psychother. Psychosom. 25: 251–258.

VOLK, W.; REUTTER, F. (1980): Zur beruflichen Situation von stationären Patienten einer psychotherapeutischen Klinik. Psychother. Psychosom. Med. Psychol. 30: 280–285.

WALLENBERG-PACHALY, A. v. (1978): Die Ich-Entwicklung einer psychosomatisch reagierenden Patientin während ihrer stationären Psychotherapie. Dyn. Psychiatr. 11: 241–251.

WANIEK, W.; FINKE, J. (1981): Welche Erwartungen knüpfen Patienten an die Behandlungsmaßnahmen einer Psychotherapieabteilung? Nervenarzt 52: 538–543.

WELLHAUSEN, H. (1978): Diagnoseabhängige unterschiedliche Voreinstellungen des Krankenhauspersonals gegenüber Patienten. Gruppenpsychother. Gruppendyn. 13: 374–386.

WOIDERA, R.; BROSIG, B. (1991). Teamprozesse während der stationären Behandlung von narzißtischen und Borderline-Patienten. Gruppenpsychother. Gruppendyn. 27: 332–342.

ZAUNER, J. (1969): Berufliche Wiedereingliederung durch klinische Psychotherapie. Psychother. Psychosom. 17: 63–72.

ZAUNER, J. (1971): Zur Problematik des Arbeitsbündnisses bei der psychoanalytischen Behandlung schizoider Jugendlicher in der Klinik. Prax. Kinderpsychol. Kinderpsychiatr. 20: 113–117.

ZAUNER, J. (1981a): Beziehungsstrukturen in therapeutischen Institutionen von Kindern und Jugendlichen. Förderung oder Hemmung des Behandlungsprozesses. In: BIERMANN, G. (Hg.), Handbuch der Kinderpsychotherapie, Bd. IV. Reinhard, München, S. 362–368.

ZAUNER, J. (1984): Das psychoanalytische Abstinenzprinzip und der klinische Alltag. Mat. Psychoanal. 10: 176–183.

Übersichten

BECKER, H.; SENF, W. (Hg., 1988): Praxis der stationären Psychotherapie. Stuttgart/New York.

BEESE, F. (Hg., 1978): Stationäre Psychotherapie. Vandenhoeck u. Ruprecht, Göttingen.

ECKERT, J.; BIERMANN-RATJEN, E.-M. (1985): Stationäre Gruppenpsychotherapie. Springer, Berlin/Heidelberg/New York.

EUEN, E. v. (1985): Klinische Psychotherapie. Bericht über das 5. und 6. Werner-Schwidder-Symposium in Bad Krozingen/Freiburg i. Br. Ztschr. Psychosom. Med. Psychoanal. 31: 200–202.

HEIGL, F.; NEUN, H. (Hg., 1981): Psychotherapie im Krankenhaus. Vandenhoeck u. Ruprecht, Göttingen.

HILPERT, H.; SCHWARZ, R.; BEESE, F. (Hg., 1981): Psychotherapie in der Klinik. Von der therapeutischen Gemeinschaft zur stationären Psychotherapie. Springer, Berlin/Heidelberg/New York.

RUFF, W. (1982): 30 Jahre klinische Psychotherapie. Psychother. Psychosom. Med. Psychol. 32: 81–84.

SCHEPANK, H. (1978): Konzepte und Realitäten der Versorgung mit psychosomatischer Therapie in Deutschland. Psychother. Psychosom. Med. Psychol. 28: 145–151.
SCHEPANK, H. (1980): Die Entwicklung der psychotherapeutischen Versorgung seit der Psychiatrie-Enquete. In: HÄFNER, H.; PICARD, W. (Hg.), Psychiatrie in der Bundesrepublik Deutschland. 5 Jahre nach der Enquete. Tagungsberichte, Bd. 5. Köln, S. 55–64.
SCHEPANK, H. (1987): Die stationäre Psychotherapie in der Bundesrepublik Deutschland. Soziokulturelle Determinanten, Entwicklungsstufen und Ist-Zustand, internationaler Vergleich. Ztschr. Psychosom. Med. 33: 363–387.
SCHEPANK, H. (1990): Die stationäre Psychotherapie. Ztschr. Psychosom. Med. 36: 152–156.
SCHEPANK, H.; TRESS, W. (Hg., 1988): Die stationäre Psychotherapie und ihr Rahmen. Springer, Berlin/Heidelberg/New York.
STRAUß, B. (1992): Empirische Untersuchung zur stationären Gruppenpsychotherapie. Eine Übersicht. Gruppenpsychother. Gruppendyn. 28: 125–149.

Register

Abwehr 40ff, 94
Abwehrmechanismen 44, 48, 51f, 94
Adoleszenz
  Fixierung und Regression in die 38
  Übertragungsauslöser 38
Affekttoleranz 50
Alexithymie 166
Alkoholkrankheit in der Anamnese 31
Allgemeinkrankenhaus 27f
Alltagsleben 12
Ambivalenzspannung 58
Anamneseneheber, auswärtige 99f
Angst und Impuls 51
Angstsymptomatik 54
Angsttoleranz 91
Arbeitsbeziehung 42
Arbeitsfreude 81
Arbeitsplatzwechsel 184f
Arbeitsplatzwechsel
  unterlassener 184f
Arbeitsprobleme 185
Arbeitsversuche 185f
Arztbriefe 187ff
  Beitrag der Klinikleitung 190f
  Einstellung auf den Empfänger 188f
  Formulare der Rentenversicherungsträger 193
  Information: Maximum und Optimum 33
  körperliche Befunde und Maßnahmen 191f
  Persönlichkeitsstruktur 187
  psychotherapeutische Maßnahmen 191f
  vom Patienten gelesen 193f
Ärzte
  im Praktikum 76
  in psychotherapeutischen Kliniken 195f
Ärztlicher Leiter 78
Asthma 26

Baby-Watcher 15, 58, 128
Bäderabteilung 200
Bagatellisieren 52
Balneologische Maßnahmen 12
Behandlungsabbruch 175ff
  Auswirkungen auf ein Team 178f
  bei Angstpatienten 175
  depressive Patienten 176
  Haltefunktion der Klinik 177
  mangelnde Vorbereitung 176f
  negative Übertragungsentwicklungen 177
  Schuldgefühle 176
  unerträgliche Affekte oder Stimmungen 177f
  wiederholte 177
  zwanghafte Patienten 176
Behandlungsdauer und Arbeitsplatz 182f
Berichte-Lesen trainieren 32
Beschäftigungstherapeut 17, 88f, 199
Beschäftigungstherapie 145ff
  Auswertungsgruppe 145f
  Körperschemastörungen 149f
Beschäftigungs- oder Gestaltungstherapie

Einzelsitzungen 147f
Gruppentherapie 148
Indikationen 145
Beschwerden von Patienten 42f
Bewegungstherapeut 17, 99, 199
Bewegungstherapie 76, 148ff
    konzentrative 149
    konzentrative und Gruppentherapie 150
    konzentrative und Kurkliniken 151
    Selbsterfahrung 150ff
Bezahlung 76
Beziehung
    symbiotische 59f
    symbiotische zu Werkzeugen 62
Beziehungswünsche, präödipale 44
Borderline 15, 20f, 40, 57ff, 66, 138, 162

Charakter 43f
charakterbedingtes Verhalten 93
Charakterpathologie 42
Chefarzt 42f, 77f, 85, 90, 131, 201ff
Colitis 26
Coping 167ff

Daten, weiche 32
Dauerpräsenz 19
Depression 24, 53, 63
Depressive 53f
Deuten und Arbeitsbeziehung 126
Deutungen
    Mißbrauch 40
    mutative 52
Diagnostik, begrenzt durch die Aufenthaltsdauer 100
Doppeln 16f
Durchsetzung 53

Einzel- und Gruppendeutungen 110f
Einzelbehandlung, Supervision 100
Einzelgespräche 95ff
    koordinierende Funktion 95
Einzeltherapie 75f
Encounterübungen 150f
Entlassung

Ablösungsprobleme aus der Primärfamilie 182
    depressive Therapeuten 182f
    hysterische Therapeuten 183
    kontraphobische Therapeuten 183
    narzißtische Therapeuten 183
    phobische Therapeuten 183
    schizoide Therapeuten 183
    Umstellungsschwierigkeiten 183f
    vorbereiten 181ff
    Vorbereitung durch Arbeitsversuche 182
Entstellungen 170
Entwicklungspathologie 160ff
Entwöhnung von der Realität 183
Erholungssuchende 28
Erschöpfungssyndrom 53
Es 50ff

Facharzt
    für Psychiatrie und Psychotherapie 22f
    für psychotherapeutische Medizin 24f, 26, 68
Fallsupervision 129ff
    Behandlungspläne 131
    bipolares Konzept 134ff
    externe 68
    in der Klinik und ambulante Balintgruppen, Unterschiede 137
    Selbsterfahrung 130ff
    Teamkonflikte 132f
Feedback 67, 114ff
    beschreibendes 114
    Bewertungen 115
    in Gruppen 116f
    objektive Wahrheit 116
    ohne oder mit einer Gefühlsreaktion 114f
Fokaltherapie 99, 101
Fokus 96
    in der stationären Psychotherapie 161f
Frauen
    als Mitarbeiterinnen, Vorteile 90
    erfolgreiche 47

mit dem Vater identifiziert 46
Selbstwertgefühl 46
Freizeit
 Gespräche 156f
 in der Klinik 156ff
 Mangel an Angeboten 158f
 Persönlichkeitsstrukturen 157f
 Umgang mit Dingen 157f
Frustrationstoleranz 91
Funktionsoberarzt 84

Gegenübertragung 35, 40ff,
 Lakmustheorie 129f
 Probleme 75ff
 Reaktionen 45
Gehalt 78
Genese, multifaktorielle 23
Genußfähigkeit 63
Gesamtbehandlungsplan 76
Gespräche, ärztliche 23
Gesprächsbedürfnisse 156f
Gestaltungstherapeut 76, 99
Gestaltungstherapie 46, 145ff
Göttinger Modell 102
Größenselbst 56f
Großgruppen und Kleingruppen 126f
Großgruppenphänomen durch Mangel an Regeln 128f
Großklinikum 27f
Grundeinstellung, tradierte 80
Gruppe und ältere Patienten 172
Gruppen
 Gesamtbehandlungszeit 107ff
 geschlossene 107ff, 154
 halboffene 154
 kurze und Widerstandsbearbeitung 110
 minimal strukturierte 126
 mittelgroße 112ff
 offene 107ff
 offene und Neuankömmlinge 109f
 offene und Trennungen 108f
Gruppendynamische Kenntnisse 136f
Gruppengröße und Strukturierung 138
Gruppenkonzept 101ff
Gruppenpsychotherapie 13

Gruppensitzungen, Frequenz 101
Gruppentherapie 13, 75f
 analytische 102f
 in Zeitblöcken 154
 nach FOULKES 106f
 nach HEIGL-EVERS und HEIGL 101ff
 psychoanalytisch-interaktionelle 104ff
 tiefenpsychologisch fundierte 103f
 Weiterbildung überregional 88
 Ziele 108f

Haltefunktion und verstehen 15f
Hausarzt 35
Hausberufungen 80
Hausordnung 36ff, 42, 50, 73
Holtzmann-Inkblot-Test 44
Hotelkonzept 20
Hure und Madonna 46

Ich-Funktionen 50f, 158
Ich-Ideal 55ff
Ideal-Selbst 55ff
Idealisierung und Gegenübertragung 173f
Identifizierung mit dem Angreifer 62
Ideologie 19, 80f
Impulse, infantile 37
Impulskontrolle 50, 67, 91
Intellektualisieren 51
Interessenkonflikte 79ff
Introjektion 44
Isolierung
 aus dem Zusammenhang 51
 vom Affekt 51f

Kämpfen und Überzeugen 3o
Kichern, adoleszentes 73
Kleingruppen 101ff
Klinik
 als Großgruppe 126ff
 psychiatrische 12
Klinikleitung 43, 78f
Ko-Therapeuten, Kooperationsschwierigkeiten 77
Konflikte, interpersonelle 23

Konflikt
 -mobilisierung 52
 -pathologie 160ff
 -ursachen, reale 76
Konfrontation 115f
Konsiliar
 -ärzte 24
 -dienst 27f, 169
Kontaktangebote in der Klinik, Vor- und Nachteile 158f
Kontrollbedürfnisse 84
Konversionsmodell 25
Konzept
 bipolares 14, 19f, 67, 75f
 integratives 14ff, 67, 76
Körperstimme 62
Kranke, »eingebildete« 28
Krankenschwester, Identität 41
Kur, psychotherapeutische 11
Kurheim 12
Kurhotel 12
Kurklinik, Auswahl 11
Kurkliniken 11, 27, 93, 156

Laborbefunde, 32
Laissez-faire 84
Landeskrankenhäuser 15
Lehranalyse 69
Lernen, soziales 52
Leugnung 52, 65
Liebesübertragung 44f

Machtmißbrauch 43
Madonna und Hure 46
Manie 24
Menschen als Werkzeuge 62
Migräne 143f
Mitarbeiter, extrem autarke 89f
Mitarbeiterinnen, Schwangerschaften 90
Modell, integriertes 17, 20
Motivationsarbeit 33ff
Multifaktorielles Geschehen 25
Musiktherapeut 17, 76, 99
 Kommunikation mit anderen Teammitgliedern 153f

Musiktherapie 76, 152ff
Mutterfigur 19
Mütterlichkeit 45

Narzißtische Pathologie, Häufigkeit 160f
Nebenanalysen 12, 117
Neuanfang 70f
Neurodermitis 26
Neurosekranke 20
Neurosen, traumatische 160
Normen
 im Alltag 28ff
 in psychotherapeutischen Einrichtungen 28ff
 therapiefeindliche 35
 therapiefördernde 35, 72f
 zu Widerstandszwecken 30

Oberarzt 69, 77, 83f, 88ff, 90, 131, 134f, 203f,
Obere Mittelschicht, Normen 29f
Omnipotenz 55
ORFFsches Instrumentarium 153

Patienten
 Adaptationsleistungen 20
 als Therapeuten 70f
 Alter 171ff
 beruflicher Status 47
 Borderline- 20f
 depressiv strukturierte 35
 depressive in Stationsgruppen 113
 deuten in Abwesenheit des Therapeuten 125f
 deutende 122f
 enttäuschte 173ff
 frühgestörte 15, 40
 idealisierende 173ff
 -interaktionen 13
 in verschiedenen Settings 94
 machen mehrere Therapien gleichzeitig 75
 manische in Stationsgruppen 113
 neurotische 20f
 psychosomatische 165ff, 170

schizoid strukturierte 35f
schizophrene in Stationsgruppen 113
somatisch kranke und Psychotherapie 177f
wie Geschwister 72
Pfelgepersonal
  deutend 14f, 41f
Deutungskompetenz 49
Normen 30
Weiterbildungsgänge 14
Pfleger 18
  ihre Identität 41, 92f
  -rolle 91
Pharmakotherapie
  in Kooperation 139f
  und Gegenübertragung 141f
  und Personalunion, Schwierigkeiten 142
  und Psychologen 141f
  und Schmerz 144
  und unterstützende Gespräche 142f
  und Vorerfahrungen 140
Prinz als Partner 47
Privatpatienten 84
Projektion 44, 51f, 94
projektive Identifizierung 15ff, 52, 66ff, 90ff, 138
  Abgrenzungstyp 71
  interaktioneller Anteil 67f
  kommunikativer Typ 71
  Konfliktentlastungstyp 71
  Übertragungstyp 71
  u. verschiedene Krankheitsbilder 138
Provokation 66f
Prüfärzte 34
Psychodrama 16f
Psychologen in psychotherapeutischen Kliniken 197f
Psychopharmakotherapie kombiniert mit Psychotherapie 21
Psychosekranke 20f
Psychosomatisch Kranke zusammen mit Psychoneurosekranken 25
Psychosomatische Medizin 25
Psychotherapeut und Pharmakotherapeut getrennt 142

Psychotherapeutische Abteilung
  im Allgemeinkrankenhaus 27
  in einer psychiatrischen Klinik 27
Psychotherapie
  dynamische nach DÜHRSSEN 18, 41
  in der inneren Medizin 24ff
  Motivierung in Kurklinik 12
  -patient, Rolle 28
  -pharmaka 138ff
  -stationen 12
Pünktlichkeit 81

Qualitätskontrolle 12

Rahmen, zeitlich fester 37
Rationalisieren 51, 94
Reaktionsbildung 94
Realität 13
Realraum 13ff, 20, 42, 67, 95
Regression bei Entlassung 73
Rehabilitation 36
Rehabilitationsklinik 34
Reinigungspersonal 200f
Risikobereitschaft 184f
Rivalität 78
  ödipale 123
Rorschachtest 44
Rücksichtnahme 96

Schichtzugehörigkeit 30
Schizophrenie, paranoide 138
Schmerzmittelabusus 144f
Schutzraum 13
Schwester 18
  als Hilfstherapeutinnen 45
  deutend 41f, 123f
  ihre Identität 92f
  Rolle 91
  und Pfleger 17f, 100f
Selbst
  -analyse 130
  -erfahrung 75
  reales 57
Selbsterfahrungen in Teamsupervisionen 137f

Selbsterfahrungsgruppe 69
Selbsthaß 57
Sheriff-Funktion 36
somatische und psychotherapeutische
  Denkweisen 26
Sozialabteilungen 21
Sozialarbeiter 17f, 76, 89, 198
Soziale Nullsituation 19
Spaltung 58ff, 64ff
  als Abwehrmechanismus 65
  der Übertragung 64
  und Leugnung 65
Speisesaalpersonal 200
Spezialklinik 11, 21
Sportlehrer 41, 88f, 199f
Sprechstunde 41, 95
Stadtkrankenhäuser 15
Station, psychotherapeutische 22ff
Stationsarzt 83f
  aufnehmender 99
Stationsgruppen 112f
  und Hilfs-Ich-Funktionen 113
  Vor- und Nachbesprechung 114
Status 76
Struktur
  depressive 63
  narzißtische 61ff
Suchtkrankheiten 166
Suizid 179ff
  Fehlersuche 180
  mangelnde Haltefunktion 181
Suizidalität und projektive Identifizierung 180
Suizidversuch 178f
Supervision
  externe 68f
  mit einem ganzen Team 135f
Supervisionsgruppe
  als Selbsterfahrungsgruppe 130
  neue Mitglieder 132
Supervisionssitzungen 14
Supervisor als »besserer Chef« 79
Supervisoren, auswärtige 87
Symbolisieren 16
Symptome
  als Kompromiß 51

ihre Funktion 118f
und Selbstwertgefühl 119

Tagesklinik 16, 18f
Teamsupervision 68
  des Gesamtteams 92
  Verantwortlichkeiten klären 137
Teamsupervisor als Sonntagspapi 69
Telefonischer Austausch 96f
Telefonzeiten 96f
Therapeut
  als androgyn erlebter Mann 47
  idealisierter 41
  männlich 43ff
  mit hysterischer Struktur und Vorberichte 32
  mit Zwangsstruktur und Vorberichte 32
  narzißtische 31
  nicht wertender 95f
  weiblich 43ff
Therapeutenwechsel 111f
Therapeutinnen
  attraktiv gekleidet 46
  und »schwache« Männer 46
Therapeutische Gemeinschaft nach
  MAXWELL JONES 128f
Therapie
  -blöcke 98f
  Dauer 97ff
  -gruppen, gemischte 20
  im Rahmen der Weiterbildung 84
  kurze als Moratorium 184
  nomoplastische 55
  -raum 13f, 14, 20, 67
  Zeitbegrenzung 97ff
Therapiedauer und Persönlichkeitsstruktur des Patienten 187
Tiefenbrunn 55
Tonband 115
Träger der Klinik 78
Trainingsmangel, körperlicher 186
Träume 120f
  in Gruppen 121f
  Symboldeutungen 121
  und Gesamtkonzept einer Klinik 122

Triangulierung 162f
Triebwünsche 37
Über-Ich 52ff
  deskriptiv unbewußt, vorbewußt, bewußt 53
  Veränderung der bewußten Inhalte 54f
Übertragung 40ff
  adoleszente 72ff
  aus der Adoleszenz, übersehene 73
  Auslöser 45, 94
  ödipale 44f
  präödipale 44
  »reifere« 66
  und Arbeitsbeziehung 40
  und Außenobjekte 39f
  und Therapeut 39f
  übertragungsbedingtes Verhalten 93
Übertragungsliebe, ödipale 174f
Übertragungswechsel 65
Überzeugen und Kämpfen 30
Universitätskliniken 15
Unterschicht 55
  Normen 29f
Urlaubsbekanntschaft 36

Vegetative Labilität 167
Verdrängung 51
Verführung 66f
Verführungstheorie 160
Verhaltenstherapie, kognitive 55
Verkennungen 17
Verschiebung 40, 45, 48ff
  auf das Kleinste 51, 94
  in Einzeltherapie 48
  in Kleingruppen 48f
  von Ärger 48
  von Sympathie oder Liebe 48f
  von Therapeuten auf andere Teammitglieder 49

Verschmelzung 61
Versicherungsgesellschaft 34
Verständnis, psychodynamisches 22
Verwaltung 86
Verwaltungs
  -leiter 78
  -personal 201
Video 115ff
Visite 41
Visitengespräche 14
Vorberichte 31ff

Weiterbildung in Diagnostik 26
Werte, therapiefördernde 72f, 96
Widerstand 40ff
  bearbeiten oder überwinden 35
  gegen das Manifestwerden der Übertragung 161
  gegen Inszenierung 162
Widerstandsniveau, optimales 49
Wilde Analysen 122ff
Wochenenddepression 158

Zeitliche Limitierung
  Frequenz und Sitzungszahl 154ff
  und depressiv strukturierte Patienten 154
Zwangssymptome 54

Bücher für die Praxis bei
Vandenhoeck & Ruprecht

Lester Luborsky
Einführung in die analytische Psychotherapie
Ein Lehrbuch
Mit einem Geleitwort von Horst Kächele und Reiner W. Dahlbender. 2. Auflage 1995. 179 Seiten, kartoniert. ISBN 3-525-45780-4

Leicht faßlich, auch für den Anfänger, aber dezidiert praxisbezogen bis in die technischen Details, wird das analytisch-therapeutische Verfahren von dem weltweit anerkannten Praktiker didaktisch dargestellt.

In allen Weltsprachen dient *der Luborsky* als Grundlage in der psychoanalytischen Ausbildung. Im deutschen Sprachraum war das Buch einige Jahre vergriffen.

Karl König
Praxis der psychoanalytischen Theorie
1991. 321 Seiten, kartoniert. ISBN 3-525-45724-3

Ein Lehrbuch aus reicher praktischer Erfahrung. Ein Leitfaden für Ausbildungskandidaten und, in seiner knappen, überraschend zugespitzten Darstellung, ein Kompendium für qualifizierte Psychotherapeuten.

»Es ist in seiner in gleicher Weise lebendigen wie pädagogisch gelungenen und fundierten Darstellungsform besonders dem angehenden Analytiker zur Lektüre zu empfehlen. Aber auch der erfahrene Analytiker kann in dem Buch manche Anregungen und neuen Aspekte finden, die ihn in seiner psychoanalytischen Alltagsarbeit seine Behandlung neu überdenken lassen.« *Friedrich Beese*

Karl König bei Vandenhoeck & Ruprecht

Selbstanalyse
Hinweise und Hilfen
1994. 117 Seiten, kartoniert. ISBN 3-525-45779-0

Indikation
Entscheidungen vor und während einer psychoanalytischen Therapie
1993. 206 Seiten, kartoniert. ISBN 3-525-45761-8

Gegenübertragungsanalyse
1993. 235 Seiten, kartoniert. ISBN 3-525-45755-3

Einzeltherapie außerhalb des klassischen Settings
1993. 230 Seiten, kartoniert. ISBN 3-525-45748-0

Angst und Persönlichkeit
Das Konzept vom steuernden Objekt und seine Anwendungen
4., durchgeseheneAuflage 1993. 218 Seiten, kartoniert.
ISBN 3-525-45656-5

Karl König / Reinhard Kreische
Psychotherapeuten und Paare
Was Psychotherapeuten über Paarbeziehungen wissen sollten
2. Auflage 1994. 156 Seiten, kartoniert. ISBN 3-525-45730-8